ouch

NR. 1

Autoren

Cornelia Adam
Adelheid Beyreder
Claudia Bruckmann
Xenia Burgtorf
Erika Casparek-Türkan
Marieluise Christl-Licosa
Rosemarie Donhauser
Elisabeth Döpp
Ingrid Früchtel
Antje Grüner
Johanna Handschmann
Reinhardt Hess
Angelika Ilies
Sabine von Imhoff
Martina Kittler
Helga Köster
Marey Kurz
Veronika Müller
Susi Piroué
Gabriella Plüss
Jörn Rebbe
Gudrun Ruschitzka
Bernd Schiansky
Cornelia Schinharl
Regine Stroner
Marlisa Szwillus
Christian Willrich
Annette Wolter
Cornelia Zingerling

Einführungstexte:
Marlisa Szwillus

Unser Trennkost Kochbuch

Nr. 1

GU

So funktioniert's

Inhalt

Rezepte

Zum Nachschlagen

Das Erfolgs-konzept

Gesund genießen und spielend abnehmen, das schaffen Sie mühelos mit der Trennkost – und völlig ohne lästiges Kalorienzählen. Verlieren Sie überflüssige Kilos und gewinnen Sie dafür mehr Wohlbefinden, Vitalität und Lebensfreude.

Verlockende Rezepte machen es Ihnen leicht – so köstlich war Schlankwerden noch nie. Alle **Nährstoffe** werden optimal kombiniert: möglichst wenig Fett, ausreichend Eiweiß, reichlich Kohlenhydrate und jede Menge Vitamine und Mineralstoffe. So ernähren Sie sich rundherum gesund und ausgewogen.

Schonend und gesund abnehmen

Alles essen und trotzdem abnehmen - die GU-Trennkost macht's möglich. Ohne Kalorienzählerei, ohne zu hungern. Der ganze Trick: Lebensmittel, die vorwiegend eiweißreich oder vorwiegend kohlenhydratreich sind, werden getrennt gegessen.
Entwickelt wurde das Trennkost-Prinzip in den zwanziger Jahren von Dr. Howard Hay mit der These, daß unser Körper Eiweiß und Kohlenhydrate nicht gleichzeitig verdauen kann. Seine Theorie ist nach der modernen Enzymforschung heute nicht mehr uneingeschränkt gültig, dennoch hat das Trennen von bestimmten Nahrungsmitteln große Vorteile. Die GU-Trennkost ist eine Weiterentwicklung des Gedankens - frei nach Dr. Hay. Sie ist den neuesten wissenschaftlichen Erkenntnissen für eine gesunde und ausgewogene Ernährung angepaßt, ist praxisnah und genußvoll.

Für jeden nachvollziehbar

Mit der GU-Trennkost kommen Ihre persönlichen Bedürfnisse und Vorlieben voll zum Zuge, denn sie ist für jede Bevölkerungsgruppe – für Kinder und Jugendliche, Frauen und Männer wie für ältere Menschen - uneingeschränkt und unkompliziert nachvollziehbar. Ob Singles, Familien, Berufstätige, Sportler oder Feinschmecker, alle können von ihr profitieren. Das gilt natürlich auch für alle diejenigen, die sich ausschließlich oder überwiegend vegetarisch ernähren.

Vorteile der GU-Trennkost

Mit der GU-Trennkost werden Sie mühelos schlank - und bleiben es auch. Auf ganz gesunde Weise. Für diejenigen, die zeitweise oder ständig Probleme mit ihrem Stoffwechsel haben, bringt die Trennkost durch natürliche Entschlackung eine wirksame Entlastung und Problemlösung. Selbst für diejenigen, die weder abnehmen möchten noch gesundheitlich angeschlagen sind, vielleicht mal Streß haben und mal müde sind, ist die GU-Trennkost eine wahre Vitalstoff-Tankstelle, denn sie enthält alle lebenswichtigen Nährstoffe in ausreichender und ausgewogener Menge, die für eine gute Figur, einen gesunden Stoffwechsel und das allgemeine Wohlbefinden nötig sind. Die GU-Trennkost ist keine Diät, sondern eine Ernährungsumstellung, bei der eine lockere Trennung völlig ausreicht, um Körper und Seele neu zu beleben. Schon nach kurzer Zeit wirkt sich das positiv auf die Lebensfreude und die Lebensqualität aus.

Daraus besteht unser Essen

Über 40 verschiedene Grundsubstanzen braucht unser Körper in der richtigen Menge jeden Tag, damit wir auf Dauer gesund und leistungsfähig leben können. Hinter diesen Grundsubstanzen verstecken sich die lebenswichtigen Nährstoffe:

- Kohlenhydrate sind mehr oder weniger komplexe Zuckerverbindungen pflanzlichen Ursprungs und unser wichtigster Energielieferant. Komplexe Verbindungen, wie sie in Brot, Kartoffeln und Gemüse vorkommen, halten schlanker, weil sie erst durch energiezehrende Verdauung in einfache Zuckermoleküle zerlegt werden. Täglich sollte man rund 300 Gramm Kohlenhydrate essen.
- Ballaststoffe helfen beim Abnehmen, denn sie sättigen, sind aber unverdaulich. Die Pflanzenfasern sind verstärkt in Vollkornprodukten, Kartoffeln und Gemüse vertreten. Mindestens 30 Gramm Ballaststoffe pro Tag werden empfohlen.
- Eiweiße/Proteine braucht der Organismus als Muskel- und Organbaustoffe. Sie kommen überwiegend in Milch, Milchprodukten, Fisch und Fleisch vor. Empfohlene Menge pro Tag: etwa 50 Gramm.
- Fette stehen als Energielieferanten an zweiter Stelle. Mit Hilfe pflanzlicher Fette, die meist gesünder sind als tierische,

produziert der Stoffwechsel auch einige Vitamine und Hormone. Zuviel Fett macht dick, weil es bevorzugt als Energiereserve eingelagert wird. Wer abnehmen will, sollte auf keinen Fall mehr als 70 Gramm Fett pro Tag zu sich nehmen, eher weniger.

• Vitamine, Mineralstoffe und Spurenelemente liefern keine Energie, sie regeln den Ablauf vieler Vorgänge, stärken die Abwehr, schützen vor Umweltgiften und Zivilisationskrankheiten.

Der Trenn-Trick

Er ist der wichtigste Eckpfeiler der GU-Trennkost und hilft Ihnen, Ihre Wunschfigur und Ihr Wohlgefühl mühelos zu erlangen. Unsere Lebensmittel enthalten fast alle gleichzeitig Kohlenhydrate, Eiweiß und andere Nährstoffe, allerdings in jeweils unterschiedlichen Mengen. Für die tägliche Praxis bedeutet dies, daß zwischen der Gruppe der vorwiegend eiweißhaltigen und der Gruppe der vorwiegend kohlenhydrathaltigen Lebensmittel getrennt wird. Lebensmittel, die weder einen hohen Eiweißgehalt noch einen hohen Kohlenhydratgehalt haben, bilden die dritte, die neutrale Gruppe, die sich mit den beiden anderen Gruppen beliebig kombinieren läßt.
Zur Eiweiß-Gruppe gehören unter anderem Fisch und Meeresfrüchte, Geflügel, Fleisch und Fleischwaren, Wild, Eier, Magermilchprodukte und Tofu. Außerdem ganze Eier und Eiweiß. Die meisten Früchte werden zur Eiweißgruppe gezählt, obwohl sie selber kein Eiweiß enthalten. Der Grund: Sie harmonieren sehr gut mit vorwiegend eiweißreichen Lebensmitteln. Ebenso die aus Früchten gewonnenen Getränke wie Wein, Sekt oder Champagner. Von den nichtalkoholischen Getränken sind es Kräuter- und Früchtetee und Gemüsesäfte.
Zur Kohlenhydrat-Gruppe zählen beispielsweise Getreide, Brot, Teigwaren, Reis und Kartoffeln. Sehr süße Früchte wie Bananen, Datteln und Trockenfrüchte werden dieser Gruppe zugeordnet. Weil Bier aus Getreide gebraut wird, kann ein Glas mal eine Kohlenhydrat-Mahlzeit abrunden.
Zur neutralen Gruppe gehören Salate, Gemüse, Pilze, Kräuter, Gewürze, Nüsse und Samen, Öle und Fette, vollfette Käsesorten sowie alle Lebensmittel, die ausgesprochen viel Fett enthalten wie Eigelb, Avocado und Oliven.
Ausführliche Listen der Lebensmittel, die vorwiegend Eiweiß oder Kohlenhydrate enthalten, sowie die umfangreiche Liste der neutralen Lebensmittel finden Sie von Seite 19 bis 21.

Das Trennen von Eiweiß und Kohlenhydraten macht schlank und fit

Am Tag fit, abends angenehm müde

Gute Laune und Power für den ganzen Tag haben und abends wohlig müde sein – das wünschen sich viele. Mit einem gesunden Eßrhythmus geht's ganz leicht: Fünfmal am Tag essen, das ist optimal – auch wenn man abnehmen will. In Ernährungsstudien wurde nachgewiesen, daß mehrere kleinere Portionen über den Tag verteilt Heißhunger, Müdigkeit und Völlegefühl verhindern.

• Besser üppig als spartanisch frühstücken, denn letzteres schadet der Tagesform, allerdings ohne der Linie zu nützen. Sie können nach Lust und Laune eiweißreich oder kohlenhydratreich frühstücken oder sie wecken Ihre Lebensgeister mit saftigen Früchten (siehe auch Seite 70). Frühstücksmuffel sollten das Frühstück zum Arbeitsplatz oder in die Schule mitnehmen.

• Die GU-Trennkost sieht für mittags vorweg einen Salat und anschließend eine Eiweiß-Mahlzeit vor. Das liefert konzentrierte Energie, macht munter und leistungsfähig. Eiweiß bildet die Hormone Dopamin und Noradrenalin, die das «Mittagstief» verhindern. Nach Belieben können Sie sich auch eine neutrale Mahlzeit auswählen.

• Abends gibt es nach einem Salat dann eine Kohlenhydrat-Mahlzeit. Sie regt die Bildung des Hormons Melatonin an, das für eine natürliche Beruhigung von Körper und Geist am Abend und für einen ruhigen und erholsamen Schlaf sorgt. Auch hier können Sie neutrale Mahlzeiten einbauen.

• Zwischen den Hauptmahlzeiten sollten Sie sich kleine leichte Snacks gönnen, die wahlweise aus einer der drei Lebensmittelgruppen stammen können.

Mit dieser Einteilung finden Sie automatisch wieder den richtigen Bio-Rhythmus. Nach ein paar Tagen schon fühlen Sie sich topfit und voller Elan.

Keine Regel ohne Ausnahme

Je nach Tagesablauf kann diese Reihenfolge schon mal auf den Kopf gestellt werden, so bei Einladungen, geschäftlichen Terminen oder auf Reisen. An solchen Tagen können Sie auch die Kohlenhydrate mittags und das Eiweiß abends essen. Es gibt auch eine Reihe von Menschen, denen Kohlenhydrate am Mittag grundsätzlich besser bekommen. Wenn Sie dazu gehören, sollten Sie Ihrem Wohlgefühl folgen.

Nie mehr Kalorienzählen

Bei der GU-Trennkost geht es nicht ums Kalorienzählen, sondern um eine Anregung und gleichzeitige Entlastung des Stoffwechsels. Wer Eiweiß und Kohlenhydrate getrennt zu sich nimmt, erlebt Erstaunliches: Nie mehr müssen Sie Ihrer Linie zuliebe auf Kalorien achten, sich enorm einschränken oder sich mit unbefriedigenden Mini-Portionen begnügen. Vergessen Sie also getrost alle Kalorientabellen. Mit dem Trenn-Trick wird jede Mahlzeit wieder das, was sie sein sollte: Eine Pause, die Sie entspannt genießen können.

Tanken Sie Vitalstoffe

Essen Sie regelmäßig und reichlich Salat, Gemüse und Obst, denn sie enthalten in großen Mengen Vitamine, Enzyme, Mineralstoffe, Spurenelemente, Ballaststoffe und sekundäre Pflanzenstoffe (siehe Seite 11) und sind daher verläßliche und wohlschmeckende Verbündete des Wohlbefindens und der Linie. Ihre Mahlzeiten sollen zu zwei Dritteln aus diesen »grünen« pflanzlichen Lebensmitteln bestehen. Vor jedem Mittag- und Abendessen sollten Sie sich deshalb eine große Portion knackigen Salat gönnen oder schwelgen Sie in raffiniert zubereitetem Gemüse. Genießen Sie auch zwischendurch rohes Obst und Gemüse. Gemüse und Salate gehören zur neutralen Gruppe und passen immer. Beim Obst gehören nur ausgesprochen süße Früchte wie Bananen, frische und getrocknete Feigen und Datteln zu den Kohlenhydraten. Außerdem vollreife süße Früchte wie beispielsweise süße Aprikosen, mürbe und süße Äpfel. Alle anderen Früchte wie Kern- und Steinobst (zum Beispiel Pfirsiche, Birnen, Kirschen, Pflaumen), alle Beerenfrüchte und alle Zitrusfrüchte (Orangen, Grapefruits) sowie alle Exoten werden bei der Trennkost, obwohl sie Ballaststoffe enthalten, zu Lebensmitteln der Eiweiß-Gruppe gezählt.

Frisches Gemüse und Obst – davon kann man nie genug bekommen

Sekundäre Pflanzenstoffe

Das sind natürliche Stoffe im »Grünzeug« und im Obst, die zu den bioaktiven Substanzen zählen und eine postive gesundheitliche Wirkung haben. Phenole sind zum Beispiel pflanzeneigene Salze und Säuren, die die Entstehung von Krebs hemmen, die Bildung von körpereigenen Abwehrstoffen fördern, den Cholesterinspiegel senken, Krankeitserreger wie Bakterien und Viren unschädlich machen und freie Radikale (Sauerstoffräuber) blockieren. Flavonoide sind farblose, hellgrüne, grüne und violette Substanzen, die unter anderem Entzündungen hemmen, die Gefäßwände stärken und den Polsterstoff Kollagen in der Haut und in den Knochen stabilisieren. Carotinoide sind gelbe bis rote Pflanzenfarbstoffe, die sich am Zellaufbau beteiligen, für eine gleichmäßige Pigmentierung beim Sonnenbaden sorgen und die Farberhaltung sowie die Glanzbildung im Haar fördern. Ätherische Öle schließlich sind Aromastoffe, die für freie Atemwege sorgen, Verdauung und Nierentätigkeit anregen und ein entspanntes Wohlgefühl in Magen und Darm schaffen. Damit Ihr Körper möglichst viel von den überaus wohltuenden Substanzen bekommt, sollten Sie unbedingt einen Großteil der Früchte und des Gemüses roh essen oder Gemüse schonend garen (siehe Seite 31 und 32).

Sind Sie sauer?

Der Säure-Basen-Haushalt des Körpers wird über die Nahrung beeinflußt. Tierische Lebensmittel wie Fleisch, Wurst und Eier, aber auch Zucker und weißes Mehl enthalten mehr säurebildende Substanzen und lassen einen sprichwörtlich »sauer« werden. Gemüse, Kartoffeln und Obst hingegen enthalten mehr basenbildende Substanzen. Für eine Reihe von wichtigen Zell- und Stoffwechselvorgängen muß das Säure-Basen-Gleichgewicht stimmen. Der hohe Anteil von Gemüse und Obst in der Trennkost trägt entscheidend dazu bei, das Gleichgewicht wiederherzustellen oder zu erhalten.

Viel trinken ist sehr wichtig

Gutes Trinkwasser, Mineralwasser, verdünnte Gemüse- und Fruchtsäfte, Kräuter- und Früchtetee beleben, erfrischen und spielen in der GU-Trennkost eine große Rolle: Sie unterstützen den Körper beim Entschlacken und Abnehmen. Ein großes Glas lauwarmes Wasser schon morgens vor dem Frühstück wirkt wie eine innere Dusche, macht munter und regt den Stoffwechsel an. Über den Tag verteilt sollten Sie

mindestens zwei Liter Flüssigkeit trinken. Am besten Mineralwasser oder Kräutertee. Beim Mineralwasser sollten Sie ein mineral- und salzarmes Wasser bevorzugen. Ersetzen Sie Kaffee und schwarzen Tee durch Matetee. Er wirkt anregend und dämpft auch das Hungergefühl.
Gewöhnen Sie sich an, jede Stunde ein Glas Flüssigkeit zu trinken und nicht erst, wenn Sie Durst haben. Durst ist bereits ein Notsignal des Körpers. Meiden Sie süße und auch künstlich gesüßte Getränke. Süßen Sie besser mit ein wenig Honig.

Gehen Sie sparsam mit Fett um

Nur Schwerarbeiter brauchen die Mengen Fett, die wir im Durchschnitt zu uns nehmen. Von den verzehrten 130–150 g Fett pro Tag sind nur rund die Hälfte gesundheitlich vertretbar. Die Quittung für das Zuviel: Übergewicht, Stoffwechsel-, Herz- und Gefäßkrankheiten. Zuviel Fett macht fett – auch bei der Trennkost. Grundsätzlich heißt die Devise für alle: Fett sparen! Ganz besonders wichtig ist das für diejenigen, die ihr Gewicht reduzieren wollen oder müssen. Fette, die wir sofort erkennen können und bewußt zu uns nehmen, sind tierische Fette wie Butter, Schmalz und Speck sowie pflanzliche Fette wie Margarine, Pflanzenöle und Kokosfett. Die sogenannten versteckten Fette sind hauptsächlich tierischen Ursprungs und in Fleisch, Wurst, Käse, Kuchen, Desserts und vielen Süßigkeiten vorhanden. Unser täglicher Fettkonsum sollte zur Hälfte aus tierischen und zur Hälfte aus pflanzlichen Fetten bestehen.

Vegetarische Trennkost

Diejenigen, die grundsätzlich oder auch gelegentlich fleischlos essen, kombinieren zu den Lebensmitteln aus der großen neutralen Gruppe – also zu Salat, Gemüse, Vollmilch, Käse, Nüssen usw. – nur die vegetarischen Lebensmittel aus der Eiweiß-Gruppe – also Eier, Sojaprodukte wie Tofu, Seitan (Weizeneiweiß) und magere Milchprodukte.
Wie bei der »gemischten« Trennkost werden natürlich auch die Lebensmittel der neutralen Gruppe mit denen der Kohlenhydrat-Gruppe kombiniert. Richtig kombiniert ist pflanzliches Eiweiß dem tierischen ebenbürtig. Der Bedarf für Körper und Geist ist mit der GU-Trennkost ausreichend gesichert, vor allem auch durch das Eiweiß aus Getreide, Nüssen, Käse und den Milchprodukten. Milch ist eine wichtige Kalzium- und Vitalstoffquelle und enthält Vitamin B_{12}, das in pflanzlicher Nahrung nicht vorkommt. Deshalb ist Milch bei fleischloser Kost besonders wertvoll. Wer reichlich Salat und Gemüse ißt, kann sich auch drei Eier wöchentlich gönnen.
Mit Salat, Gemüse und Früchten kombiniert, wird zum Beispiel gebratener Tofu zur perfekten Eiweißmahlzeit. Auf Seite 26 und 27 finden Sie eine Auswahl vegetarischer Gerichte, der Rezeptteil bietet Ihnen etliche mehr.

Lebensmittel-Qualität

Lebensmittel, die ohne chemische Zusätze, ohne Insektizide und Pestizide, ohne Konservierungsstoffe, Aromen und künstliche Hormone auf den Tisch kommen, schmecken einfach besser, sind bekömmlich und umweltverträglich. Die Qualität unserer Nahrung wirkt sich positiv oder negativ auf unsere Gesundheit und unser Wohlbefinden aus.
Die Qualität eines Lebensmittels kann unter drei Gesichtspunkten betrachtet werden: Genußwert, Gebrauchswert und Gesundheitswert. Den Genußwert können wir ganz leicht mit unseren fünf Sinnen erfassen.
Der Gebrauchswert ist abhängig davon, für welchen Zweck sich das Lebensmittel eignen soll.
Der Gesundheitswert ist ausschlaggebend für die Ernährung. Lebensmittel haben einen um so höheren Gesundheitswert, je mehr sie dazu beitragen, unsere Gesundheit zu erhalten.
Entscheidend ist unter anderem, daß in einer bestimmten Menge eines Lebensmittels, sagen wir zum Beispiel in 500 g eines Gemüses, möglichst viele, für den Organismus lebenswichtige Inhaltsstoffe und möglichst wenig Energie enthalten sind, die Nährstoffdichte also hoch ist.
Der Frischezustand ist ein weiterer wichtiger Punkt, da Produkte in topfrischem, also nicht gelagertem Zustand ihren höchsten Gehalt an unentbehrlichen Inhaltsstoffen haben. Schon nach kurzer Lagerung gehen größere Mengen davon verloren. Besonders hervorgehoben werden muß die Naturbelassenheit des Lebensmittels. Denn es ist sicher, daß es in frischem und unverarbeitetem Zustand am wahrscheinlichsten ein komplettes Angebot an unentbehrlichen Nahrungsbestandteilen enthält. Durch Bearbeitungsprozesse wie beispielsweise Raffinieren und Konservieren gehen häufig wertvolle Wirkstoffe verloren.

Supermarkt oder Bioladen?

Da, wo es möglich ist, sollten Sie bei frischen und möglichst wenig bearbeiteten = naturbelassenen = vollwertigen Lebensmitteln zugreifen. Bevorzugen Sie Gemüse und Obst aus ökologisch orientiertem Anbau und Fleisch mit Qualitätszeichen oder aus artgerechter Haltung (Seite 41).
Alle Zutaten, die in den Rezepten verwendet wurden, können Sie im Supermarkt, Naturkostladen, Reformhaus, in kleinen Fachgeschäften oder auf Ihrem Wochenmarkt kaufen. In Supermärkten werden in den sogenannten »Bio«-Ecken schon viele Produkte angeboten. Im Naturkosthandel können Sie in der Regel sicher sein, daß die Erzeugnisse aus anerkannt ökologischem Landbau stammen. Wenn der Laden Mitglied im »Bundesverband Naturkost Naturwaren» (BNN) ist, unterliegt er zusätzlich einer besonderen Kontrolle. Wenn Sie Bio-Produkte kaufen wollen, sich aber im Dschungel des großen Angebotes nicht auskennen, halten Sie sich am besten an Markennamen wie Naturland, demeter, Biodyn, ANOG, Bioland, oder BIO KREIS.

Die Lebensmittel-Pyramide

Die Pyramide zeigt Ihnen auf den ersten Blick, wie Ihre zukünftige ausgewogene Ernährung nach den GU-Trennkost-Regeln aussehen soll. Das in die tägliche Praxis umzusetzen, ist mit ihrer Hilfe kein Problem, denn die Pyramide bringt das ganze Wissen auf eine einfache Formel:
Das vielfältige Lebensmittelangebot ist in 7 Gruppen eingeteilt. Alle Lebensmittel einer Gruppe ähneln sich in ihrer Nährstoffzusammensetzung. Ein besonders wichtiger Punkt dabei ist, in welchen Mengen Sie die jeweiligen Lebensmittelgruppen in Ihren täglichen Ernährungsplan einbauen.

1 Gemüse und Salate bilden die Basis Ihrer täglichen Mahlzeiten. Zwei Drittel Ihrer Hauptmahlzeiten sollten daraus bestehen.

2 Reis, Kartoffeln, Mais, Brot, Getreide und süße Früchte gehören zur gesünderen »Stärke-Gruppe« der Kohlenhydrate. 40% Ihres Tagesbedarfs sollen aus dieser Gruppe kommen.

3 Zucker, weißes Mehl sowie geschälter und polierter Reis gehören zur nicht so gesunden »Zucker-Gruppe« der Kohlenhydrate. Hiervon sollten Sie möglichst nur minimale Mengen zu sich nehmen.

4 Von den »sauren« Früchten mindestens jeden Tag ein Stück/ein wenig essen. Sie eignen sich gut für zwischendurch.

5 Fleisch, Wurst, Fisch und Eier sind die Hauptlieferanten von tierischem Eiweiß. Nicht mehr als 2–3mal pro Woche eine Portion von 80–100 g magerem Fleisch essen. Fisch mindestens 2mal pro Woche essen, die Portion kann 150–200 g groß sein.

6 Mit Vollmilchprodukten wie Sahne, Crème fraîche und fettem Käse sollten Sie wegen des hohen Fettgehaltes möglichst sparsam umgehen. Käse enthält außerdem viel Salz, das zum Bluthochdruck beitragen kann.

7 Butter und Öl äußerst sparsam verwenden, es genügen wirklich nur winzige Mengen. Beim Öl überwiegend zu kaltgepreßten und unraffinierten Sorten greifen.

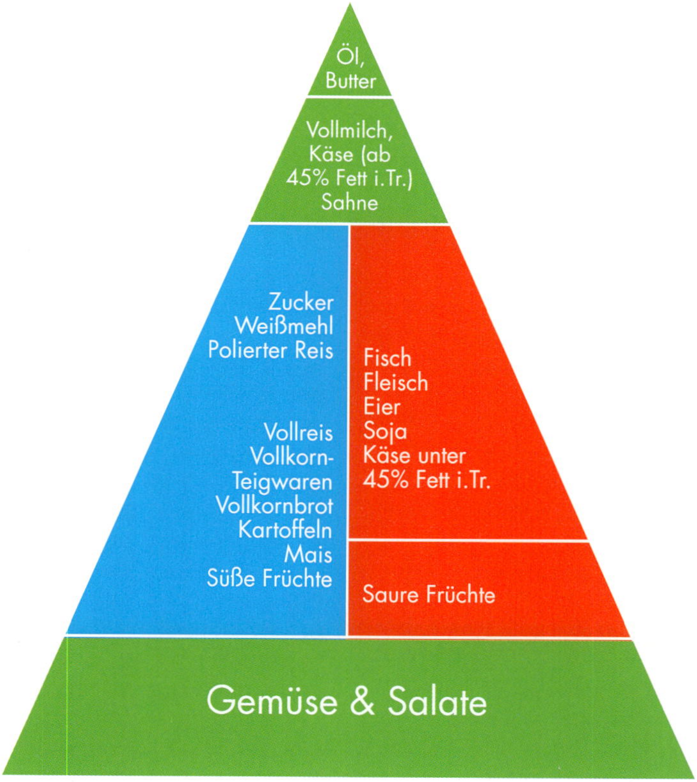

Die Pyramide zeigt, wie die tägliche Ernährung optimal aussehen soll

Sport – das Beste für die Figur

Erst die schlechte Nachricht: Wer glaubt, durch mehr Bewegung mehr essen zu können, liegt falsch. Nun die gute Nachricht: Sport ist das Beste, was Sie für die Figur tun können. Und zwar weil Ausdauersportarten die Fettverbrennung an den Problemzonen ankurbeln können. Und durch gezieltes Muskeltraining kann man seine Figur modellieren, schönere Proportionen bekommen. Das beste Training für die Beine sind Radfahren, Schwimmen und Laufen. Seilspringen und Ballspiele festigen die Pomuskeln. Die Region um Hüften, Bauch und Taille kommt mit Gymnastik oder Bodybuilding wieder gut in Form. Entscheiden Sie sich für eine Sportart, die Ihnen wirklich Spaß macht. Wichtig ist, daß Sie sich dabei langsam bewegen. Denn beim schnellen Training werden hauptsächlich Kohlenhydrate verbrannt. Wichtig ist nicht, daß Sie stundenlang sporteln, effektiv sind eher die kürzeren Trainingseinheiten. Also, lieber dreimal pro Woche nur 20–30 Minuten radfahren, joggen, schwimmen oder Tischtennis spielen als sich nur einmal in der Woche eineinhalb Stunden hintereinander auszupowern. Mit dosiertem Sport und der GU-Trennkost nehmen Sie schnell und gesund an den richtigen Stellen ab und an Fitness zu. Später, wenn Sie Ihr Wunschgewicht erreicht haben, sollten Sie beim Sport am Ball bleiben.

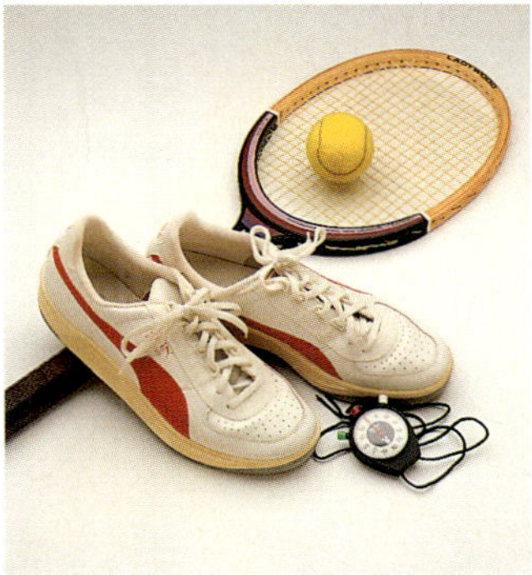

Schlank werden und bleiben: regelmäßiger Sport gehört dazu

Statt Idealgewicht jetzt BMI

Vergessen Sie alles, was Sie je über das Idealgewicht gehört haben. Das Schlagwort, das lange Jahre bei allen Gewichtsdiskussionen herumgeisterte, ist völlig überholt. Die Richtlinien für das angeblich «gesündere Idealgewicht« sind nämlich schon vor über 100 Jahren aufgestellt worden und heute durch wissenschaftliche Untersuchungen widerlegt. Als neue tolerante Faustregel für das gesunde Körpergewicht gilt nun der sogenannte »Body-Mass-Index« (BMI). Dazu wird das Körpergewicht durch das Quadrat der Körpergröße geteilt: Eine 1,70 Meter große Frau, die 70 Kilo wiegt, kommt so beispielsweise auf einen BMI-Wert von 24,2. Eine grobe Orientierung liefert die Unterscheidung nach Geschlecht: Frauen sollen einen BMI zwischen 19 und 24 haben, Männer zwischen 20 und 25. Aber: Erst bei einem BMI-Wert über 30 ist Abnehmen dringend angesagt.

Dreimal pro Woche 20 Minuten laufen ist ideal für die Fitneß

Unterschreiten sollten Sie den BMI auf keinen Fall. Frauen und Männern mit zunehmendem Alter billigt die Wissenschaft heute sogar ein höheres Durchschnittsgewicht zu. Wenn Sie zuviel wiegen und abnehmen wollen, nehmen Sie sich keine Gewichtsreduzierung über 10 Kilo vor, oder nur verteilt auf größere Zeitabschnitte. Mit mehreren »kleineren Etappen« kommen Sie gesünder und streßfreier an Ihr angestrebtes Ziel, Ihr Wunschgewicht.

Extra kochen ist nicht nötig

Die GU-Trennkost ist so ausgewogen und gesund, daß sie eine ideale Ernährungsweise für die ganze Familie ist. Sie paßt sich problemlos Ihrer Lebensweise an, ein zusätzliches »Diätkochen« gibt es nicht. Was Sie Ihrer Linie zuliebe zubereiten, schmeckt auch der Familie. Denn es macht wenig Mühe, die Trennkost Ihrem Familien-Speisezettel anzupassen. Auch wenn die restliche Familie Eiweiß und Kohlenhydrate (noch) nicht trennen mag, profitiert sie von dem großen Angebot an Vitaminen, Mineralstoffen und Ballaststoffen der aufgetischten Gerichte. Singles, die nicht so oft am Herd stehen, nehmen mit der Trennkost ebenso ab wie Menschen mit einem schlanken Partner.

Schritt um Schritt

Wenn Sie die Trennkost gleich für die ganze Familie einführen wollen, tun Sie das Schritt für Schritt. Fangen Sie damit an, Salate und Gemüse reichlich und auf raffinierte Weise zu servieren. Taktisch ist es klug, anfangs zu den Eiweiß-Mahlzeiten auch eine kleine traditionelle Kohlenhydrat-Beilage wie Kartoffeln, Nudeln oder Reis anzubieten, die ja nicht viel Zubereitungszeit in Anspruch nimmt. Servieren Sie zu jeder Hauptmahlzeit vorher einen Salat. Wer mag, bekommt auch zu den Kohlenhydrat-Mahlzeiten ein kleines Schnitzel oder zu den Bratkartoffeln ein Spiegelei.

So gelingt's

Viele Erfahrungen haben gezeigt, daß es wesentlich leichter fällt und wesentlich erfolgreicher ist, in einer Gruppe abzunehmen, als alleine allen Versuchungen zu widerstehen. In einer Gruppe, ob klein oder groß, wird niemand durch seine geänderten Eßgewohnheiten zum »Außenseiter«. Sehen Sie Ihre Familie oder Ihren Partner als Gruppe. Sie essen alle so ungefähr dasselbe und es fällt gar nicht groß auf, wenn Sie dabei Eiweiß und Kohlenhydrate trennen oder nur eine kleinere Portion von allem essen.

Wenn Gäste kommen

Bekannte, Verwandte oder Freunde zu einem Essen nach Hause einladen – das geht mit der Trennkost problemlos. Wenn Ihre Gäste nicht in die neue Ernährungsweise hineinschnuppern möchten, servieren Sie am besten eine Eiweiß-Mahlzeit mit Kohlenhydrat-Beilagen, auf die Sie nach Wunsch verzichten können. Dieses Buch bietet eine Fülle von Gerichten, die sich ideal für Gästeessen eignen, aber auch für große Feste, Gartenparties, für ein Picknick oder einen Kindergeburtstag. Eine Rezeptauswahl finden Sie auf Seite 24 und 27, zum Beispiel unter den Rubriken »Berühmte Gerichte und Spezialitäten«, »Raffiniertes«, »Für Gäste«, »Für viele und für Parties«, »Was Kinder lieben«, und »Gut vorzubereiten«.

Die Trennkost ist eine gesunde Ernährungsweise für die ganze Familie

Trennkost gibt es auch im Restaurant: Kurzgebratenes mit Gemüse

Trenn-Genuß im Restaurant

Gerade im Restaurant ist es einfach, die Trennung einzuhalten. Entscheiden Sie sich für eine Eiweiß-Mahlzeit, denn Fisch oder Meeresfrüchte, Fleisch oder Geflügel, dazu Salat oder Gemüse finden Sie auf jeder Speisekarte und können Sie auch ohne Kartoffeln, Nudeln oder Reis bestellen. Kaum ein Restaurant, das nicht ein Steak mit Salat auf der Karte hat. Und jede Bedienung wird Ihnen statt Kartoffelbällchen gerne einen Salat bringen. Bei mehrgängigen Menüs wählen Sie am besten als Vorspeise einen Salat. Essen Sie dann Fisch oder Fleisch mit feinen Gemüsen und schließen Sie das Menü mit frischen Früchten oder mit Käse ab. Da Sie bei Eiweiß-Mahlzeiten weder Wein noch Sekt ablehnen müssen, wird niemand auf die Idee kommen, daß Sie sich gerade linienfreundlich ernähren. Trinken Sie während des Essens viel Mineralwasser und genießen Sie den Alkohol nur in kleinen Mengen. Für eine Kohlenhydrat-Mahlzeit wählen Sie einen großen Salatteller oder eine Rohkostplatte, kombiniert mit knusprigem Brot und einem Bier. Das ist ein durchaus ein geselliges Essen. Auch Ofenkartoffeln mit Quarksaucen, Spaghetti mit Tomaten- oder Gemüsesauce, Pizza ohne Fleisch- oder Fischbelag entsprechen den GU-Trennkost-Regeln. Ein große Portion Salat vorneweg gehört natürlich immer dazu. Nach Herzenslust schlemmen läßt es sich in vegetarischen Restaurants, wo Sie Gemüsegerichte gut mit Tofu und Getreidegerichte mit Gemüse kombinieren können.

Kulinarische Ferienfreuden

Trennkost und Urlaub? Das ist geradezu eine ideale Verbindung. Viele Hotels und Restaurants bieten üppige Buffets, von denen Sie sich mühelos abwechselnd eine Eiweiß- oder Kohlenhydrat-Mahlzeit zusammenstellen können. Etwas gegrilltes Fleisch oder gedünsteter Fisch schmecken mit einem köstlichen Weißwein unter wärmender Sonne einfach unübertrefflich. Gerade in den südlichen Urlaubsländern ist das Angebot an frischem Fisch, knackigem Gemüse oder reifen Früchten besonders groß und gut.

Lust auf...

Und wenn Ihnen plötzlich nach knusprigem Weißbrot ist? Oder nach einem landestypischen Gericht, das nicht »getrennt« ist? Greifen Sie zu, genießen Sie es! Die Lebensfreude im Urlaub, die Unternehmungslust, das »Sich-Selbst-Verwöhnen« ist sehr viel wichtiger als auf ein oder zwei Kilo Gewicht zu achten. Wenn es sein muß, werfen Sie auch die Empfehlung, mittags Eiweiß und abends Kohlenhydrate zu essen, über Bord, falls das Abendessen Ihre Hauptmahlzeit ist. Alles kein Problem: Denn Sie wissen ja, wie leicht und schnell Sie zu Hause mit der GU-Trennkost wieder auf Ihr Wunschgewicht kommen.

Allgemeines

Innerhalb einer Mahlzeit dürfen nach den GU-Trennkost-Regeln Lebensmittel aus der Eiweiß-Gruppe (rote Markierung) nicht mit Lebensmitteln aus der Kohlenhydrat-Gruppe (blaue Markierung) gemischt werden.

Folgende Kombinationen sind aber möglich:
• Lebensmittel aus der Eiweiß-Gruppe (im Bild oben) und der neutralen Gruppe (grüne Markierung)
• Lebensmittel aus der Kohlenhydrat-Gruppe (im Bild unten) und der neutralen Gruppe (grüne Markierung)

(rot) gekennzeichnet sind alle eiweißreichen Rezepte.

(blau) steht für kohlenhydratreiche Gerichte.

(grün) markiert sind Rezepte aus neutralen Lebensmitteln.

Extras

Wenn Sie kurz vor oder nach einer Hauptmahlzeit noch eine Kleinigkeit essen wollen, wählen Sie den Snack entweder aus der gleichen Gruppe wie die Hauptmahlzeit (rote oder blaue Markierung) oder aus der neutralen Lebensmittelgruppe.

Neutrale Gruppe
Milch, Buttermilch, Dickmilch, Joghurt, etwas Quark, ein Stückchen Käse (ab 45% Fett i. Tr.), Nüsse (außer Erdnüsse), Studentenfutter, rohes Gemüse zum Knabbern, ein paar Oliven

Eiweiß-Gruppe
Früchte der Saison (Seite 20) oder ein Eckchen Käse (unter 45% Fett i. Tr.)

Kohlenhydrat-Gruppe
Bananen, süße Äpfel, frische oder getrocknete Datteln oder Feigen, ungeschwefelte Trockenfrüchte, Knäckebrot, Vollkornbrot mit Butter oder Honig bestrichen oder Butterbrezeln.

Richtig kombinieren Sie: rot mit grün oder blau mit grün. Nie die rote mit der blauen Gruppe mischen

Neutrale Gruppe

- Gemüse, Salate, Kräuter:

Blattgemüse und Blattsalate: Artischocken, Chicorée, Spinat, Mangold, Fenchel und alle Salatsorten
Wurzel- und Knollengemüse: Möhren, Kohlrabi, Radieschen, Rettich, rote Beten, weiße Rüben, Knollensellerie, Schwarzwurzeln, Steckrüben, Pastinaken
Stengel- und Fruchtgemüse: Spargel, Staudensellerie, grüne Bohnen, grüne Erbsen, Tomaten, Gurken, Kürbis, Auberginen, Paprika, Zucchini, Rhabarber
Kohlgemüse:
Blumenkohl, Broccoli, Romanesco, Chinakohl, Spitzkohl, Grünkohl, Rosenkohl, Wirsing, Rot- und Weißkohl, Sauerkraut
Zwiebelgemüse:
Frühlingszwiebeln, Schalotten, Haushaltszwiebeln, Gemüsezwiebeln, rote Zwiebeln

- Kräuter:

alle frischen und getrockneten Kräuter wie Petersilie, Dill, Schnittlauch, Kerbel, Basilikum, Thymian, Rosmarin, Estragon, Borretsch, Bohnenkraut, Liebstöckel, Majoran, Oregano usw.

- Pilze:

alle Zuchtpilze wie Champignons, Egerlinge, Austernpilze, Shiitake-Pilze, alle eßbaren Waldpilze wie Pfifferlinge, Steinpilze, Morcheln, Trüffel, Reizker, Butterpilze, Rotkappen, Maronen, Birkenpilze sowie alle getrockneten Pilze, u.a. Mu-Err-Pilze (Wolkenohrpilze), Tongu-Pilze (Shiitake-Pilze), chinesische Morcheln

- Milch- und Milchprodukte:

Vollmilch, Vorzugsmilch, Stuten-, Schaf- und Ziegenmilch, Kondensmilch (alles vollfett und ungezuckert), süße Sahne und alle gesäuerten Milchprodukte wie Joghurt, Quark, saure Sahne, Crème fraîche, Crème double, Schmand, Kefir, Dickmilch und Buttermilch

- Käse:

alle weichen und mittelfesten Sorten ab einem Fettgehalt von 45% Fett i. Tr., z.B. Emmentaler, Butterkäse, deutscher Gouda, Edamer, Edelpilzkäse, Taleggio, Pecorino, Bel paese, Gorgonzola, Provolone, Roquefort, Camembert, Brie, Greyerzer, Raclette. Alle Weißkäsesorten wie Frischkäse, Mozzarella, Mascarpone, Ricotta, Ziegen- und Schafskäse sowie Hüttenkäse.
Auch der Hartkäse Parmesan zählt zur neutralen Gruppe. Er hat zwar nur einen Fettgehalt von 35% Fett i.Tr., jedoch wegen seines geringen Feuchtigkeitsgehaltes einen absoluten Fettgehalt von 22 g pro 100 g

- Nüsse, Kerne und Samen:

alle Nüsse (außer Erdnüsse) wie Hasel-, Para-, Pekan- und Walnüsse, Mandeln, Pistazien und Kokosnuß.
Alle Kerne wie Sonnenblumenkerne, Pinienkerne, Kürbiskerne.
Alle Keime und Samen wie Weizenkeime, Sesamsamen

- Gewürze:

alle Gewürze wie Paprikapulver, Currypulver und -paste, Muskatnuß, Sojasauce, Gemüse-Extrakt, 1 Teelöffel Balsamessig oder 1 Spritzer Zitronensaft. Alle Gewürzpflanzen wie Knoblauch, Meerrettich, Ingwer, Chillies

- Öle und Fette:

alle pflanzlichen und tierischen Fette wie Butter, ungehärtete und naturbelassene Fette und kaltgepreßte Öle wie Sonnenblumen-, Oliven-, Soja-, Sesam-, Walnußöl usw.

- Rohes und Geräuchertes:

in kleinen Mengen alle rohen und geräucherten Fleischsorten, z.B. Rohschinken oder Salami und alle rohen oder geräucherten Fische, z.B. Räucherlachs oder Matjes

- Außerdem:

Heidelbeeren, Oliven, Avocado, Eigelb, Hefe, Geliermittel, alle Sprossen, Keimlinge und Noriblätter (Seetang für Sushi)

- Neutrale Getränke:

Wasser, Kaffee, schwarzer Tee, Kräutertees, Matetee, verdünnter Gemüsesaft, Vollmilch, auch klare hochprozentige Spirituosen wie z.B. Korn, Genever, Wodka, Gin, Aquavit, Grappa

Eiweiß-Gruppe

• Fleisch- und Wurstwaren:
Fleisch: alles gegarte Muskelfleisch und alle Innereien von Kalb, Rind, Schwein, Lamm, Pferd, Kaninchen, Hase, Reh, Hirsch, Wildschwein. Auch Tatar, magerer Schinken, Bündner Fleisch und alle gegarten Wurstwaren. Leber, Nieren und Schweinefleisch möglichst nur von Tieren aus artgerechter Haltung

• Geflügel:
alles Zuchtgeflügel wie Hähnchen/Huhn, Puter/Truthahn, Ente, Gans, Perlhuhn, Wachtel, Taube sowie Geflügelwurst und alles Wildgeflügel wie Fasan, Rebhuhn, Wildente

• Fische:
alle gegarten und ungeräucherten Süß- und Salzwasserfische wie z.B. Forelle, Zander, Hecht, Waller, Aal, Catfish, Viktoriabarsch, Lachs, Kabeljau, Heilbutt, Seelachs, Schellfisch, Hering, Makrele, Scholle, Seezunge, Brasse, Rotbarsch, Seeteufel, Petersfisch, Thunfisch, Schwertfisch, auch Kaviar

• Meeresfrüchte:
alle Schal-, Krusten- und Weichtiere, z.B. Jakobsmuscheln, Garnelen, Langusten, Hummer, Krebse, Muscheln, Austern, Schnecken, Kalamare, Oktopus, Tintenfisch

• Sojaprodukte:
Tofu und alle aus der Sojabohne hergestellten Produkte, z.B. Sojamehl, Brotaufstriche

• Eier:
alle ganzen Eier wie Hühnereier, Enteneier, Gänseeier, Wachteleier, Möweneier. Außerdem das Eiweiß von Hühnereiern

• Milch:
Magermilch sowie teilentrahmte Milch

• Käse:
alle weichen und mittelfesten Sorten unter einem Fettgehalt von 45% Fett i. Tr., z. B. Butterkäse (30%), Camembert (30%), Edamer (30%), Romadur (20% oder 30%), Limburger (20%), Westlight (30%)

• Früchte:
weiße und blaue Weintrauben. Kernobst wie Birnen, Quitten, Äpfel (außer süße Äpfel). Alle Steinobstsorten wie Kirschen, Aprikosen, Pfirsiche, Pflaumen, Zwetschgen, Mirabellen, Renekloden.
Alle Beerensorten (außer Heidelbeeren) wie Erdbeeren, Johannisbeeren, Stachelbeeren, Himbeeren, Brombeeren.
Alle Wildfrüchte, z.B. Preiselbeeren, Holunderbeeren, Hagebutten, Schlehen und Sanddorn.
Alle Zitrusfrüchte wie z.B. Orangen, Mandarinen, Clementinen, Pomelos, Kumquats, Grapefruits, Zitronen, Limetten.
Alle exotischen Früchte (außer Bananen), z.B. Kiwi, Melonen, Papaya, Mango, Ananas, Kaki, Karambole, Litschi, Cherimoya, Physalis, Passionsfrucht, Guave, Granatapfel, Kaktusfeige, Nashi

• Außerdem:
Seitan (Weizeneiweiß), Essig und Zitronensaft zum Würzen

• Getränke, die zu Eiweiß-Mahlzeiten passen: Wasser, Kaffee, schwarzer Tee, Matetee, Kräuter- und Früchtetee, Gemüse- und Fruchtsäfte, Apfelwein (Cidre), Weißwein, Rotwein, Sekt und Champagner

Kohlenhydrat-Gruppe

• Getreide:
Roggen, Gerste, Graupen (Rollgerste) Weizen, Grieß, Bulgur, Couscous, Hafer, Dinkel, Grünkern, Buchweizen, Hirse, Amaranth, Quinoa, Mais, Zuckermais, Reis, Wildreis

• Brot:
alle Brotsorten und Brötchen, möglichst aus Vollkornmehl oder frisch gemahlenem Getreide ohne Eiweißzusatz hergestellt

• Gebäck:
alle Sorten, die möglichst aus Vollkornmehl oder frisch gemahlenem Getreide ohne Eiweißzusatz gebacken werden

• Teigwaren:
alle Teigwaren ohne Ei bzw. ohne Eiweiß wie z. B. Hartweizennudeln, Vollkornnudeln, Reisnudeln, Glasnudeln, Buchweizennudeln ohne Ei

• Kartoffeln:
Kartoffeln und Süßkartoffeln

• Früchte:
süße, mürbe Äpfel, Bananen, frische oder getrocknete Datteln und Feigen, ungeschwefelte Trockenfrüchte, z. B. Aprikosen, Pflaumen, Rosinen

• Zum Süßen:
Honig, Ahornsirup, Rohrzucker, Apfel- und Birnendicksaft, Ursüße, Zuckerrohrgranulat

• Außerdem:
Backpulver, Puddingpulver, Carobpulver, Edelkastanien (Maronen), Topinambur (Erdartischocke/Erdbirne), Kartoffelstärke, Tapiokastärke, Reispapier, Zitronat, Orangeat

• Getränke, die zu Kohlenhydrat-Mahlzeiten passen:
Wasser, Kaffee, schwarzer Tee, Vollmilch mit Carobpulver, Kräutertees ohne Fruchtsäure, Matetee, verdünnte Gemüsesäfte, 1–2 Gläser Bier oder fruchtiger Rotwein

Tips und Tricks

Nach aller Theorie wollen Sie sicher nun mit der Praxis der GU-Trennkost beginnen. Jetzt geht es darum, die Regeln für die eigene Lebensweise umzusetzen. Hier die wichtigsten Alltags-Fallen und dazu Tips und Tricks, wie Sie die Fallen ganz einfach umgehen, damit Gewichtsprobleme für Sie in Zukunft garantiert kein Thema mehr sind.

• Falle: Morgens kein Frühstück
Die erste Mahlzeit ist ganz eindeutig die wichtigste des Tages. Denn sie sorgt dafür, daß der Blutzuckerspiegel ansteigt und den Vormittag über im Lot ist. Tips für alle, die so früh noch nichts herunterbringen: Obst essen – Bananen sind sehr magenfreundlich. Oder sich einen Vitaldrink mixen. Anregungen gibt es von Seite 112 bis 115, z.B. Apfel-Sellerie-Drink oder Kräuter-Möhren-Buttermilch.

• Falle: Zu schnell essen
Menschen mit Gewichtsproblemen essen doppelt so schnell wie Schlanke. Und dadurch oft doppelt soviel. Denn bis im Gehirn die Meldung »satt« ankommt, dauert es 20 Minuten. Wenn Sie langsam essen und gründlich kauen, werden Sie schneller und anhaltender satt. Mit dem angenehmen Nebeneffekt, daß Sie die Aromen des Gerichtes intensiver genießen.

• Falle: Nie naschen
Ab und zu gehört naschen dazu, wenn man schlank werden und bleiben will. Wer Gewichtsprobleme hat, versagt sich häufig die Lust auf Süßes. Dann überkommt einen der Heißhunger und irgendwann ist eine ganze Tafel Schokolade verputzt. Also lieber gleich ein wenig Süßes essen, z.B. etwas Studentenfutter, ein, zwei gefüllte Datteln oder Schokoladenfeigen (Seite 270).

• Falle: Sporteln – dann hungern
Normalerweise hat man nach dem Sport zunächst mal keinen Hunger. Trotzdem sollten Sie nach der Fitneß ein wenig essen, weil das dem Heißhunger vorbeugt, der nach ein, zwei Stunden unweigerlich kommt, z.B. Roquefort-Sandwich oder Tex-Mex-Sandwich (Seite 98).

• Falle: Kantine
Wenn Berufstätige mittags gerne warm essen, können sie ruhig in die Kantine gehen, sollten aber kritisch nachfragen, wenn die Zusammensetzung eines Gerichtes nicht eindeutig erkennbar ist. Dann besser Gemüsesuppen oder Kurzgebratenes mit Salat essen.

• Falle: Verbote
Sehen Sie die Trennkost-Regeln nicht als Verbote, sondern als Empfehlungen an. Seien Sie mit sich nicht zu streng und lassen Sie sich nicht die Freude am Essen und an der Geselligkeit verderben. Es schadet weder Linie noch Laune, wenn etwas Mehl die Sauce zum Schnitzel sämig macht, wenn sich eine Sardelle auf Ihrer Pizza verirrt oder wenn Sie mal Gelüste auf Hackfleisch-Lasagne haben.

Ein langsames Tempo beim Sport beschleunigt die Fettverbrennung

Auf los geht's los

Eine Entschlackung des Organismus ist der beste Start in ein Leben voller Vitalität und ohne Figurprobleme. Tage, an denen Sie nur Kartoffeln mit Sellerie essen oder Molke mit Heilkräutersäften trinken, haben einen gemeinsamen Nenner: Sie sind ein Jungbrunnen für Körper und Seele. Entschlackungstage eignen sich daher ideal als erster Schritt in die GU-Trennkost. Der Darm, unser wichtigstes Organ für die körpereigene Abwehr, wird gründlich gereinigt, die Verdauung angekurbelt, überschüssiges Wasser ausgeschieden. Der Stoffwechsel wird dadurch entlastet und kann auf die neue Ernährungsweise umschalten. Ganz nebenbei sind Sie nach drei Umschalttagen schon die ersten ein bis zwei Kilo los.

Gut für Körper und Geist

Umschalttage haben noch weitere Vorteile: Sie beleben die natürlichen Instinkte, die im Alltagsstreß und Alltagstrott oft verloren gegangen sind. Nach der Nahrungseinschränkung wird es Ihnen leichter fallen, die richtigen Lebensmittel in der richtigen Menge zu genießen, weil Ihr natürliches Hunger- und Sättigungsgefühl wieder da ist. Sie können zwar auf die Umschalttage verzichten und trotzdem fit und schlank werden. Die Erfahrung zeigt aber, daß die Umstellung auf die vitalstoffreiche GU-Trennkost, nach einigen Tagen einseitiger Nahrung, viel leichter fällt. Sie können sicher sein, daß Ihr entschlackter Körper anschließend sicht- und fühlbar schneller von der GU-Trennkost profitiert.

Entschlackungstage mit Obst und Reis sind der ideale Start

Kartoffel-Tage

Pro Tag je 500 g Kartoffeln und Knollensellerie gut waschen, ungeschält in grobe Stücke schneiden und in 2 Liter ungesalzenem Wasser weich kochen. Gemüse über den Tag verteilt warm oder kalt essen. Die Brühe mit frischen Kräutern verfeinern und über den Tag verteilt schluckweise trinken. Zusätzlich möglichst noch 1 bis 2 Liter stilles Mineralwasser oder milden Kräutertee trinken.

Molke-Tage

Pro Tag gibt es 1 Liter Diät-Kurmolke (Reformhaus) und 100 ml Heilpflanzensaft von Artischocke, Löwenzahn und/oder Brennessel (Apotheke oder Reformhaus). Trinken Sie die Molke mit den frischen Pflanzensäften vermischt über den Tag verteilt in fünf bis sechs Portionen. Zusätzlich bis zu 2 l leichten Kräutertee trinken.

Quark-Tage

Pro Tag 700–1000 g Magerquark essen. Mit Wasser cremig rühren und mit frischen Kräutern würzen, aber kein Salz verwenden. Im »Notfall« zusätzlich zwei Scheiben Knäckebrot essen. Dazu zwei Liter Mineralwasser trinken.

Weitere Vorschläge für Entschlackungstage siehe Seite 46.

Was koche ich, wenn...? Diese Frage beschäftigt Sie bestimmt öfter. Einen Wegweiser durch die Fülle der Rezepte finden Sie hier. Von schnell bis vitaminreich, von preiswert bis vegetarisch, von Spezialitäten bis zu Gästeessen.

Preiswert

Gut vorzubereiten

Kalorienarm

Raffiniertes

Geht schnell

Vitaminreich

Für Gäste

Für viele und Parties

Würzig & pikant

Was Kinder lieben

Vegetarisches

Berühmte Gerichte und Spezialitäten

Macht wenig Arbeit

Zum Mitnehmen

So frisch wie möglich!

Wer nach der GU-Trennkost kocht, sollte vor allem Gemüse, Salate, Obst und Kräuter mit dem größtmöglichen Gehalt an Inhaltsstoffen auf den Tisch bringen. Auch die Frische anderer Lebensmittel wie Milch, Milchprodukte, Brot, Fisch und Fleisch ist ausschlaggebend. Die Grundlage für Genuß, Wohlbefinden und Fitneß liegt also schon im Einkauf. Frisches sollte auch immer so bald wie möglich gegessen oder zubereitet werden.

So lagern Sie Frisches

Selbst wenn Salate, Gemüse und Kräuter ganz frisch ins Haus kommen und länger bei Zimmertemperatur in der Küche liegen, sinkt ihr Vitamingehalt enorm. Denn Wärme, Sauerstoff aus der Luft und Licht setzen den wertvollen Wirkstoffen zu. Am besten alles Frische sofort »versorgen«:

- Gemüse nach Sorten getrennt - bis auf Tomaten und Auberginen, die die Kälte nicht mögen, luftig verpackt ins Gemüsefach des Kühlschranks legen. Dort können Sie es gut 1–2 Tage aufheben.
- Das Grün von Radieschen, Rettich, Bundmöhren und Kohlrabi entfernen. Es sieht zwar schön aus, zehrt aber an der Energie von Wurzel bzw. Knolle. Dadurch wird das, was Sie später essen wollen, schneller «alt«.
- Salate locker verpacken und ebenfalls im Gemüsefach des Kühlschranks lagern.
- Kräuter keinesfalls wie Blumen mit den Stengeln ins Wasser stellen, denn sie welken so relativ schnell. Am besten in eine dicht schließende Plastikbox oder in einen verschließbaren Frischhaltebeutel füllen und im Kühlschrank aufbewahren.
- Reifes, empfindliches Obst wie Mangos, Papayas und Melonen am besten sofort essen. Selbst im Gemüsefach des Kühlschranks hält es sich nur 1–2 Tage.
- Milch und Milchprodukte gleich nach dem Einkauf in den Kühlschrank stellen. In der Regel kann man sich nach dem Mindesthaltbarkeitsdatum richten. Geöffnete Packungen innerhalb von 2 Tagen verbrauchen.
- Frischfleisch, Wurstwaren und Käse gleich nach dem Einkauf in den Kühlschrank legen. Käse ist im Gemüsefach am besten aufgehoben. (Etwa 1 Stunde vor dem Essen bei Zimmertemperatur »aufwärmen« lassen, damit sich das Aroma entfalten kann.)

Trockenvorräte

In der GU-Trennkost spielen Getreide, Samen, Nüsse und Gewürze eine große Rolle. Sie lieben es kühl, trocken und dunkel (am besten in der Speisekammer lagern). Wenn Sie die Vorräte in der Küche aufbewahren, dann am besten in der kühlsten Ecke, also nicht über oder neben dem Herd.

Saisongerechter Einkauf von Gemüse und Obst bringt viele Vorteile

Wieviel servieren?

Wenn Sie Gerichte aus diesem Buch austauschen oder für andere Portionenzahlen verändern wollen, mit folgenden Mengen pro Person sollten Sie rechnen:

- *Suppe: als Vorspeise 1/4 l, als Hauptgericht 1/2 Liter*
- *Vorspeisen: z. B. Pasteten, Terrinen 150–200 g*
- *Salat: Blattsalat 50-–75 g, Gemüsesalat 200–250 g, Kartoffel-, Reis- und Nudelsalat 150–200 g*
- *Fischfilet und Krustentiere: als Vorspeise 50 g, als Zwischengericht 100 g, als Hauptgericht 175–200 g*
- *Fisch (ganz): 300 g*
- *Fleisch und Geflügel: mit Knochen 250 g, ohne Knochen 150–180 g*
- *Hackfleisch: 125 g*
- *Gemüse und Kartoffeln als Hauptgericht 400 g (ungeputzt)*
- *Nudeln und Reis: als Hauptgericht 100–125 g*
- *Sauce: 2–3 EL = 50 g*
- *Käse: als Dessert 80–100 g, auf einem Buffet etwa 60 g*
- *Brot und Brötchen: als Beilage 100 g, als Hauptmahlzeit 150 g*
- *Dessert: Obst- und Cremedessert 150 g, Eiscreme 100 g*

Mit dem Löffel gewogen

	Teelöffel in g	gestrichener Eßlöffel in g	gehäufter Eßlöffel in g
Wasser, Sahne	5	15	
Milch	5	15	
Öl	4	10	
Crème fraîche	10	20	30
Quark	10	20	30
Mayonnaise	10	20	30
Butter, Margarine	5	15	25
Senf, Ketchup	5	15	25
Mehl, Stärke	3	10	15
Backpulver	3	5	8
Kakao	3	5	8
Zucker	5	15	25
Puderzucker	4	8	15
Salz	4	10	20
Grieß	5	10	20
Semmelbrösel	3	6	10
Haferflocken	3	6	10
Nudeln, Reis	4	10	15
Käse (gerieben)	4	7	10
Nüsse, Mandeln (gemahlen)	3	8	16
Konfitüre	17	30	50
Honig	7	15	20

Tip: Bevor Sie mit Ihrem Besteck ans Messen gehen, sollten Sie einmal probelöffeln und auswiegen – Ihre Maßlöffel könnten größer oder kleiner sein.

Elektroherd	*Gasherd*
150° Celsius	*= Stufe 1*
175° Celsius	*= Stufe 2*
200° Celsius	*= Stufe 3*
225° Celsius	*= Stufe 4*
250° Celsius	*= Stufe 5*

Bei Umluftherden ca. 20° weniger einstellen

Spritzer, Tropfen, Prisen...

1 Prise = soviel Salz, Pfeffer oder Zucker, wie Sie zwischen Daumen und Zeigefinger halten können.

1 Messerspitze = die Menge Gewürz, die bequem auf des Messers Spitze paßt.

1 Spritzer = 3 bis 5 Tropfen Zitronensaft, Worcestersauce oder Suppenwürze. Vorsicht bei Tabasco.

1 Schuß = in etwa 1/2 Schnapsgläschen Essig, Wein oder andere geistige Genüsse. Beim Abschmecken die Flasche kurz kippen – der Daumen auf der Öffnung garantiert, daß es bei einem Schuß bleibt.

Schonend vor- und zubereiten

Die richtige Auswahl der Lebensmittel ist ein Knackpunkt in der gesunden Ernährung. Die Vor- und Zubereitung des Essens ist mindestens so wichtig. Licht, Luft und Wasser sind die Feinde der lebenswichtigen Nährstoffe.

Gemüse grundsätzlich zuerst waschen, danach zerkleinern

Besonders sensibel reagieren Vitamine, Mineralstoffe und die sekundären Pflanzenstoffe darauf. Bei sanfter Behandlung bleiben sie gut erhalten. Jedes Zerkleinern, Garen und Aufbewahren vermindert den Gehalt an wertvollen Inhaltsstoffen. Gleichzeitig sorgt aber das Garen auch dafür, die Verträglichkeit von bestimmten Nahrungsmitteln zu erhöhen und die Verfügbarkeit einzelner Wirkstoffe für unseren Körper zu verbessern. Mit schonenden Garmethoden lassen sich die Nährstoffverluste in Grenzen halten. Außerdem sollten vor allem Linienbewußte, aber nicht nur die, möglichst wenig Wasser und Fett zum Garen verwenden.

Dünsten: für alles Feine

Vor allem wasserreiches Gemüse läßt sich fast ohne Zugabe von Flüssigkeit dünsten. Es genügt oft schon das Wasser, das im Gemüse enthalten ist. Günstig ist ein Andünsten in wenig Fett, denn je schneller Lebensmittel eine Temperatur von 70° erreichen, desto mehr Vitamine bleiben erhalten, denn dann werden die Enzyme zerstört, die für den Vitaminabbau verantwortlich sind. Das Gemüse erst kurz vor dem Garen nicht zu stark zerkleinern. Fisch, zartes Fleisch oder Geflügel bleiben bei dieser Garmethode besonders saftig. Zum Dünsten eine Pfanne oder einen breiten Topf mit starkem Sandwichboden und gut schließendem Deckel verwenden und diesen während der Garzeit nicht unnötig öffnen.

Dämpfen: spart Kalorien

Nicht in, sondern über einer Flüssigkeit werden die Zutaten auf schonendste Art durch den aufsteigenden Dampf ohne Druck gegart. Die saftige Struktur und die frischen Farben, vor allem bei topfrischem Gemüse, bleiben weitgehend erhalten. Sehr gut bekommt das Dämpfen auch Fisch, zartem Fleisch, Geflügel, Reis oder Hefeklößen. Das Dämpfen spart jede Menge Kalorien ein, weil man dabei ganz ohne Fett auskommt. Ideal ist ein Dämpftopf mit Siebeinsatz und gut schließendem Deckel oder ein elektrischer Dampfgarer. Sie können aber auch flexible Dämpfeinsätze in einen normalen Kochtopf setzen. Seien Sie zurückhaltend mit Gewürzen, vor allem mit Salz, denn beim Dämpfen bleibt der typische Eigengeschmack gut erhalten. Zum Aromatisieren können Sie der Flüssigkeit Gewürze und robuste Kräuter wie Thymian, Rosmarin, Lorbeer oder Anis zugeben. Die Dämpfflüssigkeit ergibt eine aromatische Basis für Suppen, Saucen oder als Geschmacksträger beim Reis kochen.

Im Wasserdampf gegart, behält das Gemüse Form, Farbe und Biß

Sautieren: blitzschnell im Wok

Im Grunde widerspricht das Garen im Wok allem, was als schonend im Umgang mit Lebensmitteln gilt: Das Gargut wird in kleine Stücke geschnitten, die Temperaturen sind sehr hoch, weil das Fett, in dem gegart wird, eine wesentlich höhere Siedetemperatur als Wasser hat und schließlich wird auch noch ohne Deckel gegart. Trotz allem zählt das »Sautieren« oder »Pfannenrühren« im Wok zu den schonendsten Garmethoden. Pfannenrühren ist eine typisch asiatische Garmethode, bei der Schnelligkeit und ständige Kontrolle Voraussetzung sind. Erst gibt man ein oder maximal zwei Eßlöffel Fett hinein und gart die Zutaten bei starker Hitze unter ständigem Herumwirbeln. Dabei kommen sie in schnellem Wechsel mit dem sehr heißen Boden und den warmen Wokwänden in Berührung, sie garen so gleichmäßig und durch das Zerkleinern in nur wenigen Minuten. Damit das Rezept optimal gelingt, nie zuviele Zutaten auf einmal in den Wok geben. Das Gericht sofort verzehren.

Garen im Tontopf: bringt viel Aroma

Gemüse, Fleisch, Fisch und selbst süße Gerichte werden im Tontopf völlig ohne Fett, langsam und schonend gegart. In den gewässerten Topf kommen nur die Zutaten, ein wenig Flüssigkeit und ein paar Gewürze. Das Ganze gart gut zugedeckt im Backofen bei niedriger Temperatur. Die Aromen können sich währenddessen besonders gut entfalten und miteinander verbinden.

Garen ohne Topf: so geht's auch

Den Anfang machte die Alufolie, dann folgte der Bratbeutel und wenig später entdeckten ambitionierte Köche das Pergament. Das Garen in »Verpackung« hat eine große optische Wirkung, fordert zu kulinarischen Experimenten heraus und schont die Inhaltsstoffe des Gargutes. Die Form und das Aroma bleiben dabei bestens erhalten. Das Garen in Verpackung ist ein Dämpfen oder Dünsten im eigenen Saft. Fett und Salz kann auch hier zum größten Teil eingespart werden.

- Alufolie gibt es in verschiedenen Breiten und Stärken. Je größer und sperriger das Gargut, desto dicker sollte die Folie sein. Grundsätzlich immer die Zutaten auf die glänzende, leicht eingefettete Seite der Folie legen, dadurch wird die Wärmestrahlung nach innen geleitet.

Besonders fettarm zubereiten läßt sich ganzer Fisch in der Alufolie

- Bratbeutel oder Bratschläuche sind hauchdünn, transparent und halten Temperaturen bis zu 220° aus. Das Gargut wird mit Gewürzen und wenig Flüssigkeit im Beutel oder Schlauch verstaut und gut verschlossen. Bevor man das Ganze in den kalten Backofen schiebt und aufheizt, muß die Folie ein paar Mal dünn eingestochen werden, damit der im aufgeblähten Schlauch entstehende Dampf entweichen kann.
- Pergament muß dick eingefettet werden, damit es später im Backofen nicht aufweicht. Zartes wie Gemüse, Fisch und Meeresfrüchte gelingt darin besonders gut und entwickelt feine Aromastoffe, denn das Pergament schützt, weil es selber nicht allzu heiß wird und noch etwas atmet.

Allgemeines
Die Sternchen (*) im Rezepttext verweisen auf die folgenden Stichworte, wo ein Garvorgang oder ein Handgriff ausführlicher beschrieben wird und wo Sie Tips fürs sichere Gelingen finden.

Die Backofentemperaturen sind für normale Elektroherde angegeben. Die Temperaturstufen bei Gasherden variieren von Hersteller zu Hersteller. Bitte orientieren Sie sich an der Bedienungsanweisung Ihres Herdes, welche Stufe der jeweils angegebenen Temperatur entspricht (siehe auch Seite 29). Bei Umluftherden kann die Temperatur geringer als angegeben eingestellt werden. Als Faustregel gilt: Etwa 20% unter der angegebenen Backtemperatur genügen.

Abschmecken:
Einem Gericht nach dem Garen mit Salz oder anderen Gewürzen den letzten Schliff geben. Wenn es an Geschmack fehlt: etwas gekörnte Brühe, einen Schuß Wein oder ein wenig helle Sojasauce unterrühren.

Abschrecken:
Gemüse, Reis, Nudeln oder andere Zutaten nach dem Kochen oder Blanchieren in eiskaltes Wasser (einige Eiswürfel darin kühlen es stark genug ab) geben, kurz darin abkühlen lassen, dann in ein Sieb schütten und gut abtropfen lassen. Das Abschrecken erhält bei Gemüse, besonders bei grünem, die leuchtende Farbe und verhindert bei Nudeln und Reis das Zusammenkleben.

Al dente:
siehe »Bißfest«

Anbraten:
siehe »Braten«

Ausbacken, fritieren:
Fleisch, Gemüse oder Fisch, meist in einen Teig gehüllt, in reichlich siedend heißem Fett braten. Das Fett sollte mindestens 10 cm hoch im Topf stehen. Es ist heiß genug, wenn an einem hineingehaltenen Holzlöffelstiel kleine Bläschen aufsteigen oder wenn ein kleiner trockener Brotwürfel darin schnell goldbraun wird.

Ausbraten, auslassen:
Kleine Speckwürfelchen in wenig Fett bei mittlerer Hitze langsam braten, so daß das Speckfett austritt und der Speck leicht bräunt.

Ausquellen lassen:
Reis oder Getreide in Wasser oder Brühe bei kleinster Hitze oder auf der ausgeschalteten Herdplatte zugedeckt garen, bis sie die Flüssigkeit aufgesogen haben und weich sind.

Backen:
In der trockenen Hitze des Backofens garen. Bei kürzeren Garzeiten wird der Ofen vorgeheizt, bei längeren (ab etwa 45 Minuten) kann auf das Vorheizen verzichtet werden, dann aber die Garzeit um etwa 5 bis 10 Minuten

verlängern. Gas- und Umluftöfen müssen nur bei sehr kurzen Backzeiten, zum Beispiel beim Überbacken (siehe dort), vorgeheizt werden. Backen kann man auch Omeletts, Pfannkuchen und

Waffeln in einer Pfanne oder in einem Waffeleisen.

Bißfest:
Gemüse, Nudeln oder Reis so zubereiten, daß sie gerade gar sind und beim Draufbeißen noch einen kleinen festen Kern haben. Bei Nudeln nennt man diesen idealen Garpunkt »al dente«. Sie sind bißfest und kleben außen nicht mehr.

Blanchieren:
Gemüse in reichlich sprudelnd kochendes Salzwasser geben und nur minutenlang garen oder vorgaren. Das Wasser samt Gemüse

in ein Sieb gießen oder das Gemüse mit einem Schaumlöffel herausheben. Um den Garprozeß zu stoppen und um eine kräftige Farbe (besonders bei grünen Gemüsen) zu erhalten, das Gemüse in kaltem Wasser abschrecken (siehe »Abschrecken«).

Braten:
Fleisch, Fisch, Gemüse und andere Zutaten in einer Pfanne, einem Wok, einem Bräter oder im Ofen in heißem Fett zischend brutzeln

lassen, um es zu garen und damit sich würzige Röststoffe entwickeln können. Beim Fleisch werden dabei auch die Poren verschlossen, so daß der Fleischsaft nicht austreten kann. Sollen Zwiebeln nur glasig gebraten werden, geschieht das bei mittlerer Hitze. Das Bratgut je nach Größe wenden oder rühren, damit alles rundherum bräunen kann.

Bratfond, Bratensatz:
Was sich beim Braten auf dem Pfannenboden ansetzt. Mit Wein, Brühe oder Wasser aufgegossen, ergibt das die Saucenbasis. Wenn viel Fett zum Braten verwendet wurde, dieses vor dem Aufgießen mit Flüssigkeit weggießen.

Dünsten:
Lebensmittel im eigenen Saft oder in ganz wenig Flüssigkeit garen. Der Topf sollte dafür möglichst breit sein und einen passenden, gut schließenden Deckel haben.

Gemüse wird besonders fein, wenn es zunächst in etwas Butter bei mittlerer Hitze angedünstet (eher gekocht als gebraten) wird, es darf dabei nicht bräunen. Dann wird etwas Brühe, Fond oder Wasser darüber gegossen und gut zugedeckt bei schwacher Hitze gegart. So entwickelt sich ein intensives Aroma und die Nährstoffe laugen nicht aus.

Einkochen lassen:
Flüssigkeit ohne Deckel bei starker Hitze unter gelegentlichem Rühren kochen, bis die angegebene Menge übrigbleibt. Dabei verdampft das Wasser, das Aroma wird konzentriert und, wenn Sahne dabei ist, entsteht eine cremige Konsistenz.

Einweichen:
Getrocknete Pilze müssen vorher eingeweicht werden, damit sie beim Garen weich werden. Pilze mit kochendem Wasser übergießen und zugedeckt mindestens 30 Minuten stehen lassen (siehe »Quellen lassen«). Anschließend in ein Sieb schütten, das Einweichwasser nach Bedarf dabei auffangen, die Pilze waschen und je nach Rezept ganz lassen oder zerkleinern. Auch Blattgelatine muß vor dem Auflösen eingeweicht werden. Dazu die Gelatine in einem Schüsselchen mit kaltem Wasser bedecken. Etwa 5 Minuten darin einweichen, bis sie ganz weich und glibberig ist. Dann herausnehmen, in der Hand ausdrücken und in eine heiße Flüssigkeit rühren, bis sich die Blätter aufgelöst haben. Oder die ausgedrückte Gelatine im Wasserbad auflösen und unter eine kalte Flüssigkeit rühren.

Eischnee:
siehe »Steif schlagen«

Entsteinen:
Die harten Kerne von Steinobst wie Kirschen lassen sich am besten mit einem Entsteiner, den es in Haushaltswarengeschäften gibt, entfernen. Dabei wird der Kern mit einem Dorn aus dem Fruchtfleisch gedrückt. Auch für Oliven gibt es einen praktischen Entsteiner, der das Fruchtfleisch nicht zu sehr verletzt.

Fische ausnehmen:
Mit der Küchenschere am Bauch aufschneiden, die Eingeweide behutsam herausnehmen, wo sie festsitzen, abreißen. Die Bauchhöhle unter fließendem kalten Wasser gründlich ausspülen, dabei alle dunklen Stellen entfernen. Fische mit Küchenpapier gut trockentupfen. Wenn Sie diese Arbeit nicht gerne selber machen, bitten Sie ihren Händler darum, den Fisch küchenfertig vorzubereiten.

Filetieren:
Bei Zitrusfrüchten zunächst die Schale mit einem scharfen Messer so dick abschneiden, daß auch die weiße Haut darunter mit entfernt wird. Danach mit einem kleineren Messer die einzelnen Fruchtspalten, die Segmente, links und rechts von den Trennhäuten schneiden und mit der Messerklinge herausheben.

Flambieren:
Ein heißes Gericht mit hochprozentigen Spirituosen übergießen, sofort mit einem langen Streichholz anzünden und abbrennen lassen. Vorsicht, es dürfen keine brennbaren Gegenstände in der Nähe sein! Das Flambieren gibt dem Gericht Aroma, ohne daß der Alkohol vorschmeckt. Sitzen Kinder mit am Tisch, aufs Flambieren ganz verzichten oder die Portionen für die Erwachsenen extra zubereiten.

Fritieren:
siehe »Ausbacken«

Gehen lassen:
Hefeteig in einer Schüssel gut zugedeckt – am besten mit einem sauberen Küchentuch oder mit Klarsichtfolie – an einem warmen Ort, zum Beispiel auf der Heizung oder im Backofen bei 40°, so lange ruhen lassen, bis er sich aufbläht und sich sein Volumen deutlich vergrößert hat.

Gelieren:
Eine Flüssigkeit, die mit Gelatine (siehe »Einweichen«) gebunden wird, muß gekühlt werden, bis sie dickflüssiger wird und zu gelieren beginnt. Der richtige Zeitpunkt, um zum Beispiel geschlagene Sahne oder Eischnee unterzuheben, ist dann gekommen, wenn ein Rührlöffel oder eine Gabel in der Flüssigkeit Spuren hinterläßt, die sich nur langsam auflösen.

Grillen:
Fleisch, Fisch oder saftreiches Gemüse über glühendheißer Holzkohle oder unter dem Elektrogrill garen. Die starke Hitzeeinwirkung verschließt sofort die Poren und gibt den Lebensmitteln einen ganz typischen Geschmack. Holzkohle nur mit speziellen Grillanzündern anzünden, abwarten, bis sich eine weiße Ascheschicht auf der Kohle gebildet hat, dann erst das Grillgut auflegen. Darauf achten, daß kein Fett in die Glut tropft und entflammt - bei fettem Fleisch Alufolie unterlegen oder Alu-Grillschalen verwenden. Keine gepökelten Fleisch- und Wurstwaren wie Fleischwurst, Wiener Würstchen und Kasseler grillen: In ihnen könnten sich durch die starke Hitze gesundheitsschädliche Stoffe bilden.

Karamelisieren:
Zucker, mit etwas Flüssigkeit angefeuchtet, in einer hellen Kasserolle bei mittlerer Hitze bräunen lassen, bis er die Farbe von Haselnüssen erreicht hat. Sofort von der Herdplatte nehmen, sonst bräunt er weiter.

Köcheln:
Sanfte Garmethode, wobei die Flüssigkeit nur wenig Blasen werfen soll. Im Gegensatz dazu: Sprudelnd kochen mit vielen Blasen oder ziehen lassen, wobei sich die Flüssigkeit kaum bewegt.

Kochen:
Eier und Nudeln, Bohnen und Kartoffeln werden in kräftig kochendem Wasser oder in einer Brühe gegart. Wenn man den Deckel abhebt oder in den offenen Topf schaut, soll zu sehen sein, daß die Flüssigkeit dabei kräftig Blasen wirft.

Legieren:
Eigelbe, mit Sahne, Milch oder Brühe verquirlt, werden in heiße Saucen oder Brühen gerührt. Das verfeinert den Geschmack, bindet und macht dadurch die Konsistenz sämig. Suppe oder Sauce danach nicht mehr kochen lassen, da sonst das Ei gerinnt: Das Eiweiß bildet kleine Flöckchen.

Marinieren:
Fleisch, Fisch oder Gemüse in eine würzende Flüssigkeit, die Marinade, legen und einige Zeit darin ziehen lassen, damit sie Aromen der Würze aufnehmen.

Nachziehen lassen:
Fleischstücke, vor allem größere Braten und Steaks, nach der Garzeit im ausgeschalteten, leicht geöffneten Ofen oder verpackt in Alufolie noch etwa ruhen lassen. Dabei können sich die Fleischfasern entspannen und der Saft verteilt sich gleichmäßig.

Pürieren:
Rohe oder gekochte Zutaten zu einem feinen oder gröberen Püree zerkleinern. Am besten geht das im Mixer, mit dem Pürierstab oder mit dem Blitzhacker. Sehr weiche Zutaten oder sehr weich gekochtes Gemüse kann auch mit einer Gabel oder dem Kartoffelstampfer püriert werden.

Quellen lassen:
Gelatinepulver, Trockenpilze oder Leinsamen werden mit warmem Wasser übergossen und einige Zeit stehengelassen, bis sie zu einer dicklichen Masse werden. Dann erst können sie verarbeitet werden. Siehe auch »Ausquellen lassen« und »Einweichen«.

Rösten:
Fleisch, Gemüse und andere Lebensmittel bei starker Hitze mit wenig Fett bräunen. Wird auch für Brot – im Toaster – und für Semmelbrösel – in einer Pfanne in heißem Fett – gebraucht.

Sahne schlagen:
siehe »Steif schlagen«

Schmoren:
Fleisch oder Gemüse – zumeist vorher angebraten – mit wenig Flüssigkeit bei kleiner Hitze im zugedeckten Topf garen. Die Flüssigkeit darf nur gelegentlich Blasen werfen. Wichtig ist ein

schwerer Topf, der die Hitze gut speichert, gleichmäßig an das Gargut abgibt und einen fest schließenden Deckel hat. Diese Garmethode ist besonders für Gerichte aus fettdurchzogenem Fleisch mit kräftigen Fasern geeignet wie Gulasch oder Rouladen, die dabei sehr zart werden, wenn die Schmorzeit lang genug ist. Wichtig ist auch, die niedrige Temperatur, denn nur dann werden die Fleischfasern mürbe und zart. Ist dagegen die Hitze zu groß, wird das Fleisch faserig und hart. Die Flüssigkeit wie Brühe, Wein oder Wasser immer nur nach und nach aufgießen, sonst ist es kein Schmoren mehr, sondern ein Kochen, wobei das Fleisch aus-laugt. Auch Gemüse wie Auber-ginen, Zucchini, Paprikaschoten und Kürbis eignen sich gut zum sanften Schmoren.

Sieden, simmern:
Ganz sanft bei schwacher Hitze garen, so daß man im Topf nur ein leises Geräusch hört. Die Flüssigkeit soll sich knapp unter dem Siedepunkt befinden, also an der Oberfläche keine Blasen werfen, sondern sich nur leicht bewegen.

Steif schlagen:
Sahne oder Eiweiß mit dem Schneebesen oder einem Handrührgerät so fest schlagen, daß die Masse beim Umdrehen der Schüssel nicht herausfließt. Bei Sahne ist wichtig, daß sie gut gekühlt ist. Auch die Schüssel sollte möglichst vorher im Kühlschrank gekühlt werden. Oder mit Wasser und Eiswürfeln füllen, warten bis die Schüssel kalt ist, das Wasser abgießen und die Schüssel sehr gut abtrocknen. Eischnee wird am schönsten, wenn die zimmerwarmen Eiweiße zuerst langsam, dann schneller mit dem Schneebesen (gibt einen stabilen, festen Schaum) oder dem Handrührgerät aufgeschlagen werden. Eine Prise Salz oder Zucker macht den Eischnee in der Konsistenz fester. Wenn er nicht zu steif geschlagen ist, läßt er sich leichter »Unterheben« (siehe dort).

Tomaten entkernen:
Früchte mit oder ohne Haut (siehe unten) quer halbieren und die Kerne mit einem Teelöffel oder mit dem Zeigefinger entfernen. Weniger empfehlenswert ist es, die halbierten Tomaten mit der Hand wie einen Schwamm auszudrücken, weil dabei zwar die Kerne entfernt werden, das Fruchtfleisch aber musig wird.

Tomaten häuten:
Den grünen Stielansatz der Tomaten keilförmig herausschneiden, die Tomaten für 10 bis 20 Sekunden in kochendes Wasser tauchen, herausheben und kalt abschrecken (siehe dort). Jetzt läßt sich die Haut leicht abziehen.

Überbacken:
Ein Gericht im Ofen bei starker Hitze – möglichst mit Oberhitze - backen, so daß es eine hell- bis mittelbraune Kruste bekommt. Wird auch »Gratinieren« genannt. Der Backofen muß dabei vorgeheizt werden (empfiehlt sich auch bei einem Umluftherd), da die Backzeit meist sehr kurz ist.

Überbrühen:
Gemüse oder andere Zutaten kurz in kochendes Wasser geben (siehe »Blanchieren«) oder in einer Schüssel mit kochendem Wasser übergießen.

Unterheben, unterziehen:
Steif geschlagene Sahne, Eischnee oder eine andere lockere Masse unter eine festere rühren, indem man mit einem Löffel oder einem Schneebesen in kreisenden Bewegungen von oben nach unten die beiden Massen locker vermischt. Bei Salaten: Mit einem Salatbesteck am Schüsselrand nach unten fahren und die unteren Blätter oder andere Salatzutaten langsam nach oben heben, um sie behutsam mit der Sauce zu vermischen.

Unterschlagen:
Eine cremige Masse oder Butter unter eine andere mischen, indem man kräftig mit dem Schneebesen unter kreisförmigen Bewegungen das Ganze verrührt. Im Gegensatz zum Unterheben geschieht das beherzt.

Versalzenes noch retten:
Wenn einmal die Suppe versalzen ist, hilft meist eine geschälte, grob zerschnittene Kartoffel, die 20 Minuten mitgekocht und dann wieder entfernt wird. Auch Reis, der darin gegart wird, nimmt überschüssiges Salz auf. Eine Sauce läßt sich mit etwas süßer Sahne oder Crème fraîche besänftigen. Oder mit Wasser verdünnen und mit etwas angerührtem Mehl, das ein paar Minuten mitkochen soll, wieder dicker machen.

Vinaigrette:
Eine Salatsauce aus Essig, Salz, Pfeffer, eventuell etwas Senf, in die mit einem Schneebesen das Öl untergeschlagen wird. Sie kann mit gewürfelter Schalotte oder/und frischen Kräutern verfeinert werden. Paßt zu allen grünen und gemischten Salaten.

Wasserbad:
Zarte Saucen und Cremes werden im Wasserbad gegart, damit die Eier, die für Bindung sorgen, nicht durch zu starke Hitze ausflocken. Außer in Simmertöpfen oder speziellen Wasserbad-Töpfen können Sie auch in einer Metallschüssel – mit gewölbtem Boden – die Sie auf einen passenden Topf mit wenig kochendem Wasser setzen, bei sanfter Hitze garen.

Wok:
Ein halbkugelförmiger Topf, in dem nicht nur asiatische Gerichte gebraten, geschmort, gedünstet, gedämpft und fritiert werden können. Ist besonders gut zum Pfannenrühren geeignet: Im Wok etwas Öl stark erhitzen, die vorbereiteten, kleingeschnittenen Zutaten hineingeben und unter ständigem Umwenden mit einem Holzspatel Fleisch oder Gemüse braten. So ist alles schnell gar, Konsistenz und Farben bleiben erhalten, das Eigenaroma der Zutaten wird hervorgehoben.

Ziehen lassen:
Empfindliche Gerichte wie Knödel, Gnocchi, Fleisch- und Fischklößchen in heißer Flüssigkeit unter dem Siedepunkt garen. Die Herdtemperatur soll noch niedriger sein als beim sanften Köcheln (siehe dort).

Salate – für jede Saison

Mit Salaten verbindet man heute knackige Frische, gesunde Vielfalt und schlankes Schlemmen. Kein Wunder also, daß Salat zum Zauberwort aller geworden ist, die fit, schlank und gesund sein möchten. Salate begleiten uns durch das ganze Jahr: als frühlingszarte Vorspeise, sommerliches Hauptgericht, als herbstlich-deftiges Zwischengericht oder winterlicher Vitaminspender.

Neue Salatsorten

Der Kopfsalat ist nach wie vor eine der beliebtesten Salatsorten. Obwohl sich das Sortiment inzwischen auf rund 20 gängige Blattsalatsorten erweitert hat, sind die »bunten Salate« erst seit ein paar Jahren verstärkt im Angebot. Das macht es leicht, immer wieder für Abwechslung in Farbe und Geschmack zu sorgen. Etwa von Anfang Juni bis in den Oktober hinein werden deutsche Salate geerntet. Was vorher oder nachher angeboten wird, stammt aus dem Ausland oder aus Treibhäusern.

- Crispsalat: Er ist eine Variante des Eisbergsalates. Seine Blätter schmecken saftig und knackig.
- Bataviasalat: Ist im Geschmack ein kräftiger Verwandter des Kopfsalates. Er hat zarte, stark gewellte, grün-braunrote Blätter.
- Eichblattsalat: Den Namen verdankt er seinen geschlitzten, eichenblattähnlichen Blättern.
- Kraussalat: Diese Neuzüchtung aus Holland mit ihren vollen Köpfen sieht dem hiesigen Endiviensalat ähnlich. Schmeckt etwas süßer als Kopfsalat.
- Löwenzahn: Dieses ursprüngliche Wildkraut ist in den letzten Jahren zu einem beliebten Salat geworden. Seine leicht gezahnten, gelben oder grünen Blätter haben einen zartbitteren, würzigen Geschmack.
- Lollo Rosso: Der halbkugelförmige »Krauskopf« zeichnet sich durch zarte, am Rand extrem gewellte Blätter aus, die eine grün-rotbraune Farbe haben. Die grüne Variante heißt Lollo bionda.
- Radicchio: Die faustgroßen und fest geschlossenen Köpfchen dieser italienischen Salatsorte haben rosa bis tiefrote, von weißen Rippen durchzogene Blätter. Typisch ist der knackige, herbbittere Geschmack. Ideal zum Mischen mit milderen Salaten.
- Römersalat oder Romana oder: Charakteristisch sind seine steil aufrecht gewachsenen dickrippigen Blätter.
- Salatrauke: Auch unter Rucola oder Roquette bekannt. Die 5–10 cm langen Blätter enthalten Senföle und schmecken daher leicht scharf und würzig. Rauke läßt sich gut mit anderen milderen Salatsorten vermischen.

Blattsalate und Gemüse sind die Basis für vitaminreiche Vorspeisen

Gemüse - hat es in sich

Es besteht zwar je nach Sorte zu 70–95% aus Wasser, doch die restlichen Prozente machen es durch den hohen Gehalt an Vitaminen, Mineralstoffen, Ballaststoffen und sekundären Pflanzenstoffen zu einem der gesündesten Nahrungsmittel. Kaum eine andere Lebensmittelgruppe hat so viele Vorzüge, dabei aber kaum Nachteile. Gemüse sollte zusammen mit Obst rund ein Drittel der täglichen Energiezufuhr abdecken. Dabei ist wichtig, daß ein Großteil davon roh gegessen wird.

Hauptbaustein von Gemüse sind Kohlenhydrate der gesunden Art: Mehrfachzucker, die langsam abgebaut werden und ins Blut gelangen. Von ihnen profitiert der Sportler ebenso wie der »Gehirnjogger«. Der gute Sättigungseffekt wird unterstützt durch Ballaststoffe, die unter anderem auch für eine regelmäßige und natürliche Verdauung sorgen.

Früchte, Stengel, Wurzeln...

Gemüse hat viele Erscheinungsformen. Hier eine Übersicht der einzelnen Gruppen:

- Blattgemüse wie Freilandspinat kommt in kleinen Stauden mit dicken Stielen und kräftigen Blättern auf den Markt. Gärtnerspinat aus Gewächshäusern besteht aus zarten Blättern und schmeckt milder. Vom Mangold lassen sich sowohl die fleischigen Stengel wie die großen dunkelgrünen Blätter verwenden und köstlich zubereiten.
- Zum Stangen, Sprossen- und Blütengemüse zählen Spargel, Staudensellerie, Gemüsefenchel und Artischocken. Weißer Spargel wächst unter, der herzhafte grüne über der Erde. Staudensellerie besitzt keine Knolle, dafür knackige Blattstiele mit dem typischen Selleriearoma. Topfrisch ist Gemüsefenchel saftig und schmeckt deutlich nach Anis. Als rohes Knabbergemüse nur zu empfehlen.
- Wurzel- und Knollengemüse wie Möhren, rote Beten, Knollensellerie und Schwarzwurzeln sollten Sie möglichst als Freilandware kaufen und dabei die natürliche Saison beachten. Es eignet sich ausgezeichnet zum Rohessen wie auch für eine Vielzahl von gegarten Gerichten.
- Zum Fruchtgemüse gehören Auberginen, Kürbis, Paprikaschoten, Tomaten und Zucchini. Alle grünen und roten Früchte sind besonders reich an Vitamin C. Tomaten und Paprika eignen sich daher ideal für eine Rohkost. Zucchini immer mit Schale verwenden, weil in ihr das meiste Aroma sitzt.
- Die Gruppe der Kohlgemüse umfaßt eine stattliche Anzahl von Mitgliedern. Weiß- und Rotkohl, Wirsing, Grünkohl und Rosenkohl sind meist etwas derb und sollten gegart werden. Doch auch dann nicht »totkochen«, sondern kurz im Wok garen, dünsten oder dämpfen. Broccoli, Blumenkohl, Romanecso, Spitzkohl, Chinakohl, und Kohlrabi sind roh wie knackig gegart eine Gaumenfreude.
- Lauch- und Zwiebelgemüse bestechen durch ihre Würzkraft. Kaum eine herzhafte Zubereitung, in der nicht Zwiebeln, Frühlingszwiebeln, Knoblauch und Lauch (Poree) verwendet werden.

Kartoffeln, die tollen Knollen

Ernährungsexperten loben die Kartoffeln in den höchsten Tönen, weil sie prall gefüllt sind mit wichtigen Nährstoffen. Ihre größten Pluspunkte: Sie sind praktisch fettfrei und ihr Gehalt an verdaulichen Kohlenhydraten - insbesondere der Stärke - und an Ballaststoffen, ist erfreulich hoch. Zusätzlich sind Kartoffeln eine hochwertige Mineralstoffquelle, wobei Kalium, Magnesium und Eisen reichlich vorhanden sind. Aufgrund ihres hohen Vitmin-C-Gehaltes werden Kartoffeln auch die »Zitronen des Nordens« genannt. Das Image, ein Dickmacher zu sein, haben sie schon lange abgelegt, denn sie sind echte »Light-Produkte« der Natur. Diesen Vorteil sollten Sie nutzen.

Fisch und Meeresfrüchte

Fangfrisch oder tiefgekühlt präsentiert sich uns ein vielfältiges Angebot an Süßwasser-, Meeresfischen und Meeresfrüchten. Viele Menschen sind vom feinen Fischgeschmack begeistert, andere von den gesundheitlichen Vorteilen. Fische bestechen durch ihre Nährstoffdichte. Sie liefern hochwertiges, leichtverdauliches Eiweiß. Mit einer Portion von 200 g Fischfilet ist unser Tagesbedarf an Eiweiß bereits zur Hälfte, und damit der Bedarf an tierischem Eiweiß komplett gedeckt. Die meisten Fische sind fettarm, etliche haben einen Fettgehalt von unter einem Prozent, wie zum Beispiel die Seefische Kabeljau, Schellfisch und Scholle, bei den Süßwasserfischen sind es Flußbarsch, Hecht und Zander. Diese sogenannten Magerfische haben nur halb so viele Kalorien wie mageres Rind- oder Schweinefleisch. Zu den fettesten Fischen, die mehr als zehn Prozent Fett enthalten, zählen unter anderem Hering, Sprotte, Aal, Makrele und Lachs. Aber selbst dieses Fett ist äußerst vorteilhaft für unsere Gesundheit, denn es beinhaltet reichlich hochungesättigte Omega-3-Fettsäuren, die fast nur in Fischen vorkommen. Daneben versorgen uns Fische mit den Vitaminen A und D, den Vitaminen der B-Gruppe und mit wichtigen Mineralstoffen und Spurenelementen. Deshalb raten Ärzte: Essen Sie mindestens zweimal pro Woche Fisch, davon auf jeden Fall einmal Seefisch.

Jod macht fit

Von den Mineralstoffen sind es besonders Kalium, Phosphor, Eisen und Jod, deren Gehalt in Fisch herauszuheben ist. Sie regulieren unsere Körperfunktionen, stärken die Abwehr und kurbeln den Stoffwechsel an. Das Jod hat eine ganz besondere Bedeutung, da es außer in Milch und Jodsalz fast nur in Seefischen, hier aber in erfreulich hohen Mengen, vorkommt. Es versorgt die Schilddrüse, deren Hormone Stoffwechsel und Wachstum regeln. Jodmangel macht lustlos, müde, schlapp und führt in ernsten Fällen zur Bil-dung von Kropf. Der regelmäßige Verzehr von Schellfisch, Leng-fisch, Scholle, Seelachs und Seehecht hilft, gesund, fit und aktiv zu sein.

Wichtige Fischsorten

- Zu den Süßwasserfischen aus Fluß, Teich oder Bach gehören: Regenbogenforelle, Bachforelle Lachsforelle, Fellchen, Flußbarsch, Bachsaibling, Renke, Karpfen, Lachs, Flußaal, Zander, Hecht, Schleie, Rotzunge, Äsche und Waller oder Wels, Catfish (Zwergwels) und Viktoriabarsch.
- Aus Meeren und Ozeanen kommen folgende Salzwasserfische: Aus der Familie der Dorschfische sind es Kabeljau, Seelachs, Schellfisch und Wittling (Merlan). Bei den Heringsfischen gehören Hering, Sardine und Sardelle dazu. Zu den Makrelenfischen zählen Thunfisch, Bonito und Schwertfisch. Bei den Plattfischen sind es Scholle, Flunder, Seezunge, Steinbutt, Rotzunge und Heilbutt. Die Meerbrassen präsentieren sich unter anderem mit Goldbrasse, Rotbrasse und Zahnbrasse. Weitere Leckerbissen aus dem Fangnetz: Rotbarbe, Knurrhahn, Petersfisch, Seewolf, Wolfsbarsch, Rotbarsch und Seeteufel (Lotte).

Meeresfrüchte

Die feinen, teuren Delikatessen werden unterschieden nach Schal-, Krusten- und Weichtieren.

- Zu den Schaltieren zählt man: Austern, Venusmuscheln, Herzmuscheln, Miesmuscheln und Jakobsmuscheln.
- Die Gruppe der Krustentiere umfaßt zum einen die große Familie der Garnelen, wozu Shrimps (Tiefseegarnelen), King Prawns (Riesengarnelen) und Scampi (Kaisergranat) gehören.
- Die Weichtiere sind vertreten mit Kalamare, Oktopus (Krake) und Tinterfisch (Sepia).

Fleisch

Die Angst vor der Rinderseuche BSE, Hormonskandale, die Anreicherung von Schwermetallen in Innereien und eine kritische Einstellung der Verbraucher gegenüber Haltung, Transport und Schlachtung der Tiere, haben dazu geführt, daß der Verkauf von Rind-, Kalb- und Schweinefleisch sehr rückläufig ist. Dazu kommt, daß wir mit dem Fleisch auch Begleitstoffe wie Cholesterin und gesättigte Fettsäuren zu uns nehmen, die mitverantwortlich sein können für so manches Wohlstandsleiden. Geflügel und Putenfleisch dagegen steht in der Gunst der Kunden ganz oben und hat der Roulade schon längst den Rang abgelaufen. Andererseits ist Schlachtfleisch mit seinem hochwertigen Eiweiß, das fast alle essentiellen Aminosäuren enthält, den lebenswichtigen Vitaminen, wie Vitamin A und denen der B-Gruppe und den wertvollen Mineralstoffen, beispielsweise Eisen, eine wichtige Nährstoffquelle.
Das heißt aber nicht, daß wir jeden Tag Fleisch und Wurst essen müssen - ganz im Gegenteil: Mediziner raten dringend, die Eiweißzufuhr aus tierischen Lebensmitteln, vor allem aus Fleisch und Fleischprodukten, zu senken, denn wir essen durchschnittlich zuviel davon. Und zwar schon so viel, daß es wegen der Begleitstoffe gesundheitlich bedenklich ist. Der allzu üppige Verzehr kann mitverantwortlich sein für so manches Wohlstandsleiden wie überhöhte Blutfettwerte und Übergewicht. Bei allem Pro und Contra, wer bewußt einkauft, muß auch heute nicht auf Fleisch verzichten.

Gute Qualität ist wichtig

Es gibt eine Vielzahl von Qualitätszeichen, die Ihnen hochwertiges, aromatisches und kontrolliertes Fleisch versprechen.
Ein durchgehendes Qualitätssicherungssystem garantiert das CMA-Prüfsiegel (CMA = Centrale Marketing-Gesellschaft der deutschen Agrarwirtschaft) für »Deutsches Qualitätsfleisch aus kontrollierter Aufzucht«, das nur verliehen wird, wenn alle Bedingungen von Aufzucht, Transport, Schlachtung und Vermarktung lückenlos geprüft und eingehalten worden sind. Die Kriterien liegen weit über den gesetzlichen Vorschriften. Bio-Fleisch stammt aus artgerechter Haltung und Zucht von kontrollierten Höfen der biologischen Landwirtschaft (Bioland oder demeter). Gefüttert wird mit Futtermitteln, die der Hof selbst erzeugt und bei denen Zusatzstoffe nicht erlaubt sind.

Geflügel und Wild

Geflügel liegt voll im Trend einer bewußten, leichten Ernährung. Vor allem Hähnchen und Puten liefern fettarmes Fleisch mit besonders hochwertigem Eiweiß. Fetter ist das Fleisch von Ente und Gans, jedoch ist es leicht verdaulich. Wildfleisch von Reh, Hirsch, Wildschwein und Kaninchen zeichnet sich ebenfalls durch einen hohen Eiweiß- und einen geringen Fettanteil aus.

Reduzieren Sie die Portionsgrößen von Fleisch zugunsten von Gemüse

Getreide und Getreideprodukte

Getreide und Produkte daraus sind ein wesentlicher Bestandteil einer ausgewogenen Ernährung und somit auch der GU-Trennkost, denn die unscheinbaren Körner stecken voller wichtiger Inhaltsstoffe: Zu 70% besteht Getreide aus Kohlenhydraten, der Eiweißanteil beträgt 10%, dazu kommen hochwertige Fettsäuren, Vitamine und Mineralstoffe. Damit Sie alle Vorteile des Getreidekorns nutzen, sollten Sie sich überwiegend für Erzeugnisse aus Vollkorn entscheiden, denn beim Schälen oder bei der Verarbeitung geht ein Großteil der wichtigen Wirkstoffe verloren.

Mehl: auf die Type kommt es an

Ein Maß dafür, wie vollständig ein Korn vermahlen wurde, ist die Type. Sie gibt an, wie mineralstoffreich ein Mehl ist. Je höher die Typenzahl und je dunkler in der Farbe, desto vollwertiger und gesünder das Mehl. Weizenmehl wird in den Typen 405 bis 2000, Roggenmehl in den Typen 610 bis 1800 angeboten. Die meist verwendete Sorte ist Weizenmehl Type 405, Type 1050 dagegen ist schon etwas dunkler, aber von den Inhaltsstoffen her nicht mit einem hochausgemahlenen Vollkornmehl zu vergleichen.

Getreidesorten und andere Körner

- Weizen ist die gängigste Getreideart und hat besonders günstige Backeigenschaften. Er wird auch für die Nudel- und Grießherstellung verwendet.
- Bulgur ist grob gebrochener Weizen, der vorgegart und daher schnell zubereitet ist. Schmeckt angenehm nussig.
- Couscous, ein sehr grob geschliffener Weizengrieß, ist ebenfalls vorbehandelt, läßt sich gut mit Gemüse kombinieren.
- Dinkel, ein Vorläufer des Weizens, hat dieselben guten Backeigenschaften.
- Grünkern ist unreif geernteter Dinkel, der gedarrt, das heißt, geröstet wird. Dadurch erhält er ein leicht nussiges Aroma und eignet sich bestens für Suppen und Aufläufe.
- Graupen (Rollgerste) sind entspelzte, geschälte und rund polierte Gerstenkörner. Gut für Suppen und Eintöpfe.
- Hafer wird am liebsten in Form von Haferflocken verzehrt, er ist sehr eisenreich.
- Hirse, eine uralte Getreideart, wird kaum verbacken, meist gekocht. Sie schmeckt mild und zart und eignet sich für herzhafte wie für süße Zubereitungen.
- Reis ist weltweit das wichtigste Grundnahrungsmittel, es gibt ihn in unzähligen Sorten und Formen. Bei uns wird er überwiegend als Lang- und Rundkornreis angeboten. Vom Nährwert her unterscheidet man geschälten Reis, der kaum noch etwas an Nährstoffen beinhaltet, Parboiled-Reis, der nicht mehr viele Ballaststoffe, jedoch noch Vitamine und Mineralstoffe enthält, und Vollkornreis mit allen wertvollen Bestandteilen. Reis läßt sich auf die vielfältigste Weise zu herzhaften und süßen Gerichten zubereiten.

Für die Kohlenhydrat-Gruppe haben Getreidesorten große Bedeutung

• Amaranth ist der Samen eines Grases aus Mittelamerika. Er ist ausgesprochen reich an Mineralstoffen. Man verwendet ihn wie andere Getreide.

• Quinoa, eine Körnerfrucht, die ähnlich wie Amaranth aus den Anden stammt, ist besonders reich an Vitaminen und Mineralstoffen und wird wie Reis gegart.

Nudeln – weltweit geliebt

Kenner schätzen, daß es weltweit rund 300 verschiedene Nudelformen gibt. Oft wird der einfache Nudelteig noch mit anderen Zutaten vermischt, die zusätzlich Farbe und Geschmack auf den Teller bringen. So unterschiedlich ihre Form, so verschieden kann auch die Zusammensetzung der Nudeln sein. In der Trennkost zählen sie zur kohlenhydratreichen Gruppe und dürfen deshalb nicht mit ganzen Eiern, nur mit neutral eingestuftem Eigelb oder völlig eifrei hergestellt sein.

• Hartweizennudeln bestehen ausschließlich aus Hartweizengrieß und Wasser. Man erkennt sie an ihrer hellgelben, fast durchsichtigen Farbe und an der glatten Oberfläche.

• Vollkornnudeln enthalten das Mehl des ganzen Kornes, also inklusive dem Keim und der Randschichten. Vollkornnudeln gibt es unter anderem aus Roggen, Buchweizen und Grünkern. Sie werden sowohl mit, als auch ohne Eier hergestellt.

• Reisnudeln bestehen aus Reismehl und Wasser. Sie wirken roh fast durchsichtig, werden beim Garen ganz weiß.

• Glasnudeln sind sehr dünne, gläsern aussehende Nudeln aus Mungobohnenstärke und Wasser. Sie bleiben auch beim Garen durchsichtig.

• Buchweizennudeln, die mit und ohne Ei hergestellt werden, sind in Europa fast nur in Italien, in der Schweiz und auf dem Balkan bekannt, in ganz Ostasien dagegen äußerst beliebt.

Eier

Der Vorteil von Hühnereiern ist der hohe Vitamingehalt und der beträchtliche Anteil an Mineralstoffen und Lecithin. Alle Inhaltsstoffe liegen in einer für uns günstigen Form vor, sie werden vom Körper fast zu hundert Prozent ausgenutzt - ganz gleich, ob die Eier roh oder gegart sind. In der Trennkost kann Eigelb mit Kartoffeln oder Getreide kombiniert eine gute Alternative zu Fleisch und Wurst sein. Leider haben in den letzten Jahren Cholesterin und Salmonellenbefall die Eier in Verruf gebracht. Empfindlich auf das Cholesterin reagieren aber nur Menschen, die einen gestörten Fettstoffwechsel haben, und die Salmonellengefahr ist durch die neuen Kühlvorschriften für den Handel erheblich eingedämmt. Die Ernährungsempfehlung für Gesunde lautet: Eier in Maßen verzehren. Das heißt, nicht mehr als vier Stück pro Woche essen. Menschen mit erhöhten Blutfettwerten sollten möglichst auf Eier verzichten.

Neue Gewichtsklassen für Eier

Seit einiger Zeit gibt es nur noch vier statt der früheren acht Gewichtsklassen. Die neuen Klassen werden heute als »klein«, »mittelgroß«, »groß« und »sehr groß« bezeichnet. Alternativ oder in Kombination dazu können auch die Kürzel »S«, »M«, »L« und »XL« verwendet werden. In der untersten Klasse (S) sind die kleinsten Eier mit einem Gewicht von unter 53 g. In der nächst höheren (M) wiegen die Eier zwischen 53 und 63 g. Danach folgt die Klasse L mit 63 bis unter 73 g. Bei der obersten Klasse (XL) müssen die Eier 73 g und mehr wiegen.

Milch und Milcherzeugnisse

Kuhmilch ist aufgrund ihrer ausgewogenen Zusammensetzung für die Ernährung – besonders bei Vegetariern – von Kindern, Jugendlichen und Erwachsenen ein wertvolles Lebensmittel, denn sie und die daraus hergestellten Produkte enthalten fast alle Nährstoffe, die der Mensch zum Leben braucht: hochwertiges tierisches Eiweiß, leicht verdauliches Fett, eine Reihe wichtiger Vitamine und Mineralstoffe - lediglich die Ballaststoffe fehlen. Der Eiweißgehalt ist bei allen Milchsorten gleich, Unterschiede gibt es nur vom Fettgehalt her.

Trinkmilch ist der Sammelbegriff für frische, pasteurisierte und haltbare Milch mit unterschiedlichem Fettgehalt:

- Vollmilch gibt es mit 3,5% Fett oder mit mindestens 3,5% Fett (natürlicher Fettgehalt).
- Teilentrahmte Milch = fettarme Milch enthält mindestens 1,5%, höchstens 1,8% Fett.
- Entrahmte Milch = Magermilch hat höchstens 0,3% Fett.

Milch ist Ausgangsprodukt für zahlreiche Erzeugnisse. Wer im Supermarkt vor der Kühltheke steht, hat die Qual der Wahl. Die Vielfalt des sogenannten »weißen Sortiments« ist kaum noch zu überschauen. Milcherzeugnisse teilen sich in sechs Gruppen auf. Von den wichtigsten hier eine Übersicht:

- Gesäuerte Milcherzeugnisse werden durch Zugabe von verschiedenen Milchsäurebakterien-Kulturen hergestellt. Dazu zählen Dickmlich/Sauermilch, saure Sahne, Crème fraîche, Schmand, Joghurt, Kefir und Buttermilch mit unterschiedlichem Fettgehalt.
- Sahneerzeugnisse sind unter anderem Schlagsahne, Crème double und Kaffeesahne.
- Milchmischerzeugnisse bestehen aus Vollmich, fettarmer Milch oder Magermilch und Zusätzen wie Früchte, Zucker, Kakao, Malz und Aromen. In diese Gruppe gehört zum Beispiel Kakaotrunk oder Früchtejoghurt.
- Molkenerzeugnisse fallen bei der Käseherstellung an. Molke enthält kaum Fett (0,2%), aber das wertvolle Molkeneiweiß. Molke gibt es pur zu kaufen oder gemischt mit anderen Lebensmitteln, beispielsweise Früchten.

Tips für die Trennkost-Praxis

Achten Sie darauf, daß Sie Milch und Milchprodukte passend für die geplanten Rezepte einkaufen: Für Gerichte, die zur Eiweißgruppe zählen, sind das teilentrahmte Milch, Magermilch und teilentrahmter Joghurt.

Milch und Milchprodukte sind ideale Eiweißspender für Vegetarier

Produkte, die zur neutralen Gruppe passen, sind Vollmilch, Vorzugsmilch, Sahne und alle gesäuerten Milcherzeugnisse.

Ein Inhaltsstoff der Milch ist Milchsäure, die in verschiedenen Formen vorkommt. Die linksdrehende, D(-), muß in unserer Leber erst umgebaut werden, belastet also den Organismus. Die rechtsdrehende, L(+), ist dagegen gesundheitsfördernd, hat unter anderem einen günstigen und schützenden Einfluß auf die Darmflora. Bevorzugen Sie deshalb grundsätzlich Produkte mit rechtsdrehender Milchsäure.

Käse

Alles Gute aus der Milch, gleichgültig ob von Kuh, Schaf oder Ziege, steckt natürlich auch im Käse. Seine große Familie wird in fünf Gruppen gegliedert: Frischkäse, Weichkäse, halbfester Schnittkäse, Schnittkäse und Hartkäse. Für die GU-Trennkost ist eine Einteilung aller Sorten nach Fettgehaltsstufen wichtig, da zu den eiweißreichen Lebensmitteln alle Käse mit einem Gehalt von unter 45% Fett i. Tr. (siehe Seite 71) zählen. Alle Käse mit einem Gehalt von über 45% Fett i. Tr. gehören zur neutralen Lebensmittelgruppe (siehe auch Seite 19 und 20). Je höher der Fettanteil im Käse, desto sparsamer sollten Sie ihn verwenden.

Einteilung der Käsesorten nach Fett-in-Trockenmasse-Angaben:
Magerstufe: weniger als 10%
Viertelfettstufe: mind. 10%
Halbfettstufe: mind. 20%
Dreiviertelfettstufe: mind. 30%
Fettstufe: mind. 40%
Vollfettstufe: mind. 45%
Rahmstufe: mind. 50%
Doppelrahmstufe: mind. 60%, höchstens 65%

Kräuter

Es ist ein Leichtes, mit ein paar frischen Kräutern Gerichte zu verfeinern. Dabei sehen Kräuter nicht nur dekorativ aus, sondern sind gesund, aromatisch und geben den Gerichten eine interessante Note. Jedes einzelne Kraut trägt dabei seinen charakteristischen Aromastoff bei. Durch die gute Würzwirkung der Kräuter lassen sich auch viel Salz, Fertiggewürze und Pfeffer einsparen. Ein wertvoller Inhaltsstoff sind die ätherischen Öle, die für Duft und Aroma verantwortlich sind und eine wohltuende Wirkung auf den Körper haben: Sie wecken unseren Appetit und regen die Verdauungssäfte an. Frische Kräuter sind empfindlich, deshalb nur kurz kalt waschen, vorsichtig trockenschütteln und mit einem scharfen Messer hacken. Die meisten Kräuter (bis auf Bohnenkraut, Rosmarin, Salbei und Thymian) werden nicht mitgekocht, sondern unter das fertige Gericht gemischt oder kurz vor dem Servieren darüber gestreut.

Sichtbarer Erfolg in nur 7 Tagen

Sie wollen möglichst schnell schlank werden, ohne Magenknurren, ohne Kalorien zu zählen und ohne Ihre Gesundheit zu gefährden? Mit der Wunderwoche lernen Sie die intensive Wirkung der Trennkost von ihrer besten Seite kennen: Eine einzige Woche genügt, um mühelos vier bis sechs Pfund, je nach Startgewicht, zu verlieren.
Die Wunderwoche ist die kleine Schwester der großen GU-Trennkost und eignet sich ideal als Einstieg für Ungeduldige oder für alle, die rasch ein paar Kilo abnehmen möchten. Sie müssen während dieser Woche weder auf Gaumenfreuden verzichten noch Hunger leiden. Ganz ohne Disziplin geht es aber nicht. Sie sollten sich möglichst an die Mengen- und Grammangaben unserer Rezepte halten.
Der Lohn: eine sicht- und meßbar schlankere Figur und ein ganz neues Wohlbefinden.

Zwei Umschalttage

Die Wunderwoche wird ein Supererfolg, wenn Sie vor Beginn noch zwei, oder auch drei, Umschalttage einlegen. Und so geht's:

- Fit mit Ananas und Trauben:
Nur süße, frische Ananas und sonnengereifte, gut gewaschene Trauben, möglichst aus biologischem Anbau, essen. Ananas enthält Enzyme, die die Fettverbrennung gezielt fördern, Traubenzucker belebt und erfrischt.
- Rein mit Reis:
Für zwei Tage 300 g Naturreis kochen. Mal mit frischen Kräutern vermischen, mal in etwas Olivenöl anbraten. Zum Würzen Meersalz und helle Sojasauce verwenden.
- Neue Vitalität mit Saft:
Trinken Sie täglich 1,5 Liter kochsalzfreien Gemüsesaft (möglichst aus kontrolliertem Anbau), im Verhältnis 1:1 mit Leitungswasser verdünnt. Ideal ist es, den Saft mit naturreinen Heilpflanzensäften zu mischen. Dazu jeweils morgens und abends ein Glas verdünnten Gemüsesaft mit je einem Eßlöffel Artischocken-, zwei Eßlöffeln Brennessel- und 5 Eßlöffeln Kartoffelsaft (aus der Apotheke) verrühren. Das bringt Ihren Stoffwechsel richtig auf Trab, er wird entschlackt und entgiftet und läßt Sie noch leichter abnehmen.

Am besten reservieren Sie sich für die Umschalttage ein Wochenende, an dem Sie keinen Streß und keinen Termindruck haben, keine Einladung ansteht und sich kein Besuch angekündigt hat. Verwöhnen Sie an diesen Tagen Körper und Geist mit ausgedehnten Spaziergängen, einem entspannenden Bad oder Saunabesuch und mit kurzweiliger Lektüre oder Filmen.

Schöner ist's zu zweit

Gemeinsamkeit macht stark, auch wenn es um die Linie geht. Darum sind die Rezepte der Wunderwoche für zwei Personen gedacht. Man kann sich beim Durchhalten unterstützen und sich später doppelt über den Erfolg freuen. Wenn Sie die Wunderwoche für sich alleine machen, halbieren Sie einfach die Zutatenmengen, für vier Personen verdoppeln Sie sie.

Achten Sie auf's Fett

Gehen Sie in der Wunderwoche bewußt sparsam mit Fetten um: Je weniger Butter oder Margarine Sie aufs Brot streichen und je weniger Öl Sie für die Salatsaucen verwenden, desto besser fällt die Energiebilanz aus. Verdünnen Sie das Salatdressing lieber mit etwas Gemüsebrühe oder Naturjoghurt. Pflanzenöle für Salate sollten immer von bester Qualität, möglichst kaltgepreßt und unraffiniert sein. Die Vorteile sind ein höherer Vitamingehalt, ein höherer Gehalt an den lebenswichtigen ungesättigten Fettsäuren und an Aromastoffen. Reduzieren Sie aber bitte niemals die Salatportionen. Ihr Körper braucht täglich zweimal mindestens 200 g Blattsalate, rohes oder knackig gegartes Gemüse.

Alkohol ist tabu

Trinken ist während der Wunderwoche ungeheuer wichtig. Da sich alles ums Abnehmen dreht, sollten Sie unbedingt auf die leere Energie des Alkohols verzichten. Das kommt Ihrer Linie wie auch Ihrer Leber zugute. Wenn Sie es schaffen, verzichten Sie während der Umschalttage und der Wunderwoche auch auf Kaffee und schwarzen Tee. Trinken Sie möglichst viel Wasser, leichten Kräutertee und stark verdünnte Gemüsesäfte. Pro Tag sollten es mindestens zwei Liter nichtalkoholische Getränke sein.

Ideal für Berufstätige

Die Wunderwoche sieht mittags eine Eiweißmahlzeit vor, da sie Ihre Aufmerksamkeit und Tatkraft fördert. Die Gerichte können Sie vorbereiten und zum Transport einpacken. Salate und Saucen dabei getrennt voneinander verpacken. So läßt sich das Essen bequem mit an den Arbeitsplatz nehmen und dort aufwärmen. Sie können aber auch die Mittags- und Abendmahlzeiten austauschen. Im Berufsalltag bleibt die ruhige Mittagspause oft ein Wunsch. Trotzdem sollten Sie keine Mahlzeit auslassen. Für einen schnellen Snack eignen sich alle Früchte, die zur Eiweiß-Gruppe gezählt werden (Seite 20) und sich gut mit Magerquark kombinieren lassen. Falls Sie keine Zeit hatten, Ihr Mittagessen vorzubereiten, könnten Sie 100 g kalten Braten oder 100 g gegrilltes Hähnchen (ohne Haut) essen. Dazu gehört immer etwas rohes Gemüse. Ersatzmahlzeiten sollten aber in der Wunderwoche die absolute Ausnahme sein.

Auch im Büro sollte die Mittagsmahlzeit liebevoll angerichtet sein

Schlechte Laune beim Abnehmen?

Sie können ihr sprichwörtlich davonlaufen, denn ausdauernde Bewegung glättet Ihre Psychofalten und aktiviert das Immunsystem. Ob Sie joggen, wandern, schwimmen, radfahren oder tanzen, nach dem Sport fühlen Sie sich wunderbar frisch und ausgeglichen. Kraftsportarten sollten Sie während der Wunderwoche besser meiden. Wenn Sie kein sportlicher Typ sind, lenken Sie sich bei einem Ratsch mit Freunden ab, gehen Sie ins Kino oder gönnen Sie sich eine Massage.

Tricksen Sie den Hunger aus

Sollte Ihr Magen doch einmal knurren: ein Glas nicht zu kaltes Mineralwasser oder eine Tasse wärmender Tee, in kleinen Schlucken getrunken, ein Stück rohe Gurke, Karotte oder Kohlrabi zum Knabbern besänftigen ihn. Halten Sie für Heißhunger-Attacken am besten etwas Kalorienarmes parat. Damit kommen Sie nicht in Versuchung, zur nächsten Süßigkeit zu greifen. Mit etwas frischem Obst, einem Joghurt, Vollkornkeksen oder Knäckebrot sind Sie gut gewappnet. Abends schenkt Ihnen ein Glas lauwarme Milch, mit einem Teelöffel Honig gesüßt, einen ruhigen und erquickenden Schlaf.

Einkaufslisten für die Wunderwoche

Um Ihnen die Durchführung der Wunderwoche zu erleichtern, haben wir Einkaufslisten für Sie zusammengestellt.

- Besorgen Sie am Freitag vor Beginn der Wunderwoche alle Lebensmittel, die Sie bedenkenlos die ganze Woche aufbewahren können. Durchforsten Sie Ihren Vorratsschrank, ergänzen Sie fehlende Zutaten.
- Damit kein Streß aufkommt, vor dem Wochenende auch alles besorgen, was Sie für das Frühstück und für das Mittagessen am Montag benötigen.
- Falls Sie genug Zeit haben, können Sie natürlich täglich einkaufen. Doch für die meisten ist das leider unrealistisch, deshalb haben wir die Einkäufe für die frischen Zutaten zusammengefaßt. Falls Sie sich an diesen Plan halten, genügt es, jeden zweiten Tag einzukaufen. Für das Mittagessen am Mittwoch und Freitag sollten Sie die Zutaten frisch besorgen.
- Wichtig ist, daß Sie Reste aus Packungen, zum Beispiel Sahne und Quark, gut zugedeckt im Kühlschrank aufbewahren. Später werden Zutaten nicht noch einmal aufgeführt, wenn Reste vorhanden sind.

Das sollten Sie im Vorrat haben

- Getränke:
reichlich Mineralwasser, Kräutertee, Gemüsesäfte

- Gewürze, Essig:
Salz, schwarze und weiße Pfefferkörner, gemahlenen Koriander, helle Sojasauce, scharfen Senf, Gemüsebrühe (selbstgemacht oder Instant) oder Gemüsefond (aus dem Glas), Tomatenketchup, Zimtpulver, Lorbeerblätter, getrocknetes Suppengewürz, gemahlenen Ingwer, Majoran, Paprikapulver (rosenscharf), Kümmel, Muskatnuß, Tabasco, 1 Eßlöffel getrocknete Steinpilze, Weißweinessig, Aceto Balsamico (Balsamessig)

- Getreide, Nüsse, Süßes:
Mehl, 100 g Quinoa, 75 g Hirse, 3 Eßlöffel Cashewkerne, 5 Eßlöffel Mandelblättchen, 2 Eßlöffel ungeschälte Sesamsamen, 4 Eßlöffel Walnußkerne, 1 Eßlöffel Kürbiskerne, flüssigen Honig, Ahornsirup

- Tiefgekühltes, Konserven:
50 g Erbsen (tiefgekühlt), 190 g Mais (aus der Dose)

- Fette:
kaltgepreßtes neutrales Pflanzenöl, kaltgepreßtes Olivenöl, Sesamöl, Walnußöl, Kürbiskernöl

Am Freitag vor der Wunderwoche einkaufen

- Zutaten für das Frühstück am Samstag und Montag

- Eier und Milchprodukte:
9 Eier, 250 g Butter, 1/2 l Vollmilch, 600 g Vollmilchjoghurt (natur), 130 g Doppelrahmfrischkäse, 130 g Emmentaler-Käse, 75 g Harzer Käse, 40 g Sbrinz-Käse, 40 g Kräuter-Frischkäse, 50 g Edelpilzkäse, 40 g Greyerzer-Käse, 250 g Quark (20% Fett i. Tr.), 100 g Quark (40% Fett i. Tr.), 160 g Crème fraîche, 100 g Sahne, 150 g saure Sahne

- Gemüse und Obst:
200 g Schalotten, 1 große Zwiebel, 100-150 g Blattsalate (z. B. Frisée, Eichblatt, Radicchio, Lollo rosso, grünen Salat), 10 Tomaten (davon 5 kleine), 50 g Alfalfa- oder Senfsprossen, 1,2 kg Möhren, 300 g weiße Rübchen (ersatzweise Kohlrabi), 1 kleine Salatgurke, 125 g zarten Blattspinat oder Feldsalat, 1 Bund Radieschen, 1 Knoblauchknolle, 1 Bund Frühlingszwiebeln, 3 Stangen Staudensellerie, 1 mittelgroßen Rettich, 400 g Lauch, 250 g kleine, feste Champignons, 500 g festkochende Kartoffeln, 1 Töpfchen Estragon, 1–2 Bund Petersilie (je nach Größe), 1 Bund Schnittlauch, 1 Bund Dill, 1 Kästchen Kresse, 1 kleine reife Avocado, 2 kleine

Bananen, 1 Apfel, 250 g Erdbeeren, 2 Zitronen (davon 1 unbehandelt), 3 Orangen (davon 2 unbehandelt), 1 frische Ananas

• Sonstiges:
100 g ausgelöste Nordseekrabben, 50 g dünne Scheiben Räucherlachs, 2 Scheiben gekochten Schinken, 100 g Hartweizen-Spaghetti ohne Ei, 300 g Tofu, 100 g gemischte, ungeschwefelte Trockenfrüchte (z.B. Aprikosen, Datteln, Feigen)

Für das Mittagessen am Montag

• Gemüse:
2–3 Chicorée (von je etwa 200 g), 250 g frische Sojabohnensprossen

Am Montag einkaufen

• Zutaten für das Frühstück am Dienstag und Mittwoch

• Obst und Gemüse:
60 g Feldsalat, 175-200 g Blattsalate, 1 kleinen Radicchiosalat, 200 g Gemüse (z.B. Fenchel, Möhre, Zucchini, Kohlrabi), 750 g Broccoli, 700 g Lauch

• Sonstiges:
3 Hähnchenschenkel, 1 Vollkornbrötchen

Für das Mittagessen am Mittwoch

• Gemüse und Obst:
300–400 g gemischte Blattsalate, 1 Bund glatte Petersilie, 1 Kiwi, 100 g frische Litschis, 1 rosa Grapefruit

• Sonstiges:
200 g gekochte, geschälte Riesengarnelen

Am Mittwoch einkaufen

• Zutaten für das Frühstück am Donnerstag und Freitag
• Gemüse und Obst:
2 mittelgroße Zucchini, 1 grüne Paprikaschote, 2 rote Paprikaschoten, 250 g Broccoli, 250 g Blumenkohl, 1 Bund Suppengemüse, 2 große Kohlrabi, 400 g weißen Spargel, 400 g grünen Spargel, 1 Bund Basilikum, 2 Handvoll Kerbel (oder Petersilie)

• Sonstiges:
200 g Rinderfilet, 1 Vollkornbrötchen

Für den Freitag einkaufen

• Gemüse und Obst:
1 kleine Stange Lauch, 2 kleine Fenchelknollen (etwa 400 g), 350 g Zucchini, 300 g Blumenkohl, 1 Kohlrabi, 50 g gemischte Sprossen (nach Belieben)

• Sonstiges:
250 g Schollenfilets (frisch oder tiefgekühlt), 5 schwarze Oliven, 2 Vollkornbrötchen

Für einen gesunden Start in den Tag bietet Ihnen die Wunderwoche der GU-Trennkost drei Varianten an. Sie können jeden Morgen nach Lust und Laune frei wählen. Es bleibt dabei ganz Ihnen überlassen, ob Sie eiweiß- oder kohlenhydratreich frühstücken möchten oder lieber Obst essen. Den Trenngedanken sollten Sie jedoch einhalten.

Bei den drei Vorschlägen sind – dem Grundsatz der GU-Trennkost entsprechend – Eiweiß und Kohlenhydrate getrennt. Die Quarkcreme versorgt Sie mit leichtem Eiweiß, das Flockenmüsli und das Käsebrot sorgen durch die Kohlenhydrate für eine langanhaltende Sättigung.

Wer eher zu den Morgenmuffeln gehört, wird vielleicht die frische Quarkcreme einem Müsli oder einem Käsebrot vorziehen. Natürlich können Sie die Frühstücksrezepte immer wieder abwandeln. Statt Quark sind Magerjoghurt oder fettarme Dickmilch erlaubt, dazu dürfen Sie nahezu alle Früchte genießen. Auch bei Müsli und Brot sind die Variationsmöglichkeiten groß. Fürs Müsli können Sie unter den vielfältigen Getreidesorten auswählen sowie andere Trockenfrüchte nehmen. Oder Sie ersetzen den Vollmilchjoghurt zur Abwechslung einmal durch Sahnequark, Sahnedickmilch oder saure Sahne.

Das Angebot an Brot, Brötchen und Käse ist ebenfalls groß – Sie sind nicht auf eine Sorte festgelegt. Bei Käse kaufen Sie bitte nur vollfette Sorten, also alle weichen und mittelfesten Käsesorten ab einem Fettgehalt von 45% Fett i. Tr.

Zur Abwechslung können Sie Brot oder Brötchen auch mal mit ein wenig rohem Schinken, Salami oder Räucherlachs belegen.

Wenn Sie Zutaten fürs Frühstück austauschen möchten, orientieren Sie sich am besten an den Listen auf den Seiten 19–21.

Frühstücksgetränke

Sie können wählen zwischen 1–2 Tassen Kaffee oder Tee (nach Belieben mit 1 Teelöffel Honig pro Tasse gesüßt) oder 2–3 Tassen Matetee, Kräutertee (nach Belieben mit 1 Teelöffel Honig pro Tasse gesüßt) oder 200 ml Vollmilch, eventuell mit etwas Carob-Pulver oder 1 Teelöffel Honig aromatisiert.

Exotische Quarkcreme

Kalorienarm

Zutaten für 2 Personen
3 Eßlöffel Kokosraspel
250 g Quark (20% Fett i. Tr.)
2 Eßlöffel Zitronensaft
1/2 Teelöffel gemahlener Anis
1 Prise Zimtpulver
1 kleiner Apfel
2 Scheiben frische Ananas
1 Mandarine
1 Kiwi

Zubereitungszeit: 20 Minuten

Die Kokosraspel in einer kleinen trockenen Pfanne unter gelegentlichem Rühren goldgelb rösten*, dann sofort aus der Pfanne nehmen, damit sie nicht verbrennen.

Den Quark mit dem Zitronensaft, dem Anis und dem Zimt glattrühren. Den Apfel waschen, abtrocknen und ohne das Kerngehäuse auf einer Gemüsereibe zum Quark raspeln. 2 Eßlöffel der gerösteten Kokosraspel dazugeben und alles gut vermischen.

Die Ananasscheiben schälen, klein würfeln oder in Stücke schneiden, dabei auch den harten Mittelstrunk entfernen. Die Mandarine sorgfältig schälen und in einzelne Segmente zerteilen. Die Kiwi schälen und längs in Spalten schneiden.

Die Quarkcreme auf tiefen Tellern anrichten, die Fruchtstücke darauf geben und mit den restlichen Kokosraspel bestreuen.

Tip!

Die exotische Quarkcreme sofort nach dem Anrichten servieren, sonst könnte sie durch ein in der Kiwi und der Ananas enthaltenes Enzym bitter werden.

Flockenmüsli mit Bananenjoghurt

Macht wenig Arbeit

Zutaten für 2 Personen
2 Teelöffel Honig
1 Teelöffel Butter
70 g gemischte Getreideflocken
1 kleine Banane
150 g Vollmilchjoghurt
1 Prise Zimtpulver
1 Eßlöffel Rosinen
2 getrocknete, ungeschwefelte Aprikosen

Zubereitungszeit: 25 Minuten

1 Teelöffel vom Honig und die Butter in einer kleinen Pfanne bei schwacher Hitze zerlassen. Die Getreideflocken darin einige Minuten unter Rühren rösten, anschließend abkühlen lassen.

Die Banane schälen und in kleine Stücke schneiden oder in einer Schüssel mit einer Gabel grob zerdrücken. Dann sofort mit dem Joghurt und dem restlichen Honig verrühren und mit dem Zimtpulver abschmecken.

Die Rosinen in einem Sieb kalt abbrausen, gut abtropfen lassen und mit den gerösteten Getreideflocken mischen.

Die Flockenmischung in Schälchen verteilen und den Bananenjoghurt darüber gießen. Die Aprikosen waschen, in feine Streifen schneiden und auf das Flockenmüsli streuen.

Käsebrot mit Pistazien

Schnell

Zutaten für 2 Personen
2 Scheiben Vollkornbrot
30 g Doppelrahmfrischkäse
schwarzer Pfeffer, frisch gemahlen
30 g Camembert (60% Fett i.Tr.)
30 g Sahnegorgonzola oder anderer vollfetter Edelpilzkäse
5–6 Radieschen
1–2 Eßlöffel Pistazienkerne

Zubereitungszeit: 20 Minuten

Die Brotscheiben mit dem Doppelrahmfrischkäse bestreichen und mit Pfeffer bestreuen.

Den Camembert und den Sahnegorgonzola in kleine Stücke schneiden. Die Radieschen waschen und putzen, in dünne Scheiben schneiden. Die Pistazienkerne grob hacken.

Die beiden Käsesorten, die Radieschenscheiben und die Pistazien dekorativ auf den Brotscheiben arrangieren.

Variation:

Sie können für diese Brote alle vollfetten Käsesorten verwenden, variieren Sie sie ganz nach Ihrem Geschmack. Zum Garnieren passen neben Radieschen auch Kresse, Möhren, Gurke oder Staudensellerie sowie Sesamsamen, Mandeln oder Nüsse.

Salat mit Senfdressing

Raffiniert

Zutaten für 2 Personen
50 g Schalotten
50 g Doppelrahmfrischkäse
1–2 Teelöffel scharfer Senf
75–100 ml Gemüsebrühe
Salz
schwarzer Pfeffer, frisch gemahlen
100-150 g Blattsalate (z. B. Frisée, Eichblatt, Radicchio, Lollo rosso, grüner Salat)
2 kleine Tomaten
50 g Alfalfa- oder Senfsprossen

Zubereitungszeit: 20 Minuten

Die Schalotten schälen und sehr fein würfeln. Mit dem Frischkäse, dem Senf und 75 ml Gemüsebrühe verrühren. Eventuell noch etwas mehr Gemüsebrühe unterschlagen, bis eine dickflüssige Sauce entstanden ist. Mit Salz und Pfeffer abschmecken.

Die Salate putzen, waschen, trockenschütteln und in mundgerechte Stücke zupfen. Auf zwei Tellern ausbreiten.

Die Tomaten waschen, abtrocknen, in Spalten schneiden und dabei den Stielansatz entfernen. Auf den Salatblättern verteilen.

Das Senfdressing über den Salat träufeln. Die Sprossen abbrausen, abtropfen lassen und darüber streuen.

Tip!

Sie können auch einen anderen Salat aus der neutralen Gruppe oder aus der Eiweiß-Gruppe auswählen.

Gratin von bunten Rübchen

Gelingt leicht

Zutaten für 2 Personen
300 g Möhren
300 g weiße Rübchen
100 g ausgelöste Nordseekrabben (oder Garnelen)
1 Zweig Estragon (nach Belieben)
3–4 Stiele Petersilie
2 Eier
1/8 l Vollmilch
Salz
weißer Pfeffer, frisch gemahlen
40 g frisch geriebener Emmentaler
etwas Butter für die Form

Zubereitungszeit: 1 1/4 Stunden

Den Backofen auf 200° vorheizen.

Die Möhren und die weißen Rübchen putzen, waschen und schälen. Dann in dünne, schräge Scheiben schneiden.

Die Krabben kalt abbrausen und gut abtropfen lassen.

Eine große, runde feuerfeste Form mit Butter ausstreichen, die Möhren- und die Rübchenscheiben dachziegelartig darin arrangieren, dabei die Krabben in die Mitte geben.

Den Estragon und die Petersilie waschen und trockenschütteln. Die Blättchen von den Stielen zupfen und fein hacken. Die Kräuter mit den Eiern, der Milch, Salz und Pfeffer verquirlen. Die Eiermilch über die Rübchen träufeln. Alufolie einfetten und die Form damit abdecken. Im Ofen (Mitte) zunächst etwa 30 Minuten backen.

Dann die Folie abnehmen, den Käse über das Gemüse streuen und das Gratin noch etwa 20 Minuten überbacken.

Tip!

Wenn Sie keine weißen Rübchen bekommen, mit Kohlrabi schmeckt das Gratin auch fein.

Hirse-Gemüse-Salat mit Avocadosauce

Vegetarisch

Zutaten für 2 Personen
75 g Hirse
150 ml Gemüsebrühe
1 Knoblauchzehe
2 Frühlingszwiebeln
2 kleine Möhren
1 Stück Salatgurke
75 g zarter Blattspinat oder Feldsalat
4–5 Radieschen
1 kleine reife Avocado
50 g Vollmilchjoghurt
Salz
schwarzer Pfeffer, frisch gemahlen
einige Tropfen Tabasco

Zubereitungszeit: 45 Minuten

Die Hirse in einem Sieb waschen und abtropfen lassen. Die Gemüsebrühe in einem Topf aufkochen. Den Knoblauch schälen und dazupressen. Die Hirse einstreuen und darin zugedeckt etwa 10 Minuten bei schwacher Hitze köcheln*, dann 5–10 Minuten auf der ausgeschalteten Herdplatte ausquellen lassen*.

Inzwischen die Frühlingszwiebeln putzen, waschen und in feine, schräge Ringe schneiden. Die Möhren und die Gurke putzen, schälen und streichholzfein stifteln. Das Gemüse unter die Hirse mischen.

Den Spinat oder den Feldsalat gründlich waschen und verlesen, abtropfen lassen, eventuell kleiner zupfen. Die Radieschen putzen, waschen und achteln oder in sehr dünne Scheiben schneiden.

Die Avocado halbieren, den Stein entfernen, das Fruchtfleisch mit einem Löffel aus der Schale lösen und zusammen mit dem Joghurt pürieren. Mit Salz, Pfeffer und einigen Tropfen Tabasco abschmecken.

Den Hirse-Gemüse-Salat mit Salz und Pfeffer abschmecken. Mit dem Spinat oder dem Feldsalat auf Tellern anrichten. Die Avocadosauce darüber träufeln. Mit Radieschen garnieren.

Überbackene Bananen

Für Ungeübte

Zutaten für 2 Personen
1 Eßlöffel Crème fraîche
4 Eßlöffel Vollmilch
1 Eigelb
2 Teelöffel Ahornsirup
1 Prise Zimtpulver
1 Teelöffel Mandelblättchen
2 kleine Bananen

Zubereitungszeit: 20 Minuten

Den Backofen auf 250° vorheizen.

Die Crème fraîche in einer Schüssel mit der Milch, dem Eigelb, dem Ahornsirup und dem Zimt gründlich verquirlen. Die Mandelblättchen unterrühren.

Die Bananen schälen, jeweils einmal längs und einmal quer halbieren. Bananenviertel in eine kleine feuerfeste Form legen und sofort mit der Sahnesauce beträufeln. Im Ofen (oben) 5–10 Minuten überbacken.

Tip!

Statt Bananen können Sie auch reife Feigen auf diese Weise zubereiten.

Sonntags-brunch

Raffiniert

Zutaten für 2 Personen
Für die Eier im Glas:
etwas Butter für die Gläser
1 kleine, feste Tomate
2 Scheiben gekochter Schinken
2 Eßlöffel Schnittlauchröllchen
4 kleine Eier
Salz
schwarzer Pfeffer, frisch gemahlen
Für den Käse-Gemüse-Teller:
3 Stangen Staudensellerie
2 junge Möhren
2 Tomaten
50 g junger Spinat oder Feldsalat
50 g Emmentaler
75 g Harzer Käse
schwarzer Pfeffer, frisch gemahlen
Für die Quark-Erdbeer-Creme:
1 Apfel
200 g Quark (20% Fett i. Tr.)
250 g Erdbeeren
2 Eßlöffel geröstete Mandelblättchen
Für den Lachs mit Zitronenjoghurt:
1 Stück Salatgurke (50 g)
50 g dünne Scheiben Räucherlachs
1/2 unbehandelte Zitrone
100 g Vollmilchjoghurt
2 Stengel Dill
1 Orange

Zubereitungszeit: 45 Minuten

Für die Eier im Glas den Backofen auf 200° vorheizen. 2 feuerfeste Gläser oder Förmchen mit etwas Butter ausstreichen. Die Tomate waschen, abtrocknen und klein würfeln, dabei den Stielansatz entfernen. Den Schinken ohne Fettrand fein würfeln.

Die Tomaten- und die Schinkenwürfel mit dem Schnittlauch vermengen, in die Gläser geben. Je 2 Eier darüber gleiten lassen. Leicht salzen und pfeffern.

Die Gläser mit Alufolie verschließen und in ein heißes Wasserbad* stellen. Im Ofen (Mitte) etwa 20 Minuten stocken lassen.

Für den Käse-Gemüse-Teller das Gemüse waschen und putzen. Den Sellerie und die Möhren in schräge, dünne Scheiben schneiden. Die Tomaten in Spalten schneiden, dabei den Stielansatz entfernen. Den Spinat oder den Feldsalat waschen und nach Belieben etwas kleinzupfen.

Den Emmentaler und den Harzer Käse in mundgerechte Stücke schneiden. Mit dem Gemüse dekorativ auf einer Platte anrichten und direkt aus der Mühle mit Pfeffer grob übermahlen.

Für die Quark-Erdbeer-Creme den Apfel schälen, fein reiben und mit dem Quark verrühren. Die Erdbeeren waschen und putzen. Die Hälfte der Früchte mit einer Gabel zerdrücken, die restlichen würfeln. Alle Erdbeeren unter den Quark rühren. Mit den Mandelblättchen bestreuen.

Die Gurke waschen, eventuell schälen. In dünne, schräge Scheiben schneiden und auf einem großen Teller auslegen. Die Räucherlachsscheiben darauf anrichten.

Für den Zitronenjoghurt die Zitronenhälfte heiß abwaschen und abtrocknen. 2 Scheiben zum Garnieren abschneiden. Von der übrigen Frucht die Schale fein abreiben und den Saft auspressen. Beides mit dem Joghurt verrühren. Den Joghurt in ein kleines Schälchen füllen und in die Mitte des Lachstellers setzen.

Den Dill waschen, trockentupfen und fein zerzupfen, über die Sauce und den Lachs streuen. Die Orange schälen, filetieren* und mit den Zitronenscheiben auf dem Lachs arrangieren.

Weitere Vorschläge für einen Brunch finden Sie im Frühstücks-Kapitel und im Kapitel Snacks.

Rettichrohkost mit Walnüssen

Schnell

Zutaten für 2 Personen
1 mittelgroßer Rettich
Salz
weißer Pfeffer, frisch gemahlen
Koriander, gemahlen
1 Eßlöffel Crème fraîche
2 Teelöffel neutrales Pflanzenöl, kaltgepreßt
2 Teelöffel Walnußöl
1/2 Kästchen Kresse
2 Eßlöffel Walnußkerne

Zubereitungszeit: 15 Minuten

Den Rettich waschen, schälen und zuerst in etwa 1/2 cm dicke Scheiben, diese dann in etwa 1/2 cm dicke Stifte schneiden.

Etwas Salz mit Pfeffer, Koriander und der Crème fraîche verquirlen. Beide Ölsorten unterschlagen. Die Kresse kurz mit Wasser abbrausen, abschneiden und einen Teil davon untermengen.

Die Sauce unter die Rettichstifte heben und auf zwei Tellern anrichten. Die Walnußkerne grob hacken und mit der restlichen Kresse über die Rohkost streuen.

Bandnudeln mit Lauch-Pilz-Sauce

Würzig

Zutaten für 2 Personen
1 Eßlöffel getrocknete Steinpilze
40 g Sbrinz-Käse
40 g Emmentaler
400 g Lauch
1 Teelöffel Butter
1 Knoblauchzehe
1 Teelöffel Mehl (nach Belieben Weizenvollkornmehl)
150 ml Gemüsebrühe
schwarzer Pfeffer, frisch gemahlen
250 g kleine, feste Champignons
100 g Hartweizen-Spaghetti ohne Ei
Salz
1/2 Bund Schnittlauch

Zubereitungszeit: 45 Minuten

Die Steinpilze abbrausen, in einer Tasse knapp mit heißem Wasser bedecken und etwa 20 Minuten quellen lassen. Beide Käsesorten fein reiben.

Den Lauch putzen, längs aufschlitzen und gründlich unter fließendem Wasser waschen. Die unteren weißen Teile in feine Ringe, das Grün in sehr lange, schmale Streifen schneiden.

Die Butter in einem Topf aufschäumen lassen, die Lauchringe darin anbraten. Den Knoblauch schälen und durch die Presse dazudrücken. Beides bei mittlerer Hitze unter gelegentlichem Rühren leicht anbraten.

Das Mehl darüber stäuben und unter Rühren kurz anschwitzen. Die Steinpilze samt Sud und die Gemüsebrühe unterrühren. Das Ganze aufkochen, dann nach und nach den Käse unter ständigem Rühren darin schmelzen lassen. Die Sauce mit Pfeffer würzen.

Die Champignons putzen und abreiben, nur wenn nötig waschen, und in feine Scheiben schneiden. In die Sauce geben.

Die Nudeln in reichlich Salzwasser nach Packungsanweisung bißfest* kochen, dabei für die letzten 2–3 Minuten die Lauchstreifen dazugeben.

Die Nudel-Lauch-Mischung in ein Sieb abgießen und gut abtropfen lassen. Auf zwei vorgewärmten tiefen Tellern anrichten und die heiße Käsesauce darüber verteilen. Den Schnittlauch waschen, abtrocknen, in feine Röllchen schneiden und darüber streuen.

Chicoréesalat mit Möhre

Macht wenig Arbeit

Zutaten für 2 Personen
3 Stengel Dill
4 Eßlöffel Weißweinessig
Salz
weißer Pfeffer, frisch gemahlen
2 Eßlöffel saure Sahne
2 Eßlöffel Quark (20% Fett i. Tr.)
1 Eßlöffel Sonnenblumenöl
2–3 Chiccrée von je etwa 200 g
1 Möhre

Zubereitungszeit: 20 Minuten

Den Dill waschen, trockenschütteln, fein hacken und mit Essig, Salz und Pfeffer gut verrühren.

Die saure Sahne, den Quark und das Öl dazugeben und alles gründlich vermischen.

Den Chicorée waschen und den unteren Teil keilförmig entfernen. Chicorée in breite Streifen schneiden und unter die Sauce heben.

Die Möhre waschen, schälen, halbieren und in streichholzfeine Streifchen schneiden, über den Salat streuen.

Marinierter Tofu

Vegetarisch

Zutaten für 2 Personen
3 Eßlöffel Weißweinessig
2 Eßlöffel helle Sojasauce
100 ml Gemüsebrühe
schwarzer Pfeffer, frisch gemahlen
300 g Tofu
4 Frühlingszwiebeln
250 g frische Sojabohnensprossen
2–3 Scheiben frische Ananas
2 Eßlöffel Cashewkerne
1 Eßlöffel Öl
Salz

Zubereitungszeit: 30 Minuten

Den Essig mit der Sojasauce, der Gemüsebrühe und etwas Pfeffer zu einer Marinade verquirlen. Den Tofu gut abtropfen lassen, zuerst in etwa 1/2 cm dicke Scheiben, diese in schmale, lange Streifen schneiden, in der Marinade wenden.

Die Frühlingszwiebeln putzen, waschen und in feine, schräge Ringe schneiden. Die Sojabohnensprossen kalt abbrausen und abtropfen lassen. Die Ananasscheiben schälen und in kleine Würfel schneiden, dabei den harten Mittelstrunk entfernen.

Die Cashewkerne grob hacken. Das Öl in einer Pfanne oder in einem Wok erhitzen. Die Cashewkerne darin goldbraun braten. Die Frühlingszwiebeln dazugeben, unter Rühren etwa 2 Minuten mitbraten.

Den Tofu aus der Marinade heben und abtropfen lassen. Zu der Nuß-Zwiebel-Mischung geben und kurz mitbraten. Die Marinade dazugießen und aufkochen lassen.

Die Ananasstücke und die Bohnensprossen einrühren, alles etwa 2 Minuten köcheln*. Mit Salz und Pfeffer würzen und auf vorgewärmten Tellern anrichten.

Tip!

Wenn Sie am Nachmittag der kleine Hunger überkommt, knabbern Sie am besten etwas rohes Gemüse wie z.B. Möhren, Staudensellerie oder Gurke.

Große Salatplatte mit Knoblauchbrot

Vitaminreich

Zutaten für 2 Personen
50 g Erbsen, tiefgekühlt
50 ml kräftige Gemüsebrühe
30 g weiche Butter
2–3 Knoblauchzehen
Salz
schwarzer Pfeffer, frisch gemahlen
1 Vollkornbrötchen
1 Eßlöffel Crème fraîche
2 Eßlöffel Tomatenketchup
2 Teelöffel Olivenöl, kaltgepreßt
60 g Feldsalat
1 kleiner Radicchiosalat
200 g rohes Gemüse (zum Beispiel Fenchel, Zucchini, Möhre, Kohlrabi)
40 g Maiskörner (aus der Dose)

Zubereitungszeit: 30 Minuten

Die Erbsen in der Gemüsebrühe aufkochen lassen und zugedeckt einige Minuten darin ziehen lassen. In ein Sieb schütten, abtropfen lassen und dabei die Brühe auffangen.

Für das Knoblauchbrot die Butter in einer Schüssel cremig rühren. Die Knoblauchzehen schälen, durch die Presse dazudrücken und gründlich unterrühren. Die Knoblauchbutter mit Salz und Pfeffer abschmecken.

Das Brötchen in dünne Scheiben schneiden, mit der Knoblauchbutter bestreichen und unter dem heißen Grill oder bei 250° im Backofen goldgelb backen.

Für die Salatsauce die Crème fraîche mit dem Tomatenketchup, dem Olivenöl und der Gemüsebrühe verrühren, mit Salz und Pfeffer abschmecken.

Den Feldsalat und den Radicchio waschen, putzen, trockenschütteln und die Blättchen nach Belieben kleiner zupfen. Das Gemüse waschen, putzen und in dekorative Stücke schneiden. Die Maiskörner abtropfen lassen.

Beide Salatsorten und das rohe Gemüse auf großen Tellern anrichten. Den Mais und die Erbsen darüber verteilen. Die Marinade darüber löffeln und alles mit Pfeffer übermahlen. Sofort mit dem ofenwarmen Knoblauchbrot servieren.

Backobst auf Joghurtsauce

Schnell

Zutaten für 2 Personen
250 g Vollmilchjoghurt
2 Teelöffel flüssiger Honig
Zimtpulver
100 g gemischte, ungeschwefelte Trockenfrüchte (zum Beispiel Aprikosen, Datteln, Feigen)

Zubereitungszeit: 15 Minuten

Für die Joghurtsauce den Joghurt mit dem Honig gut verrühren und mit etwas Zimtpulver abschmecken. Die Sauce auf zwei flache Dessertteller gießen.

Die Trockenfrüchte unter heißem Wasser abbrausen, gut abtropfen lassen und in gleichmäßige kleine Stücke schneiden. Auf der Joghurtsauce dekorativ anrichten. Das Dessert mit einem Hauch Zimt bestäuben.

Variante:

Den Joghurt mit etwas Sanddorn-Vollfrucht (aus dem Reformhaus) verrühren und anstatt Honig Ahornsirup zum Süßen verwenden.

Blattsalate mit Orangen

Schnell

Zutaten für 2 Personen
2 unbehandelte Orangen
1 Eßlöffel Weinessig
Salz
schwarzer Pfeffer, frisch gemahlen
Koriander, gemahlen
3 Eßlöffel Olivenöl, kaltgepreßt
100–150 g Blattsalate (z.B. Frisée, Eichblatt, Radicchio, Lollo bionda, grüner Salat)
2 Tomaten
1 Eßlöffel Mandelblättchen

Zubereitungszeit: 20 Minuten

Die Orangen heiß abwaschen, trockenreiben und etwas Schale fein abreiben. Den Saft einer Orange auspressen. Die zweite Orange schälen und filetieren*.

Die Orangenschale und den -saft mit dem Essig, Salz, Pfeffer und einer Messerspitze Koriander verquirlen. Das Öl mit einem Schneebesen kräftig unterschlagen. Die Sauce mit Salz, Pfeffer und Koriander abschmecken.

Den Salat waschen, trockenschütteln und zerzupfen. Auf zwei Teller verteilen. Die Tomaten waschen und ohne den Stielansatz in Scheiben schneiden, auf die Salatblätter legen.

Die Orangenfilets auf dem Salat verteilen, die Marinade gleichmäßig darüber träufeln.

Die Mandelblättchen in einer kleinen trockenen Pfanne goldbraun rösten* und darüber streuen. Den Salat sofort servieren.

Hühnereintopf mit Broccoli

Braucht etwas Zeit

Zutaten für 2 Personen
3 Hähnchenschenkel
1 Eßlöffel schwarze Pfefferkörner
2 Lorbeerblätter
2 Eßlöffel getrocknetes Suppengewürz
500 g Broccoli
75 g Sahne
Salz
weißer Pfeffer, frisch gemahlen
1–2 Eßlöffel Zitronensaft
1 Eigelb

Zubereitungszeit: 1 Stunde

Die Hähnchenschenkel waschen, in einen Topf legen, etwa 1 cm hoch mit kaltem Wasser bedecken und aufkochen lassen. Die Pfefferkörner, die Lorbeerblätter und das Suppengewürz dazugeben. Die Hähnchenteile halb zugedeckt bei schwacher Hitze etwa 30 Minuten sanft köcheln* lassen.

Inzwischen den Broccoli waschen, putzen und in Röschen teilen. Die Stiele schälen und in kleine Würfel schneiden.

Die Hähnchenschenkel aus dem Sud heben, etwas abkühlen lassen. Das Fleisch von Haut und Knochen befreien und in mundgerechte Stücke schneiden.

Die Brühe durch ein feines Sieb gießen und wieder aufkochen. Die Broccolistiele darin etwa 3 Minuten kochen lassen, dann die Röschen zufügen und noch etwa 5 Minuten mitgaren.

Die Sahne unterrühren, die Brühe nochmals aufkochen. Mit Salz, Pfeffer und Zitronensaft würzen.

Den Topf von der Herdplatte nehmen. Das Eigelb mit etwas Brühe verquirlen und unterziehen. Das Hühnerfleisch einlegen und erwärmen, die Brühe darf jetzt aber nicht mehr kochen, da sonst das Ei gerinnt.

Grüner Salatteller

Klassiker

Zutaten für 2 Personen
250 g Broccoli
Salz
100 g Vollmilchjoghurt
1 Eßlöffel Sonnenblumenöl, kaltgepreßt
1 Teelöffel Sesamöl
schwarzer Pfeffer, frisch gemahlen
1 Bund glatte Petersilie
2 Zweige Estragon
75–100 g grüne Salatblätter (z. B. Eisberg-, Feld-, Frisée-, grüner Salat)
2 Eßlöffel Sesamsamen, ungeschält

Zubereitungszeit: 20 Minuten

Den Broccoli waschen, putzen, in Röschen teilen. Die Stiele schälen und klein würfeln. Die Stiele in wenig Salzwasser etwa 3 Minuten blanchieren*, dann die Röschen dazugeben und alles in etwa 5 Minuten bißfest garen. Broccoli in ein Sieb gießen, kalt abschrecken* und sehr gut abtropfen lassen.

Den Joghurt mit dem Pflanzen- und dem Sesamöl verrühren und mit Salz und Pfeffer würzen. Die Kräuter waschen und trockenschütteln. Die Blättchen abzupfen, fein hacken und unterrühren.

Den Salat putzen, waschen, gut abtropfen lassen und die Blätter kleiner zupfen. Salatblätter und Broccoli auf zwei Tellern anrichten und die Marinade darüber löffeln.

Die Sesamsamen in einer trockenen Pfanne rösten, bis sie duften und über den Salat streuen.

Quinoa-Lauch-Pfanne

Vegetarisch

Zutaten für 2 Personen
700 g Lauch
1 Eßlöffel Sonnenblumenöl, kaltgepreßt
100 g Quinoa
200 ml Gemüsebrühe
schwarzer Pfeffer, frisch gemahlen
etwas gemahlener Ingwer
Salz
40 g Kräuter-Frischkäse

Zubereitungszeit: 45 Minuten

Den Lauch putzen, längs aufschlitzen und gründlich unter fließendem Wasser waschen, trockenschütteln und in feine, schräge Ringe schneiden.

Das Öl in einer großen Pfanne erhitzen. Die Lauchringe darin bei mittlerer Hitze unter Rühren etwa 3 Minuten anbraten.

Quinoa waschen, abtropfen lassen und zum Lauch geben. Mit der Gemüsebrühe ablöschen und alles zugedeckt bei schwacher Hitze etwa 10 Minuten garen.

Die Quinoa-Lauch-Pfanne anschließend mit Salz, Pfeffer und Ingwer abschmecken und noch etwa 5 Minuten offen garen.

Zum Servieren kleine Mulden in die Quinoa-Lauch-Pfanne drücken und den Frischkäse hineingeben.

Variante:

Die Quinoa-Pfanne läßt sich mit den verschiedensten Gemüsen zubereiten. Besonders gut schmecken Möhren, Staudensellerie, Broccoli, Paprikaschoten, Zucchini, Tomaten und Mangold oder Spinat.

Tip!

Vergessen Sie das Trinken nicht. Mindestens 2 Liter Flüssigkeit sollten es pro Tag sein, zum Beispiel Kräutertee, Matetee oder stilles Mineralwasser.

Salatplatte mit Riesengarnelen

Exklusiv

Zutaten für 2 Personen
300–400 g gemischte Blattsalate und Gemüse (z. B. Radicchio, Friséesalat, Radieschen, Gurke, Tomaten, Möhren, Kohlrabi)
1 Bund glatte Petersilie
3 Eßlöffel Aceto Balsamico (Balsamessig) oder Weinessig
5–6 Eßlöffel kräftige Gemüsebrühe
Salz
schwarzer Pfeffer, frisch gemahlen
5 Eßlöffel Olivenöl, kaltgepreßt (oder anderes Pflanzenöl)
1–2 Knoblauchzehen
200 g gekochte, geschälte Riesengarnelen

Zubereitungszeit: 25 Minuten

Die Salate putzen, waschen, gut abtropfen lassen und die Blätter etwas kleiner zupfen. Das Gemüse waschen, putzen und in kleine dekorative Stücke schneiden.

Die Petersilie waschen, die Blättchen abzupfen und fein hacken. In einer Schüssel den Essig, die Brühe, etwas Salz und Pfeffer verrühren. Dann 4 Eßlöffel Öl kräftig unterschlagen. Petersilie zufügen und die Salatsauce abschmecken. Die Gemüsestücke in der Sauce wenden.

Das restliche Öl in einer Pfanne erhitzen. Den Knoblauch schälen und durch die Presse dazudrücken. Die Riesengarnelen in die Pfanne geben und im Knoblauchöl bei mittlerer Hitze unter gelegentlichem Rühren etwa 2 Minuten braten*. Mit Salz und Pfeffer würzen.

Die Salatblätter auf zwei Teller verteilen, das Gemüse und die Garnelen darauf anrichten. Die Marinade darüber träufeln.

Tip!

Bei Salaten und Gemüsen können Sie ganz nach Ihrem Geschmack auswählen und kombinieren. Achten Sie bei der Wahl darauf, daß die Gemüsesorten roh gegessen werden können und bekömmlich sind. Frische grüne Bohnen dürfen nicht roh gegessen werden, da sie den natürlichen Eiweißstoff Phasin enthalten, in dem sich Spuren von Blausäure befinden. Dieses Gift wird zerstört, wenn die Bohnen bißfest blanchiert werden.*

Ananas-Litschi-Salat

Vitaminreich

Zutaten für 2 Personen
2 Scheiben frische Ananas
100 g frische Litschis
1 Kiwi
1 rosa Grapefruit
100 g Quark (40% Fett i. Tr.)
1 Eßlöffel Cashewkerne (ersatzweise Pistazienkerne)

Zubereitungszeit: 20 Minuten

Die Ananasscheiben schälen, halbieren, von dem harten Mittelstrunk befreien und in Stücke schneiden. Die Litschis schälen und entsteinen.

Die Kiwi schälen und in dünne Scheiben schneiden, diese vierteln. Die rosa Grapefruit schälen, filetieren*, dabei den abtropfenden Saft auffangen. Die ausgelösten Filets in Stücke schneiden.

Alle Früchte vorsichtig mischen. Den aufgefangenen Grapefruitsaft mit dem Sahnequark cremig aufschlagen.

Den Quark mit dem Obstsalat auf zwei Desserttellern anrichten. Die Cashewkerne grob hacken, in einer trockenen Pfanne bei mittlerer Hitze unter Rühren goldbraun rösten* und noch warm über den Obstsalat streuen.

Zucchini-rohkost mit Basilikum

Schnell

Zutaten für 2 Personen
2 Stengel Basilikum
1 Schalotte
2 Teelöffel Aceto Balsamico (Balsamessig) oder Weinessig
Salz
schwarzer Pfeffer, frisch gemahlen
4 Eßlöffel Olivenöl, kaltgepreßt
2 mittelgroße Zucchini

Zubereitungszeit: 15 Minuten

Das Basilikum, nur wenn nötig, waschen, die Blättchen von den Stielen zupfen und feinstreifig schneiden. Die Schalotte schälen und sehr fein würfeln.

Essig, Salz, Pfeffer und Öl zu einer cremigen Marinade aufschlagen. Die Schalotte und das Basilikum unterrühren.

Die Zucchini waschen und putzen. Einen Zucchino in dünne, schräge Scheiben schneiden und zwei Teller damit dachziegelartig auslegen. Den anderen Zucchino auf einer Gemüsereibe grob raspeln und in der Mitte der Teller anrichten. Alles mit der Marinade gleichmäßig beträufeln, mit etwas Pfeffer aus der Mühle übermahlen und sofort servieren.

Tip!

Sie können auch eine andere Rohkost oder einen anderen Salat auswählen. Bitte dann darauf achten, daß nur Lebensmittel aus der neutralen Gruppe oder der Kohlenhydrat-Gruppe dafür verwendet werden.

Kartoffel-gulasch

Preiswert

Zutaten für 2 Personen
1 große Zwiebel
500 g festkochende Kartoffeln
1 Eßlöffel Öl, kaltgepreßt
400 ml Gemüsebrühe
1 Teelöffel getrockneter Majoran
1 grüne Paprikaschote
2 rote Paprikaschoten
1 Teelöffel Paprikapulver, rosenscharf
1/2 Teelöffel Kümmel
Salz
schwarzer Pfeffer, frisch gemahlen
1 Vollkornbrötchen

Zubereitungszeit: 1 Stunde

Die Zwiebel schälen und möglichst klein würfeln. Die Kartoffeln dünn schälen, nur kurz waschen und in etwa 2 cm große Würfel schneiden.

Das Öl in einem Topf nicht zu stark erhitzen, die Zwiebelwürfel darin unter Rühren glasig werden lassen. Die Kartoffelwürfel kurz mit anbraten, dann die Brühe angießen, den Majoran zufügen und alles zum Kochen bringen.

Inzwischen die Paprikaschoten längs halbieren, Kerngehäuse und Trennhäute entfernen. Die Paprikahälften kurz waschen und in etwa 3 cm lange, schmale Streifen schneiden.

Die Gemüsestreifen zum Kartoffelgulasch geben, mit Paprikapulver, Kümmel, Salz und Pfeffer würzen. Alles zugedeckt bei mittlerer Hitze etwa 30 Minuten köcheln* lassen, bis die Kartoffeln gar sind.

Das Kartoffelgulasch nochmals mit den Gewürzen abschmecken. Das Brötchen in dünne Scheiben schneiden und dazu reichen.

Broccoli-Blumenkohl-Salat

Zum Mitnehmen

Zutaten für 2 Personen
250 g Broccoli
250 g Blumenkohl
Salz
50 g Edelpilzkäse (60% Fett i. Tr.)
100 g Vollmilchjoghurt
3 Eßlöffel Gemüsebrühe
schwarzer Pfeffer, frisch gemahlen
1 Eßlöffel Mandelblättchen

Zubereitungszeit: 20 Minuten

Den Broccoli und den Blumenkohl putzen, waschen und in kleine Röschen zerteilen. Blumenkohlröschen in sprudelnd kochendem Salzwasser in 4–5 Minuten, Broccoliröschen in 3–4 Minuten knackig blanchieren*. Eiskalt abschrecken und gut abtropfen lassen.

Den Edelpilzkäse zusammen mit dem Joghurt pürieren* und mit soviel Gemüsebrühe verrühren, daß eine cremige Salatsauce entsteht. Die Sauce mit Salz und Pfeffer abschmecken.

Blumenkohl und Broccoli auf Tellern anrichten, mit der Käsesauce beträufeln und mit den Mandelblättchen bestreuen.

Pochiertes Rinderfilet mit Kohlrabi

Raffiniert

Zutaten für 2 Personen
200 g Rinderfilet
schwarzer Pfeffer, frisch gemahlen
Koriander, gemahlen
1 Bund Suppengemüse
2 große Kohlrabi
1/2 l Gemüsebrühe oder Gemüsefond (aus dem Glas)
Salz
2 Eßlöffel Crème fraîche

Zubereitungszeit: 35 Minuten

Das Rinderfilet kurz waschen, abtrocknen und in gleichmäßige, etwa 1/2 cm dicke Scheiben schneiden. Rundherum pfeffern und mit Koriander bestäuben.

Das Suppengemüse putzen, waschen und in 1–2 cm große Würfel schneiden. Die Kohlrabiknollen schälen oder abziehen, das zarte Kohlrabigrün beiseite legen. Kohlrabi zuerst in Scheiben, dann ebenfalls in kleine Würfel schneiden.

Die Brühe oder den Fond in einem breiten Topf (für den Sie einen Dämpfeinsatz haben) aufkochen lassen. Das Gemüse darin zugedeckt bei mittlerer Hitze etwa 5 Minuten garen.

Die Filetscheiben leicht salzen und auf einem Dämpfeinsatz ausbreiten. In die Brühe tauchen. Die Herdplatte abschalten, das Fleisch in 1–3 Minuten darin garziehen lassen. Die Brühe darf dabei aber nicht mehr kochen.

Das Fleisch und das Gemüse aus der Brühe heben und abtropfen lassen. Zugedeckt warm stellen.

Die Crème fraîche in die Brühe rühren und bei starker Hitze sämig einkochen lassen*. Die Sauce mit Salz und Pfeffer abschmecken, mit dem Fleisch und dem Gemüse auf vorgewärmten Tellern anrichten.

Tip!

Die Käsesauce paßt auch gut zu einem Salat aus Spinat oder knackig gedünsteten Möhren. Oder Sie bereiten damit einen warmen Kartoffelsalat zu, dann gehört der Salat allerdings in die Kohlenhydrat-Gruppe.

Möhren-rohkost

Schnell

Zutaten für 2 Personen
250 g Möhren
1 Handvoll Kerbel (oder Petersilie)
1 1/2 Eßlöffel flüssiger Honig
1 Eßlöffel Olivenöl, kaltgepreßt
1 Eßlöffel Kürbiskernöl
Salz
schwarzer Pfeffer, frisch gemahlen
1 Eßlöffel Kürbiskerne

Zubereitungszeit: 15 Minuten

Die Möhren putzen, waschen und auf einer Gemüsereibe grob raspeln. Den Kerbel waschen, trockentupfen, verlesen, grob hacken und mit den Möhren in einer Schüssel vermischen.

Den Honig mit dem Oliven- und dem Kürbiskernöl, Salz und Pfeffer kräftig verschlagen. Über die Möhrenmischung gießen und unterheben. Die Rohkost auf zwei Teller verteilen, mit den Kürbiskernen bestreuen und sofort servieren.

Käsecrêpes mit Spargel

Vegetarisch

Zutaten für 2 Personen
60 g Mehl (nach Belieben auch Weizenvollkornmehl)
200 ml Mineralwasser
Salz
1 Eigelb
400 g weißer Spargel
400 g grüner Spargel
30 g Butter
1 Handvoll Kerbel (oder Petersilie)
40 g frisch geriebener Käse (zum Beispiel Greyerzer)
1 Tomate

Zubereitungszeit: 45 Minuten

Das Mehl mit dem Mineralwasser, etwas Salz und dem Eigelb zu einem glatten Teig verquirlen und zugedeckt etwa 45 Minuten quellen lassen*.

Inzwischen den Spargel waschen und putzen. Die weißen Stangen ganz, die grünen Stangen nur im unteren Drittel schälen. Spargelstangen dann in mundgerechte Stücke schneiden.

Etwas Salzwasser mit einem kleinen Stückchen von der Butter zum Kochen bringen. Zuerst die weißen Spargelstücke hineingeben und darin etwa 8 Minuten zugedeckt bei mittlerer Hitze köcheln* lassen. Dann die grünen Spargelstücke dazugeben, alles noch 8 Minuten dünsten, bis der Spargel gerade gar ist. Die Spargelstücke abgießen und gut abtropfen lassen.

Ein kleines Stück Butter in einen Topf geben, aufschäumen. Den Spargel zufügen und mit etwas Pfeffer würzen. Den Kerbel waschen, trockentupfen, verlesen, grob hacken und unter den Spargel mischen.

In einer kleinen Pfanne in der restlichen Butter nacheinander 4 dünne Crêpes backen. Dabei jeweils zum Schluß etwas vom geriebenen Käse aufstreuen und schmelzen lassen.

Die Tomate waschen, vom Stielansatz befreien und in Scheiben schneiden. Je ein Viertel des Spargels auf die Mitte der Crêpes legen. Die Crêpes zusammenklappen, mit den Tomatenscheiben garnieren und sofort heiß servieren.

Fenchelsalat mit Oliven

Gelingt leicht

Zutaten für 2 Personen
1 kleine Stange Lauch
Salz
2 kleine Fenchelknollen (etwa 400 g)
5 schwarze Oliven
2 Teelöffel Weißweinessig
2 Eßlöffel Gemüsebrühe
schwarzer Pfeffer, frisch gemahlen
2 Eßlöffel Olivenöl, kaltgepreßt

Zubereitungszeit: 20 Minuten

Den grünen Teil der Lauchstange längs aufschneiden, gründlich waschen und in feine Streifen schneiden. (Den weißen Teil anderweitig verwenden.)

Die Lauchstreifen in sprudelnd kochendem Salzwasser 1 Minute blanchieren*, kalt abschrecken und gut abtropfen lassen.

Inzwischen die Fenchelknollen waschen und putzen, das Grün beiseite legen. Die Knollen vierteln und auf einem Gemüsehobel sehr fein hobeln. Oliven entsteinen und in Streifen schneiden.

Für die Marinade Essig, Gemüsebrühe, Salz und Pfeffer gründlich verrühren. Das Öl unterschlagen.

Fenchel, Lauch und Oliven in einer Schüssel locker vermengen. Die Marinade zufügen und unterheben. Den Salat auf flachen Tellern anrichten.

Schollenröllchen auf Zucchini

Kalorienarm

Zutaten für 2 Personen
250 g Schollenfilets (frisch oder tiefgekühlt)
2 Eßl. Zitronensaft
Salz
weißer Pfeffer, frisch gemahlen
1/2 Bund gemischte Kräuter
80 g Doppelrahmfrischkäse
350 g Zucchini
100 g Schalotten
1 Teelöffel Butter
80 ml Gemüsebrühe

Zubereitungszeit: 35 Minuten

Die frischen oder aufgetauten Schollenfilets kurz unter kaltem Wasser abbrausen und mit Küchenpapier gut trockentupfen. Nebeneinander ausbreiten, mit Zitronensaft beträufeln, salzen und pfeffern.

Die Kräuter waschen und trockenschütteln. Einige Blättchen zum Garnieren beiseite legen und den Rest fein hacken.

Die Kräuter mit dem Frischkäse verrühren. Die Schollenfilets damit bestreichen, vorsichtig aufrollen und mit Holzspießchen zustecken.

Die Zucchini waschen, putzen und in kleine Würfel schneiden. Die Schalotten schälen und fein hacken.

Die Butter in einem breiten Topf aufschäumen und die Schalotten darin glasig werden lassen. Die Zucchini zufügen und kurz mit anbraten, Brühe angießen und alles aufkochen. Die Schollenröllchen auf das Gemüse legen und zugedeckt bei mittlerer Hitze in 5-6 Minuten garen.

Die Schollenröllchen herausheben. Das Gemüse mit Salz und Pfeffer abschmecken und auf vorgewärmten Tellern anrichten. Die Fischröllchen obenauf setzen. Die restlichen Kräuter als Garnitur darüber streuen.

Blumenkohl-Cremesuppe

Für Ungeübte

Zutaten für 2 Personen
300 g Blumenkohl
1 Teelöffel Butter
400 ml Gemüsebrühe
1 Eßlöffel Sahne
Salz
schwarzer Pfeffer, frisch gemahlen
frisch geriebene Muskatnuß
1/2 Kästchen Kresse

Zubereitungszeit: 25 Minuten

Blumenkohl putzen, waschen und in kleine Röschen teilen. Die Butter in einem Topf erhitzen, den Blumenkohl darin unter Rühren kurz anbraten. Mit der Brühe ablöschen und zugedeckt bei schwacher Hitze etwa 12 Minuten köcheln* lassen.

Einige Blumenkohlröschen mit einer Schaumkelle aus der Brühe heben und beiseite stellen. Die Suppe mit dem übrigen Blumenkohl fein pürieren*.

Die Sahne unterrühren. Die Cremesuppe mit Salz, Pfeffer und Muskatnuß abschmecken. Die beiseite gelegten Blumenkohlröschen zurück in die Suppe geben, noch einmal aufkochen lassen.

Die Kresse kurz abbrausen, die Blättchen abschneiden und unter die Suppe ziehen.

Tip!

Wer mag, kann zusätzlich eine Scheibe helles Vollkornbrot oder ein Vollkornbrötchen würfeln, in einer trockenen Pfanne goldgelb rösten und vor dem Servieren über die Suppe streuen.

Salatplatte mit Sahnedressing

Kalorienarm

Zutaten für 2 Personen
2 Möhren
1 Kohlrabi
2 kleine Tomaten
1 kleine Dose Maiskörner (150 g Inhalt)
125 g saure Sahne
3 Eßlöffel Tomatenketchup
1 Teelöffel Zitronensaft
Salz
weißer Pfeffer, frisch gemahlen
1 Prise Cayennepfeffer
2 Eßlöffel Walnußkerne
50 g gemischte Sprossen (nach Belieben)
2 Vollkornbrötchen
4 Teelöffel Butter

Zubereitungszeit: 30 Minuten

Die Möhren putzen, schälen und grob raspeln. Den Kohlrabi putzen und schälen oder abziehen. Kohlrabi zuerst halbieren, dann in dünne Scheiben schneiden.

Die Tomaten waschen, abtrocknen, vierteln oder achteln, dabei die Stielansätze entfernen. Den Mais in einem Sieb abtropfen lassen. Die Möhrenraspel, die Kohlrabischeiben, die Tomatenstücke und die Maiskörner dekorativ auf Tellern anrichten.

Die saure Sahne mit dem Tomatenketchup, dem Zitronensaft, Salz, Pfeffer und Cayennepfeffer glattrühren und abschmecken. Das Sahnedressing über dem Salat verteilen.

Die Walnußkerne grob hacken. Die Sprossen, wenn nötig, kurz waschen und abtropfen lassen. Walnußkerne und Sprossen über den Salat streuen.

Die Brötchen quer halbieren, mit der Butter bestreichen und zur Salatplatte reichen.

Für immer schlank

Vielleicht haben Sie nach der Wunderwoche Ihr Wunschgewicht bereits erreicht. Sie fühlen sich fit, unternehmungslustig und sehen glänzend aus. Bravo! Jetzt können Sie nahtlos zur lockeren GU-Trennkost übergehen und nach Rezepten dieses Buches schlank und aktiv bleiben. Wenn Sie Ihr Wunschgewicht noch nicht ganz erreicht haben: Bleiben Sie am Ball und versuchen Sie Schritt für Schritt an Ihr Ziel zu kommen, die Wunderwoche können Sie ganz ohne Bedenken sofort wiederholen oder mit anderen Rezepten aus diesem Buch ergänzen. Befolgen Sie die Trenn-Regeln fürs richtige Frühstück, Mittag- und Abendessen.

Wie geht es weiter?

Jetzt, da es nicht mehr ums Abnehmen geht, sind Sie vielleicht unsicher, wie es mit Ihrer Ernährung weitergehen soll, was Sie tun können, um Ihre Topform zu erhalten, ohne wieder zuzunehmen. Ganz einfach: Bleiben Sie dem Trenngedanken treu, gehen Sie aber locker damit um. Ihr neues Gewicht stabilisiert sich innerhalb von etwa zwei Monaten, danach können Sie Ihr Gewicht mühelos halten, denn Ihr Stoffwechsel verzeiht Ihnen nun kleine Ausrutscher.

Sichern Sie sich Ihren Erfolg

Sie bleiben mühelos schlank und fit, wenn Sie sich an folgende Regeln halten. Diese Regeln sind keine Gebote oder Verbote, sie sollen Ihnen helfen, sich rundherum wohl zu fühlen:

- Frühstücken Sie ausgiebig mit Eiweiß oder Kohlenhydraten, oder essen Sie reichlich Obst, das zu Eiweiß paßt.
- Trennen Sie eiweißreiche und kohlenhydratreiche Lebensmittel bei den Hauptmahlzeiten.
- Essen Sie weiterhin so oft als möglich mittags eiweißreiche und abends kohlenhydratreiche Gerichte.
- Begrenzen Sie die Eiweißportionen: 120 g Fleisch oder 200 g Fisch genügen.
- Gönnen Sie sich üppige Portionen von kohlenhydratreichen Lebensmitteln wie Salat, Gemüse und Früchte. Getreide wie Dinkel und Grünkern, aber auch Reis und Kartoffeln, sind unersetzlich für Ihre Gesundheit.
- Trinken Sie reichlich, mindestens zwei Liter Wasser oder leichten Kräutertee täglich.
- Kaufen Sie qualitätsbewußt ein: Fleisch und Fisch aus artgerechter Haltung, Gemüse und Salate aus biologischem Anbau. Bevorzugen Sie einheimische Produkte und achten Sie auf das Angebot der Jahreszeiten.
- Planen Sie Ihren Speiseplan so abwechslungsreich wie möglich.
- Kochen und garen Sie schonend mit wenig Fett (Seite 28 bis 31) und vermeiden Sie lange Warmhaltezeiten.
- Genießen Sie das Essen bewußt und schaffen Sie sich dabei eine ruhige und entspannte Atmosphäre.
- Bringen Sie Verständnis auf für gelegentliche Rückfälle und kleine Ausrutscher.

Schlank nach eigenen Rezepten

Durchstöbern Sie Ihre Rezeptsammlung: Sie werden staunen, wie viele Gerichte sich mühelos den Trennkost-Richtlinien anpassen lassen. Hängen Sie sich eine Kopie der Seiten 19–21 in der Nähe von Kühlschrank und Herd auf. Dann genügt ein Blick, um festzustellen, daß Pilze zu Risotto als kohlenhydratreiche Mahlzeit passen und Avocados zum Salatteller mit Garnelen, als Auftakt eines eiweißreichen Essens.

Kontrollieren Sie den Erfolg

In der Übergangszeit sollten Sie Ihr Gewicht einmal wöchentlich überprüfen. Sollte das Gewicht steigen, finden Sie sicher schnell heraus, ob Sie Trenn-Fehler gemacht haben, zu oft schwach wurden oder zu wenig Salate und Gemüse gegessen haben.

Den Teufelskreis sprengen

In der verzweifelten Aussage: »Nach jeder Diät werde ich noch dicker« , steckt tatsächlich ein Körnchen Wahrheit. Denn extreme Diäten haben einen entscheidenden Minuspunkt: Sie sind auf Dauer ungesund, nicht durchführbar und machen tätsächlich dicker. Ernährungsexperten sprechen vom "Setpoint", der bei vielen Diätgeplagten mehrere Kilo über dem Sollgewicht liegt. Wer mit 60 Kilo nach Herzenslust essen kann, ohne seine Linie zu gefährden, sich aber auf modische 55 Kilos herunterhungert, erlebt bei nachlassender Eßdisziplin, daß sich das Gewicht, bei dem er problemlos schlemmen darf, plötzlich bei über 60 Kilo einpendelt. Um sein früheres Gewicht von 60 Kilo zu halten, muß der »Diätgeschädigte« nun extrem wenig essen. Der Körper legt nämlich sicherheitshalber nach einer Diät Reserven an, weil er echte Hungerzeiten und freiwillige Diäten nicht unterscheiden kann. Dieses Jo-Jo-Spiel ist jedoch kein unabänderliches Schicksal, denn mit der GU-Trennkost haben Sie das ewige Auf und Ab der Kilos im Griff, weil Sie sich damit schlank essen und nicht schlank hungern. Wenn Sie im Laufe der Zeit wirklich wieder an Gewicht zugelegt haben sollten, fangen Sie einfach noch mal von vorne an. Am besten mit den Umschalttagen, gefolgt von der Wunderwoche. Es gibt etliche Gründe für eine Gewichtszunahme. Das kann Streß sein, eine Lebenskrise oder einfach der Umstand, daß man sich von seinen vertrauten Ernährungsgewohnheiten noch nicht ganz lösen konnte. Selbst wenn Sie mehr als einen Anlauf brauchen, ist es wichtig, daß Sie sich von Rückschlägen nicht entmutigen lassen. Je nach Anzahl der Diäten, die Sie vor der Trennkost gemacht haben, kann es bis zu sechs Monaten dauern, bis Ihr neues Gewicht problemlos haltbar ist. Sie können sicher sein, sich nach der GU-Trennkost gesünder und linienbewußter zu ernähren als viele andere Menschen. Der Körper »vergißt« dabei Reserven für Hungerzeiten anzulegen, und damit ist der Teufelskreis endgültig gesprengt.

Eine fettarme, ausgewogene Ernährung führt zu Ihrem Wunschgewicht

Schöne Haut und glänzendes Haar

Schon nach der Wunderwoche und besonders nach einiger Zeit GU-Trennkost werden erfreuliche Veränderungen an Haut und Haaren sichtbar. Das machen die vielen Vitalstoffe, die die Zellen schützen wie Vitamin A, C und E. Die Mineralstoffe Zink und Selen können sichtbar verjüngend wirken. Keratin, der Baustoff von Haut, Haaren und Nägeln, ist in schwefelhaltigen Lebensmitteln wie Eiern, Fleisch, Fisch, Knoblauch und Meerrettich enthalten. Ebenfalls unentbehrlich für klare Haut und vitales Haar ist Folsäure, die in Hefe, Innereien, Vollkornprodukten, Weizenkeimen, grünem Gemüse, Milch und Eigelb vorkommt. Nicht zuletzt spielt Flüssigkeit, vor allem Wasser, eine große Rolle, um den Stoffwechsel anzuregen und den Organimus zu entschlacken.

Frühstück

Ein ausgewogenes Frühstück ist das Sprungbrett in einen aktiven und gelungenen Tag. Das gilt für Frühaufsteher ebenso wie für Morgenmuffel, für Süßschnäbel wie für alle, die in der Früh nur Herzhaftes mögen.

Frühstücken nach Trennkost-Regeln ist ganz einfach, sehr abwechslungsreich und macht wenig Arbeit. So können viele der Brotaufstriche am Vorabend zubereitet werden, damit Sie in Ruhe den Morgen genießen können.

Fit für den Tag

In der Regel muß es morgens vor der Schule und dem Job schnell gehen, da bleibt oft nicht viel Zeit für die erste Mahlzeit. Das richtige Frühstück aber entscheidet über Ihr Wohlbefinden, denn mit einer ausgewogenen Zusammenstellung können Sie wichtige Energie für die erste Tageshälfte tanken. Da die Frühstücksgewohnheiten jedes Einzelnen unterschiedlich sind, finden Sie Rezeptvorschläge für herzhafte und süße Starts in den Morgen. Dabei können Sie es sich täglich neu nach Lust und Laune aussuchen, ob Sie eiweißreich, kohlenhydratreich oder sogar neutral frühstücken möchten. Natürlich können Sie unsere Vorschläge abwandeln oder sich auch Ihr ganz individuelles Frühstück zusammenstellen. Orientieren Sie sich im Zweifel an den Listen auf den Seiten 19–21.
Wer eher zu den Frühstücksmuffeln gehört und in der Früh gar nichts essen mag, sollte sich zumindest für den frühen Vormittag einen kohlenhydratreichen Snack mitnehmen wie beispielsweise das Müsli mit Kernen (Seite 72) oder ein mit Käse belegtes Vollkornbrötchen.

Das eiweißreiche Frühstück

Wenn Sie sich für diese Gruppe entscheiden, können Sie zwischen Eiergerichten und Zubereitungen mit Käsesorten unter 45% Fett i. Tr. wählen. Die Eiergerichte lassen sich mit Gemüse, Kräutern und Käse kombinieren, sie werden jedoch im Sinne der Trennkost immer ohne Brot gegessen. Milchprodukte wie Joghurt, Quark oder Dickmilch mit Früchten aus der Eiweiß-Liste machen die Vielfalt größer.

Vitaminreiche erfrischende Zitrusfrüchte kombiniert mit eiweißreichem Quark sind ein optimaler Start in den Tag – auch für Frühstücksmuffel

Das Obstfrühstück

Wer mag, kann sich auch nur an frischem Obst der Saison sattessen. Dabei sollten Sie aber nur Früchte miteinander kombinieren, die entweder zur Kohlenhydrat- oder zur Eiweißgruppe zählen. Der Grund, warum bestimmte Obstsorten der Eiweißgruppe zugeordnet werden, liegt am Säuregehalt der Früchte; Eiweiß enthalten die Obstsorten nicht.

Das kohlenhydratreiche Frühstück

Hierzu gehören die belegten Brote und Brötchen ebenso wie das Müsli. Für ein Müsli können Sie unter den vielfältigen Getreidesorten auswählen. Dazu paßt süßes Obst oder ungeschwefeltes Trockenobst. Alle gesäuerten Milchprodukte wie Joghurt, Quark, saure Sahne, Buttermilch, Kefir und Dickmilch lassen sich gut damit kombinieren. Müsli

Vollkornbrot enthält komplexe Kohlenhydrate, die fit machen

können Sie außerdem mit Nüssen, Sesam-, Leinsamen oder Sonnenblumenkernen aufpeppen. Bei Broten und Brötchen sollten Sie die Vollkornvariante bevorzugen. Sie liefert uns vorwiegend günstige Kohlenhydrate in Form von Stärke. Gleichzeitig auch wertvolle Ballaststoffe, Vitamine und Mineralstoffe.

Wenn Sie Lust und etwas Zeit haben, können Sie Brote und Brötchen selberbacken. Das lohnt sich auf jeden Fall; allein schon wegen des Geschmacks.
Als Belag sind alle Käsesorten geeignet, die über 45% Fett i. Tr. enthalten sowie alle Weißkäsesorten wie zum Beispiel Frisch- und Hüttenkäse. In kleinen Mengen können Sie sich auch rohen Schinken, Salami oder Räucherlachs aufs Brot legen.
Übrigens, wenn Sie neutral gekennzeichnete Aufstriche, wie die auf Seite 79, aufs Brot streichen, ergibt sich daraus eine kohlenhydratreiche Mahlzeit.
Die Süßschnäbel sollten beim Frühstück am besten zu Honig oder Konfitüre aus Obst mit viel Fruchtsüße greifen. Die Konfitüren bereiten Sie am besten in kleinen Mengen frisch zu, füllen sie in Schraubverschlußgläser und bewahren sie gut verschlossen im Kühlschrank auf.

Selbstgemachte Konfitüren

Kochen Sie zum Beispiel 250 g zerkleinerte reife, süße Früchte wie zum Beispiel Aprikosen etwa 5 Minuten mit 5–6 Eßlöffeln Apfel- oder Birnendicksaft und geben zum Gelieren 1/2 Teelöffel Agar-Agar (Reformhaus oder Bioladen) dazu. Sie können die Hälfte der frischen Früchte auch durch zerkleinerte Trockenfrüchte austauschen.

Was heißt beim Käse eigentlich "Fett i. Tr."?

Bei der Käseherstellung gibt es die Fachbegriffe Trockenmasse und Wassergehalt. Während sich der Wassergehalt während der Reifung und Lagerung verringert, verändert sich die Trockenmasse kaum. Aus diesem Grund geben die Hersteller den Fettgehalt der Käse in Prozent der Trockenmasse = Fett i. Tr. an. Dieser Wert ist aber nicht der reale Fettgehalt eines Käses, sondern eben der der Trockenmasse. Als Faustregel kann man sich merken: Der als Fett i. Tr. angegebene Wert ist ungefähr doppelt so hoch wie der eigentliche Fettgehalt. So enthält beispielsweise ein Allgäuer Emmentaler mit 45% Fett i. Tr. real nur rund 28 g Fett.

Was trinkt man zum Frühstück?

Auf ein bis zwei Tassen Kaffee oder schwarzen Tee, nach Belieben auch mit etwas Sahne verfeinert, brauchen Sie nicht zu verzichten. Oder Sie trinken Kräuter- oder Mate-Tee, der mit einem Teelöffel Honig pro Tasse gesüßt werden kann. Milchfans können ein Glas Vollmilch genießen, die auch mit Carob-Pulver (Reformhaus oder Bioladen) oder einem Teelöffel Honig aromatisiert werden kann.
Wer morgens gerne einen Obstsaft trinkt, sollte das nicht direkt zu einem kohlenhydratreichen Frühstück tun, denn Säfte zählen zur Eiweißgruppe. Besser ist es, zuerst den Saft zu trinken und dann bis zum Frühstück ungefähr 20 Minuten zu warten. Ganz besonders aromatisch und vitaminreich sind frisch gepreßte Säfte. Bei fertig gekauften Säften darauf achten, daß sie keinen zusätzlichen Zucker enthalten.

Müsli mit Kernen

Schnell

Zutaten für 4 Personen
10 Eßlöffel Flockenmischung
4 Eßlöffel Quark (20 % Fett i.Tr.)
2 Becher Naturjoghurt (à 175 g)
4 Teelöffel Honig
4 kleine süße Äpfel
2 Bananen
2 Eßlöffel Mandeln
2 Eßlöffel Sonnenblumenkerne
4 Eßlöffel Rosinen

Zubereitungszeit: 20 Minuten

Die Flockenmischung mit dem Quark, dem Joghurt und dem Honig gut vermischen.

Die Äpfel waschen und ungeschält direkt dazuraspeln. Die Bananen schälen, in Scheiben schneiden und dazugeben.

Die Mandeln hacken, mit den Sonnenblumenkernen und den Rosinen unter das Flockenmüsli mischen.

Tip!

Anstelle der Sonnenblumenkerne Kürbiskerne, Sesamsamen oder auch Hasel- oder Walnußkerne nehmen.

Joghurt mit Pflaumen

Gut vorzubereiten

Zutaten für 4 Personen
16-20 getrocknete Pflaumen
4 Becher Naturjoghurt (à 175 g)

Zubereitungszeit: 5 Minuten
Einweichzeit: über Nacht

Die Trockenpflaumen über Nacht in 250 ml Wasser einweichen.

Am Morgen jeweils 1 Becher Joghurt in ein Schälchen geben und cremig rühren. Die Pflaumen zusammen mit dem Saft auf die Schälchen verteilen.

Tip!

Besonders aromatisch wird der Saft, wenn Sie die Pflaumen vor dem Einweichen mit einem scharfen Messer einschneiden oder bereits entkernte Pflaumen verwenden.

Brötchen mit Avocadoquark

Raffiniert

Zutaten für 4 Personen
1 reife Avocado
1 Teelöffel Zitronensaft
4 Eßlöffel Quark (20 % Fett i. Tr.)
2-3 Eßlöffel Milch
schwarzer Pfeffer, frisch gemahlen
Salz
2 Eßlöffel feingehackter Dill
4 Vollkornbrötchen

Zubereitungszeit: 15 Minuten

Die Avocado halbieren und den Kern entfernen. Das Fruchtfleisch mit einem Löffel aus den Hälften lösen, klein würfeln und sofort mit Zitronensaft vermischen, damit es sich nicht dunkel färbt.

Den Quark mit der Milch glattrühren, mit Pfeffer und Salz abschmecken. Den Dill unterheben.

Avocado unter den Quark ziehen. Die Brötchen halbieren und die Creme auf den Hälften verteilen.

Im Bild vorne:
Joghurt mit Pflaumen
Im Bild hinten, links:
Müsli mit Kernen
Im Bild hinten, rechts:
Brötchen mit Avocadoquark

Porridge mit Zimt

Klassiker

Zutaten für 4 Personen
Salz
200 g Haferflocken
4 Eßlöffel Zucker
1 Teelöffel Zimtpulver

Zubereitungszeit: 15 Minuten

In einem Topf 1/4 l Wasser mit 1 Prise Salz zum Kochen bringen. Die Haferflocken darin unter Rühren aufkochen lassen.

Den Topf vom Herd nehmen und die Haferflocken mindestens 10 Minuten quellen lassen.

Den Porridge in eine Schüssel oder in vier Portionsschälchen füllen. Den Zucker mit dem Zimt vermischen und über den Haferbrei streuen. Nach Belieben kalte flüssige Sahne dazu reichen.

Tip!

Wer mag, kann den Porridge auch mit etwas frisch geriebenem Ingwer oder Ingwerpulver würzen. Dafür aber den Zimt weglassen.

Kerniges Flockenmüsli

Gelingt leicht

Zutaten für 4 Personen
50 g gehackte Haselnußkerne
20 g ungeschälte Sesamsamen
20 g Leinsamen
60 g Korinthen
2 Eßlöffel Apfelkraut
1 Eßlöffel Butter
75 g gemischte Vollkornflocken
1 große Banane
250 ml Kefir
1 Päckchen Vanillezucker
1 kleiner süßer Apfel

Zubereitungszeit: 30 Minuten

Die Haselnußkerne und den Sesam in einer trockenen Pfanne unter Rühren goldbraun rösten. In einer Schüssel mit Leinsamen und Korinthen vermischen.

Das Apfelkraut und die Butter in einer Pfanne bei schwacher Hitze verrühren und schmelzen lassen. Die Flocken einrühren und einige Minuten unter Rühren rösten. Zu den Nüssen, Sesam, Leinsamen und Korinthen geben.

Die Banane schälen, mit dem Kefir und dem Vanillezucker im Mixer oder mit dem Pürierstab pürieren. Den Apfel waschen und ohne das Kerngehäuse direkt in den Kefir reiben. Zum Servieren den Kefir über das Müsli geben.

Schokomüsli mit Äpfeln

Für Gäste

Zutaten für 4 Personen
50 g Zartbitter-Schokolade
50 g weiße Schokolade
75 g gemischte Vollkornflocken
100 g getrocknete Aprikosen
4 süße, feste Äpfel
1 Teelöffel Zitronensaft
1/2 l Milch

Zubereitungszeit: 40 Minuten

Von beiden Schokoladensorten zuerst mit einem Sparschäler einige Späne abziehen und zum Garnieren beiseite legen.

Die restliche Schokolade fein hacken und mit den Vollkornflocken mischen. Die Aprikosen in feine Streifen schneiden und dazugeben.

Äpfel waschen und abtrocknen. Einen Apfel vierteln, entkernen und in Spalten schneiden. Einen zweiten Apfel vierteln, entkernen und klein würfeln. Die beiden übrigen Äpfel grob raspeln, mit Zitronensaft vermischen. Alles zu den Vollkornflocken geben.

Das Müsli in Schälchen füllen, mit Apfelspalten und Schokoladenspänen garnieren. Am Tisch jeweils etwas Milch über das Schokomüsli gießen.

Feigen-Reis-Müsli

Braucht etwas Zeit

Zutaten für 4 Personen
1 Vanilleschote
1/2 l Milch
125 g Naturreis
150 g getrocknete Feigen
4 1/2 Eßlöffel Ahornsirup oder Honig
50 g gemischte Vollkornflocken
150 g Vollmilch-Joghurt
Zitronenmelisse zum Garnieren

Zubereitungszeit: 1 1/4 Stunden

Die Vanilleschote längs aufschlitzen und das Mark mit einer Messerspitze herauskratzen. Vanillemark, Schote und 400 ml Milch in einem Topf verrühren und aufkochen. Den Reis einstreuen und zugedeckt bei ganz schwacher Hitze 30–60 Minuten (je nach Sorte) ausquellen lassen*. Zum Abkühlen beiseite stellen.

Die Feigen unter heißem Wasser abspülen, abtropfen lassen und kleinschneiden. Je nach Sorte eventuell in warmem Wasser einweichen.

Die Vanilleschote aus dem Reis entfernen. Den Reis mit einer Gabel auflockern und mit dem Ahornsirup oder dem Honig süßen. Die Feigen und die Getreideflocken untermischen. Zuletzt noch die restlichen 100 ml Milch mit dem Joghurt verrühren und unter das abgekühlte Müsli ziehen. Mit ein paar Melisseblättchen garnieren.

Joghurt mit Trauben

Schnell

Zutaten für 4 Personen
300 g weiße Trauben
300 g blaue Trauben
12 frische Minzeblättchen
4 Becher Naturjoghurt, teilentrahmt oder Magerjoghurt, à 175 g

---

Zubereitungszeit: 15 Minuten

Die Trauben sorgfältig waschen, abtropfen lassen. Die Beeren abzupfen und halbieren. Nach Belieben auch entkernen. Die Minzeblättchen waschen.

Den Joghurt in einer Schüssel sämig rühren, die Trauben unterheben. Den Traubenjoghurt mit den Minzeblättchen dekorieren.

Zitrussalat mit Walnußquark

Vitaminreich

Zutaten für 4 Personen
4 kleine Orangen
3 Grapefruits (z.B. die süßen Sweeties)
500 g Quark (20 % Fett i. Tr.)
100 g Walnußkerne
Zimtpulver

Zubereitungszeit: 20 Minuten

Die Orangen und die Grapefruits schälen, auch die weiße Haut vollständig entfernen. Dann die einzelnen Fruchtfilets zwischen den Segmenten herausschneiden, dabei den abtropfenden Saft auffangen.

Den aufgefangenen Orangen- und Grapefruitsaft mit dem Quark verrühren. Einige Walnußkerne zum Garnieren beiseite legen. Die übrigen fein hacken und unter den Quark rühren. Den Nußquark mit etwas Zimtpulver abschmecken.

Den Quark auf vier flache Teller verteilen. Die Orangen- und die Grapefruitfilets dekorativ darauf arrangieren, die restlichen Walnußkerne darüber streuen.

Käseomelett mit Tomaten

Schnell

Zutaten für 4 Personen
8 Eier
Salz
schwarzer Pfeffer, frisch gemahlen
1 Bund Schnittlauch
200 g würziger Hartkäse
2 Eßlöffel Butter
6 kleine, feste Tomaten

Zubereitungszeit: 20 Minuten

Die Eier verquirlen, mit Salz und Pfeffer würzen. Den Schnittlauch waschen, trockentupfen und in feine Röllchen schneiden. Den Käse klein würfeln, beides unter die Eimasse mischen.

In zwei beschichteten Pfannen jeweils gut 1/2 Eßlöffel Butter aufschäumen lassen. Aus der Eimasse darin bei schwacher Hitze zwei Omeletts backen.

Die Tomaten waschen und ohne den Stielansatz in Scheiben schneiden. Die restliche Butter in der Pfanne aufschäumen, die Tomatenscheiben darin kurz braten. Die Omeletts halbieren und die Tomaten damit anrichten.

Spiegeleier mit Speck und Grilltomaten

Würzig

Zutaten für 4 Personen
4 mittelgroße Tomaten
2 Eßlöffel neutrales Öl
Salz
schwarzer Pfeffer, frisch gemahlen
200 g Frühstücksspeck in dünnen Scheiben
4 Eier
Paprikapulver, edelsüß
Backpapier für das Backblech

Zubereitungszeit: 20 Minuten

Den Grill oder den Backofen auf 250° vorheizen. Das Blech mit Backpapier belegen.

Die Tomaten waschen, trockentupfen und längs halbieren, dabei die Stielansätze entfernen. Die Schnittflächen mit Öl bestreichen und mit Salz und Pfeffer würzen. Die Tomaten mit den Schnittflächen nach oben auf das Blech setzen und unter dem Grill oder im Ofen etwa 7 Minuten grillen, bis die Oberflächen leicht gebräunt sind.

In der Zwischenzeit den Speck in einer großen trockenen Pfanne von beiden Seiten knusprig braten. Herausnehmen und zugedeckt warm stellen.

Die Eier behutsam in das Speckfett schlagen und bei schwacher Hitze so lange braten, bis das Eiweiß gestockt ist. Eier salzen, pfeffern und mit dem Paprikapulver bestäuben.

Die Eier mit dem Speck und den Tomaten auf Tellern anrichten.

Spiegeleier mit Balsamessig

Raffiniert

Zutaten für 4 Personen
1 Eßlöffel Butter
8 Eier
Salz
weißer Pfeffer, frisch gemahlen
1 Eßlöffel Aceto Balsamico (Balsamessig)

Zubereitungszeit: 15 Minuten

Zwei Pfannen mit Butter auspinseln. Die Eier hineingleiten lassen, bei schwacher Hitze etwa 5 Minuten braten. Mit etwas Salz und Pfeffer bestreuen.

Den Essig in die Pfannen geben, kurz aufkochen lassen und über die Eier gießen. Sofort servieren.

Im Bild:
Käseomelett mit Tomaten

Rühreier mit Schnittlauch

Klassiker

Zutaten für 4 Personen
8 Eier
Salz
Pfeffer, frisch gemahlen
1 Bund Schnittlauch
2 Eßlöffel Butter

Zubereitungszeit: 10 Minuten

Die Eier in einer Rührschüssel aufschlagen und kräftig mit dem Schneebesen verquirlen. Mit Salz und Pfeffer würzen.

Den Schnittlauch waschen, gut trockentupfen und in feine Röllchen schneiden.

Die Butter in ein oder zwei Pfannen erhitzen, aber nicht braun werden lassen. Die Eier hineingeben und bei schwacher Hitze langsam stocken lassen. Ab und zu mit einem Pfannenwender vorsichtig umrühren, die Eier sollen aber nicht zerrupft, sondern lediglich umgeklappt werden.

Die Rühreier sind fertig, sobald sie gestockt, jedoch noch cremig und glänzend sind. Dann sofort aus der Pfanne nehmen, mit Schnittlauch bestreuen und auf vorgewärmten Tellern servieren. Zu lange gegart, werden die Eier stumpf, trocken und hart.

Kräuter-Pilz-Omelett

Für Gäste

Zutaten für 4 Personen
1 Bund Petersilie
400 g frische Pilze, z.B. Champignons oder Egerlinge
4 Eßlöffel Butter
Salz
weißer Pfeffer, frisch gemahlen
8 Eier

Zubereitungszeit: 25 Minuten

Die Petersilie waschen, trockenschütteln. Die Blättchen von den Stielen zupfen und hacken.

Von den Pilzen die Stielenden abschneiden, die Pilze mit einem feuchten Tuch abreiben und vierteln. In einer Pfanne 1 1/2 Eßlöffel von der Butter erhitzen und die Pilze darin etwa 5 Minuten bei schwacher Hitze braten. Mit Salz und Pfeffer würzen, zuletzt die gehackte Petersilie untermischen. Die Pilze warm stellen.

Die Eier in einer Schüssel kräftig verquirlen, mit Salz und Pfeffer würzen. In einer großen beschichteten Pfanne 1 1/2 Eßlöffel von der Butter erhitzen, aber nicht braun werden lassen. Die Hälfte der Eier dazugeben und bei schwacher Hitze etwa 2 Minuten stocken lassen, ohne dabei umzurühren.

Das Omelett durch Rütteln der Pfanne vom Pfannenboden lösen. Mit einem Pfannenwender von zwei Seiten zur Mitte stürzen und warm stellen. Auf die gleiche Weise das zweite Omelett backen.

Die Omeletts mit den Pilzen füllen und halbieren. Auf vorgewärmten Tellern anrichten und sofort servieren.

Variante:

Bereiten Sie Omelett auch mal mit Zucchini zu. Dafür 500 g Zucchini waschen, putzen und klein würfeln. In heißem Olivenöl bißfest braten. Mit je 2 Eßlöffeln gehackter Petersilie und geriebenem Hartkäse vermischen. Nach Belieben eine Knoblauchzehe dazupressen. Das Ganze salzen und pfeffern und die fertigen Omeletts damit füllen.*

Tomaten-Kräuter-Creme

Raffiniert

Zutaten für 4 Personen
2 Eßlöffel Pinienkerne
2 Bund Basilikum
1 kleine Knoblauchzehe
150 g reife, feste Tomaten
2-3 Eßlöffel gemahlene Mandeln
40 ml kaltgepreßtes Olivenöl
Salz
schwarzer Pfeffer, frisch gemahlen

Zubereitungszeit: 30 Minuten

Die Pinienkerne in einer trockenen Pfanne leicht rösten. Die Basilikumblättchen von den Stengeln zupfen, die Knoblauchzehe schälen. Die Tomaten kurz mit kochendem Wasser überbrühen*, kalt abschrecken, häuten, vierteln und die Kerne entfernen.

Die Pinienkerne, die Basilikumblättchen, den Knoblauch, die Tomaten und 2 Eßlöffel Mandeln mit dem Olivenöl und etwas Salz im Mixer oder mit dem Pürierstab fein pürieren.

Die Creme soll streichfähig sein; falls notwendig noch Mandeln unterrühren. Salzen und pfeffern.

Die Creme schmeckt gut zum Dinkel-Kastenbrot (Seite 87).

Ricotta-Aufstrich

Würzig

Zutaten für 4 Personen
50 g Pinienkerne
1 kleiner Zweig frischer Thymian
1 kleiner Zweig frischer Rosmarin
100 g Gorgonzola (50% Fett i. Tr.)
200 g Ricotta (italienischer Frischkäse), ersatzweise Magerquark
2 Eßlöffel saure Sahne
1 Knoblauchzehe
Salz
weißer Pfeffer, frisch gemahlen

Zubereitungszeit: 15 Minuten

Die Pinienkerne fein hacken, in einer trockenen Pfanne goldgelb rösten. Beiseite stellen.

Die Kräuter waschen, die Blättchen oder Nadeln von den Stielen zupfen und fein hacken.

Den Gorgonzola mit einer Gabel zerdrücken. Mit Ricotta und saurer Sahne in einer Schüssel glattrühren. Die Pinienkerne und die Kräuter zufügen. Den Knoblauch schälen und dazudrücken.

Alle Zutaten gut vermengen. Den Aufstrich mit Salz und Pfeffer abschmecken.

Mit dem Vollkorn-Walnußbrot (Seite 84) servieren.

Kräutertopfen aus Kärnten

Schnell

Zutaten für 4 Personen
250 g Topfen (Quark mit 20 % Fett i. Tr.)
50 g weiche Butter
1 Eßlöffel saure Sahne
1 kleine Zwiebel
1 Knoblauchzehe
50 g gemischte frische Kräuter (z.B. Petersilie, Dill, Kerbel, Estragon, Minze und Kresse)
1 Messerspitze gemahlener Kümmel
Salz
weißer Pfeffer, frisch gemahlen

Zubereitungszeit: 15 Minuten

Den Topfen mit der Butter und der sauren Sahne in einer Schüssel verrühren.

Die Zwiebel schälen, fein hacken und hinzufügen. Die Knoblauchzehe schälen und durch die Presse dazudrücken.

Die Kräuter waschen, trockenschwenken, von den groben Stielen befreien, fein hacken und unterrühren.

Den Kräutertopfen mit Kümmel, Salz und Pfeffer abschmecken.

Dazu warme Kreuzsemmeln oder Milchbrötchen (Seite 82) reichen.

Fitneß-Brötchen

Braucht etwas Zeit

Zutaten für 12 Stück
400 g Weizenmehl (Type 405)
1 Würfel Hefe (42 g)
250 ml lauwarmes Wasser
1 Eßlöffel Öl
1 Teelöffel Salz
Butter für das Backblech
Zum Bestreuen:
1 Teelöffel Mohnsamen
1 Teelöffel Sesamsamen
1 Teelöffel Kümmelsamen
1 Teelöffel Leinsamen

Ruhezeit: 40 Minuten
Zubereitungszeit: 30 Minuten
Backzeit: 40 Minuten

Mehl in eine Schüssel sieben, die Hefe in die Mitte bröckeln, mit Zucker bestreuen, dann mit dem Wasser zu einem dünnen Brei verrühren. Den Vorteig zugedeckt 15 Minuten an einen warmen Ort gehen lassen.

Restliches Mehl, Öl und Salz nach und nach unter den Vorteig kneten. Den Teig zugedeckt nochmals 15 Minuten ruhen lassen. Das Backblech fetten.

Den Teig gründlich kneten, dann in 12 gleich große Stücke teilen. Jedes Stück mit nassen Händen zu einer Kugel formen. Die Teigkugeln auf dem Blech verteilen, etwas flachdrücken, mit Wasser bestreichen, mit den Samen bestreuen und leicht andrücken.

Die Brötchen zugedeckt an einem warmen Platz gehen lassen, bis sich ihr Teigvolumen um ein Drittel vergrößert hat. Den Backofen auf 200° vorheizen. Eine Tasse mit Wasser in den Ofen stellen.

Die Brötchen in 30–35 Minuten im Ofen (Mitte) goldgelb backen. Anschließend noch 5 Minuten im ausgeschalteten Ofen lassen.

Fertige Brötchen auf ein Kuchengitter legen und rundherum mit kaltem Wasser bestreichen.

Krustenbrötchen

Raffiniert

Zutaten für 12 Stück
400 g Weizenmehl (Type 405)
1 Würfel Hefe (42 g)
2 Teelöffel Zucker
250 ml lauwarmes Wasser
1 Eßlöffel Schweineschmalz
1 Teelöffel Salz
Butter für das Backblech
Zum Bestreichen:
1 Eßlöffel flüssiger Honig
1 Eßlöffel Essig
1 Eßlöffel grobes Salz

Zubereitungszeit: 20 Minuten
Backzeit: 40 Minuten

Mehl in eine Schüssel geben, die Hefe hineinbröckeln, mit Zucker bestreuen und mit Wasser verrühren. Zugedeckt etwa 15 Minuten warm stellen.

Übriges Mehl, weiches Schmalz und das Salz unter den Vorteig kneten. Weitere 15 Minuten ruhen lassen. Das Blech fetten.

Danach den Teig gründlich kneten, in 12 gleich große Stücke teilen und mit nassen Händen Brötchen oder Brezeln formen. Auf das Blech legen. Honig und Essig glattrühren. Die Teigstücke damit bestreichen und mit Salz bestreuen. Nochmals zugedeckt 10 Minuten gehen lassen.

Eine Tasse Wasser in den kalten Backofen stellen. Die Brötchen in 30–35 Minuten im Ofen (Mitte) bei 200° goldbraun backen. Danach noch 5 Minuten im ausgeschalteten Ofen stehenlassen.

Krustenbrötchen auf ein Kuchengitter legen und von allen Seiten mit kaltem Wasser besprühen.

Dazu paßt die Tomaten-Kräuter-Creme (Seite 79).

Krustenbrötchen und Fitneß-Brötchen ganz frisch essen oder noch lauwarm einfrieren

Warme Kreuzsemmeln

Für Gäste

Zutaten für 18 Stück
500 g Mehl
1 Teelöffel Würzmischung aus Zimt- und Nelkenpulver sowie Muskatnuß, frisch gerieben
1/2 Würfel Hefe (20 g)
50 g Zucker
200 ml lauwarme Milch
100 g Butter
1 Prise Salz
50 g Rosinen
Backpapier für das Blech

Ruhezeit: 55 Minuten
Zubereitungszeit: 30 Minuten
Backzeit: 15 Minuten

Das Mehl und die Gewürzmischung in eine Schüssel sieben. In die Mitte eine Mulde drücken. Dahinein die Hefe bröckeln und mit 1 Teelöffel Zucker, 3 Eßlöffeln Milch und etwas Mehl vom Rand verrühren. Den Vorteig zugedeckt an einem warmen Ort etwa 10 Minuten gehen lassen.

Die Butter in der restlichen Milch schmelzen lassen und mit dem übrigen Zucker und dem Salz zum Vorteig geben. Die Zutaten mit den Knethaken des elektrischen Handrührgeräts oder in der Küchenmaschine so lange kneten, bis sich der Hefeteig vom Schüsselrand löst.

Die Rosinen heiß abwaschen, trockentupfen und unterheben. Den Teig zugedeckt an einem warmen Platz etwa 30 Minuten gehen lassen, bis sich sein Volumen verdoppelt hat.

Den Backofen auf 200° vorheizen. Das Blech mit Backpapier auslegen. Aus dem Teig 18 eigroße Semmeln formen und auf das Backblech setzen. Zugedeckt nochmals etwa 15 Minuten gehen lassen.

Mit einem Messer jeweils ein Kreuz in die Oberfläche der Semmeln schneiden. Die Kreuzsemmeln im Ofen (Mitte) in 15–20 Minuten goldgelb backen und sofort servieren.

Milchbrötchen

Aus England

Zutaten für 8 Stück
250 g Mehl
3 Teelöffel Backpulver
50 g Butter
150 ml Milch
1 Teelöffel Zucker
1 Prise Salz
Backpapier für das Backblech
1 Eigelb zum Bestreichen

Ruhezeit: 15 Minuten
Zubereitungszeit: 40 Minuten
Backzeit: 20 Minuten

Das Mehl mit dem Backpulver in eine Schüssel sieben. Die Butter kleinschneiden und mit der Milch, dem Zucker und dem Salz dazugeben. Mit den Knethaken des elektrischen Handrührgeräts alle diese Zutaten zu einem geschmeidigen Teig verarbeiten.

Den Teig anschließend mit den Händen gründlich durchkneten und zu einer etwa 16 cm langen Rolle formen. Die Rolle etwa 15 Minuten zugedeckt kühl stellen.

Den Backofen auf 220° vorheizen. Das Blech mit Backpapier auslegen. Die Teigrolle in 8 gleich große Scheiben schneiden und zu Kugeln formen. Nebeneinander auf das Backblech setzen.

Das Eigelb verquirlen und die Brötchen damit bestreichen. Im Ofen (Mitte) in etwa 20 Minuten goldbraun backen.

Mit Mandel-Vanille-Butter (Seite 90), roher Erdbeerkonfitüre (Seite 90) oder Akazienhonig mit Nüssen (Seite 91) servieren.

Hefe-Muffins

Berühmtes Rezept

Zutaten für 20 Stück
500 g Mehl
1 Würfel Hefe (42 g)
1 Teelöffel Zucker
375 ml lauwarme Milch
1 Prise Salz
40 g Butter
Zum Bestreichen:
1 Eigelb
1 Eßlöffel Milch
Außerdem:
Fett für die Förmchen

Ruhezeit: 55 Minuten
Zubereitungszeit: 15 Minuten
Backzeit: 20 Minuten

Das Mehl in eine Rührschüssel sieben. In die Mitte eine Mulde drücken. Dahinein die Hefe bröckeln und mit dem Zucker, der Hälfte der Milch und etwas Mehl vom Rand zu einem Vorteig verrühren. Die Schüssel zugedeckt für etwa 15 Minuten an einen warmen Ort stellen.

Die übrige Milch, das Salz und die Butter hinzufügen. Den Teig mit den Knethaken des elektrischen Handrührgeräts oder in der Küchenmaschine so lange kneten, bis er glänzt und sich vom Schüsselrand löst. Zugedeckt noch etwa 20 Minuten an einem warmen Platz ruhen lassen.

Den Backofen auf 200° vorheizen. Muffinförmchen oder ein Backblech einfetten. Aus dem Teig mit bemehlten Händen etwa tischtennisgroße Kugeln formen, in die Förmchen oder nebeneinander auf das Backblech setzen und etwa 20 Minuten zugedeckt ruhen lassen.

Das Eigelb und die Milch miteinander verquirlen. Die Muffins damit bestreichen und im Ofen (unten) etwa 20 Minuten backen.

Warm mit Butter und Pflaumen-Aufstrich (Seite 90) servieren.

Haselnuß-hörnchen

Braucht etwas Zeit

Zutaten für etwa 12 Stück
250 g Mehl
125 g Butter oder Margarine
20 g Zucker
1/2 Würfel frische Hefe (20 g)
4 Eßlöffel Milch
1 Prise Salz
1 Eigelb
125 ml Wasser
125 g Zucker
250 g gemahlene Haselnüsse
30 g weiche Butter
abgeriebene Schale von einer unbehandelten Zitrone
2 Eßlöffel Crème fraîche
2 Eßlöffel Orangenlikör
1 Ei zum Bestreichen

Ruhezeit: 1 1/4 Stunden
Zubereitungszeit: 1 Stunde 10 Minuten
Backzeit: 35 Minuten

Mehl, kleingeschnittene Butter und Zucker auf die Arbeitsfläche häufen. Alles mit einem großen Messer bröselig hacken.

Die Hefe in der Milch auflösen. Mit Salz und Eigelb zur Mehlmasse geben. Alles durchhacken, mit den Händen zu einem festen Teig verkneten. Zugedeckt etwa 45 Minuten gehen lassen.

Wasser und übrigen Zucker 10 Minuten kochen lassen. Dann Nüsse, Butter, Zitronenschale, Crème fraîche und den Likör unterrühren.

Aus dem Teig mit nassen Händen 12 etwa 7 cm lange Rollen formen. Auf wenig Mehl 3–4 mm dick ausrollen. Dann in etwa 8 x 10 cm große Rechtecke schneiden. Jeweils ein wenig von der Nußfüllung in die Mitte geben. Den Teig aufrollen, zu Hörnchen formen und nebeneinander auf das mit Backpapier ausgelegte Blech legen.

Das Ei verquirlen, die Hörnchen damit bestreichen und etwa 30 Minuten gehen lassen. Inzwischen den Backofen auf 180° vorheizen. Die Haselnußhörchen im Ofen (Mitte) in 30–35 Minuten goldbraun backen.

Vollkorn-Walnußbrot

Für Gäste

Zutaten für 1 Brot von etwa 1 kg
150 g Walnußkerne
100 g grober Weizenschrot
350 g Weizenmehl (Type 550 oder 405)
150 g Roggenmehl (Type 997)
1 Würfel Hefe (42 g)
1 Eßlöffel brauner Zucker
250 ml lauwarmes Wasser
125 ml lauwarme Milch
100 g Sahne
3 Teelöffel Salz
Backpapier für das Blech
2 Eßlöffel Roggenmehl zum Formen

Ruhezeit: 45 Minuten
Zubereitungszeit: 30 Minuten
Backzeit: 1 1/4 Stunden

Die Nußkerne grob hacken und in einer trockenen schweren Pfanne unter Wenden rösten*, bis sie duften. Die Nüsse herausnehmen und in eine große Rührschüssel füllen. Den Weizenschrot in der Pfanne ebenfalls unter öfterem Wenden rösten. Den Schrot zu den Nüssen geben und gründlich untermischen.

Die Mehle über die Nüsse und den Schrot geben. Die Hefe an eine Seite an den Schüsselrand bröckeln und den Zucker über die Hefe streuen. Wasser und Milch dazugießen und mit der Hefe, dem Zucker und etwas von dem Mehl zu einem dünnen Vorteig verrühren, dabei darauf achten, daß sich die Hefe gut auflöst.

Die Schüssel zugedeckt für etwa 15 Minuten an einen warmen Ort stellen.

Restliches Mehl, Sahne und Salz mit den Knethaken des Handrührgerätes oder einer Küchenmaschine unter den Vorteig kneten, bis alles Mehl zu Teig verarbeitet ist. Mit einem Küchentuch zudecken und etwa 15 Minuten ruhen lassen. Das Blech mit Backpapier auslegen.

Den Teig mit den Händen nochmals gründlich kneten. Die restlichen 2 Eßlöffel Roggenmehl auf eine Arbeitsfläche schütten. Den Teig auf einmal auf das Mehl geben, darin wälzen, zu einer Kugel formen und auf das Backblech legen. Die Teigkugel von der Mitte aus zu einem Kreis von etwa 25 cm Durchmesser flachdrücken.

Mit einem Küchentuch zudecken und nochmals etwa 15 Minuten an einem warmen Ort gehen lassen, bis sich das Teigvolumen um etwa ein Drittel vergrößert hat.

Den Boden und die Seitenwände des kalten Backofens mit Wasser besprühen oder mit einem gut feuchten Tuch kurz abreiben. Das Brot im Backofen (unten) bei 220° in etwa 1 Stunde goldbraun backen. Danach noch etwa 15 Minuten im ausgeschalteten Ofen stehenlassen.

Das Walnußbrot aus dem Ofen nehmen, auf ein Kuchengitter legen und von allen Seiten mit kaltem Wasser bestreichen oder besprühen.

Variante:

Mit diesem Rezept können Sie auch andere Nußbrote backen. Zum Beispiel die Walnußkerne gegen Haselnußkerne oder geschälte Mandeln austauschen. Oder Sie mischen statt der Nüsse Sonnenblumen- oder Kürbiskerne unter den Teig.

Frisch gebacken ist das Vollkorn-Walnußbrot der Höhepunkt beim Sonntagsfrühstück

Sonnenblumen-Körner-Brot

Braucht etwas Zeit

Zutaten für 1 Kastenform von 32 cm Länge (ergibt 1 Brot von etwa 1 kg)
100 g Sonnenblumenkerne
50 g Leinsamen
50 g Haferkörner (Nackthafer oder entspelzter Hafer)
50 g Hirse
50 g Buchweizen
1/2 l kochendes Wasser
250 g Weizenmehl (Type 405)
250 g Weizenvollkornmehl
1 Würfel Hefe (42 g)
2 Teelöffel flüssiger Honig
2 1/2 Teelöffel Meersalz
Butter für die Form

Ruhezeit: 1 1/2 Stunden
Zubereitungszeit: 15 Minuten
Backzeit: 1 1/2 Stunden

Die Sonnenblumenkerne in einer trockenen schweren Pfanne unter öfterem Wenden rösten, bis sie duften. Leinsamen, Hafer, Hirse und Buchweizen mischen und mit dem kochenden Wasser übergießen, umrühren und zugedeckt etwa 1 Stunde quellen lassen*.

Die Mehle in einer großen Rührschüssel mischen, die Hefe in die Mitte bröckeln und den Honig darüber verteilen. Die gequollene Körnermischung mitsamt dem nicht aufgesogenen Wasser in die Schüssel geben. Mit der Hefe, dem Honig und etwas von dem Mehl verrühren.

Die Schüssel mit einem Tuch zudecken und etwa 15 Minuten an einen warmen Ort stellen. Übriges Mehl und Salz unter den Vorteig kneten. Den Teig zugedeckt etwa 15 Minuten ruhen lassen. Die Kastenform fetten.

Den Teig nochmals gründlich kneten, bis er geschmeidig ist und sich vom Schüsselrand löst, dabei die angerösteten Sonnenblumenkerne einarbeiten. Teig in die Form füllen und glattstreichen. Mit einem Tuch zudecken und nochmals etwa 15 Minuten an einem warmen Ort gehen lassen, bis sich das Teigvolumen um etwa ein Drittel vergrößert hat. Die Oberfläche mit einem Messer schräg einkerben.

Eine Tasse Wasser in den kalten Backofen stellen. Das Brot im Ofen (unten) bei 200° in etwa 1 Stunde goldbraun backen. Danach weitere 10 Minuten im ausgeschalteten Ofen stehenlassen.

Das Brot vorsichtig aus der Form nehmen, von allen Seiten mit kaltem Wasser besprühen oder bestreichen. Nochmals im Backofen (unten) auf dem Rost ohne die Form 10–15 Minuten bei 200° backen. Danach rundherum mit Wasser bestreichen.

Leinsamenbrot mit Honig

Raffiniert

Zutaten für 1 Kastenform von 32 cm Länge (ergibt 1 Brot von etwa 1 kg)
100 g Leinsamen
1/2 l kochendes Wasser
250 g Weizenmehl (Type 405)
250 g Weizenvollkornmehl
1 Würfel Hefe (42 g)
2 Teelöffel flüssiger Honig
2 1/2 Teelöffel Meersalz
Butter für die Form

Ruhezeit: 1 1/2 Stunden
Zubereitungszeit: 15 Minuten
Backzeit: 1 1/2 Stunden

Den Leinsamen mit dem kochenden Wasser übergießen, gut umrühren und zugedeckt etwa 1 Stunde quellen lassen.

Die Mehle in einer großen Rührschüssel mischen, die Hefe an eine Seite an den Schüsselrand bröckeln, den Honig über die Hefe verteilen. Den gequollenen Leinsamen mit dem nicht aufgesogenen Wasser darüber geben und mit der Hefe, dem Honig und etwas von dem Mehl verrühren.

Den Vorteig zugedeckt etwa 15 Minuten an einen warmen Ort stellen. Übriges Mehl und Salz darunterkneten, den Teig weitere 15 Minuten ruhen lassen.

Die Kastenform fetten. Den Teig noch einmal gründlich kneten, bis er geschmeidig ist und sich vom Schüsselrand löst. In die Form füllen und glattstreichen. Mit einem Tuch zudecken und nochmals etwa 15 Minuten an einem warmen Ort gehen lassen, bis sich das Teigvolumen um etwa ein Drittel vergrößert hat. Die Oberfläche mit einem Messer schräg einkerben.

Eine Tasse Wasser in den kalten Backofen stellen. Das Brot im Ofen (unten) bei 200° in etwa 1 Stunde goldbraun backen. Dann noch 10 Minuten im ausgeschalteten Ofen stehenlassen.

Das Brot vorsichtig aus der Form nehmen, von allen Seiten mit kaltem Wasser besprühen oder bestreichen. Anschließend nochmals im Ofen (unten) auf dem Rost ohne die Form 10–15 Minuten bei 200° backen. Danach ein zweites Mal mit kaltem Wasser besprühen oder bestreichen.

Tip!

Aus dem Teig lassen sich auch Brötchen formen. Bei 200° in der Ofenmitte in 30–35 Minuten rundherum goldbraun backen.

Dinkel-Kastenbrot

Gelingt leicht

Zutaten für 1 Kastenform von 36 cm Länge (ergibt 1 Brot von etwa1 kg)
500 g Dinkelvollkornmehl
250 g Dinkelmehl (Type 630)
1 Würfel Hefe (42 g)
1 Eßlöffel flüssiger Honig
1/2 l lauwarmes Wasser
1 Eßlöffel Meersalz
Butter für die Form

Ruhezeit: 45 Minuten
Zubereitungszeit: 15 Minuten
Backzeit: 1 1/2 Stunden

Die Mehle in einer großen Rührschüssel mischen, die Hefe an eine Seite an den Schüsselrand bröckeln, den Honig über die Hefe verteilen. Das Wasser dazugießen und nach und nach mit der Hefe, dem Honig und etwas von der Mehlmischung zu einem dünnen Vorteig verrühren. Dabei darauf achten, daß sich die Hefe auflöst.

Die Schüssel mit einem Tuch zudecken und etwa 15 Minuten an einen warmen Ort stellen. Restliches Mehl und Salz nach und nach mit den Knethaken des Handrührgerätes oder einer Küchenmaschine unter den Vorteig kneten. Den Teig zugedeckt etwa 15 Minuten ruhen lassen.

Die Kastenform fetten. Den Teig noch einmal gründlich kneten, bis er geschmeidig ist, dann in die Form füllen und die Oberfläche glattstreichen.

Mit einem Tuch zudecken und nochmals etwa 15 Minuten an einem warmen Ort gehen lassen, bis sich das Teigvolumen um etwa ein Drittel vergrößert hat.

Eine Tasse Wasser in den kalten Backofen stellen. Das Brot im Ofen (unten) bei 220° in etwa 1 Stunde goldbraun backen. Anschließend noch etwa 10 Minuten im ausgeschalteten Ofen stehenlassen.

Das Brot vorsichtig aus der Form nehmen, auf ein Kuchengitter legen, von allen Seiten mit kaltem Wasser besprühen oder bestreichen und völlig auskühlen lassen.

Sollte das Kastenbrot noch sehr hell und etwas weich sein, nochmals ohne Form auf dem Rost im Backofen (unten) etwa 15 Minuten bei 200° backen, bis es goldbraun ist. Herausnehmen und mit Wasser bestreichen.

Kräuter-Nuß-Paste

Raffiniert

Zutaten für 4 Personen
80 g ungeschälte Mandeln
80 g Pinienkerne
1 Bund Petersilie
1 Bund Schnittlauch
1 Kästchen Kresse
Salz
weißer Pfeffer, frisch gemahlen

Zubereitungszeit: 25 Minuten

Die Mandeln mit kochendheißem Wasser überbrühen*, kurz ziehen lassen. Dann kalt abschrecken, abtropfen lassen und aus den Schalen drücken. Mit einem Küchentuch gut trockentupfen.

Die Mandeln und die Pinienkerne in einer trockenen Pfanne bei mittlerer Hitze goldgelb rösten. Auf einen Teller geben und ganz auskühlen lassen.

Die Petersilie und den Schnittlauch waschen, trockenschwenken und grob zerkleinern. Die Kresse mit einer Küchenschere vom Beet schneiden, in einem Sieb kalt abspülen und trockenschwenken.

Die angerösteten Mandeln und Pinienkerne im Blitzhacker fein mahlen. Dann nach und nach die Kräuter hinzufügen.

Die Kräuter-Nuß-Paste mit Salz und frisch gemahlenem Pfeffer abschmecken. Der Aufstrich hält sich im Kühlschrank in einem verschlossenen Schraubglas bis zu 2 Wochen.

Er paßt gut zu gebuttertem Leinsamenbrot mit Honig (Seite 86).

Brennessel-Frischkäse

Schnell

Zutaten für 4 Personen
100 g junge Brennesseln
200 g Doppelrahmfrischkäse
2 Eßlöffel saure Sahne
1 Knoblauchzehe
1 Spritzer Zitronensaft
Salz
weißer Pfeffer, frisch gemahlen

Zubereitungszeit: 15 Minuten

Die Brennesselzweige kurz in kochendes Wasser tauchen. Abschrecken*, trockenschwenken, von den groben Stielen befreien und fein hacken.

Den Frischkäse und die saure Sahne glattrühren. Den Knoblauch schälen, durch die Presse dazudrücken. Die gehackten Brennesseln und den Zitronensaft unterrühren. Den Frischkäse mit Salz und reichlich Pfeffer abschmecken.

Liptauer mit Schnittlauch

Würzig

Zutaten für 4 Personen
1 kleine Zwiebel
1 Teelöffel Kümmelkörner
1 Bund Schnittlauch
250 g Quark (40% Fett i. Tr.)
100 g weiche Butter
Salz
weißer Pfeffer, frisch gemahlen
Paprikapulver, edelsüß

Zubereitungszeit: 10 Minuten

Die Zwiebel schälen und fein hacken, den Kümmel fein zerstoßen. Den Schnittlauch waschen, trockenschütteln und in Röllchen schneiden.

Alles mit dem Quark und der weichen Butter glattrühren und mit Salz, Pfeffer und Paprikapulver abschmecken.

Schmeckt gut zum Dinkel-Kastenbrot (Seite 87) oder zu den Fitneß-Brötchen (Seite 80).

Im Bild vorne:
Brennessel-Frischkäse
Im Bild hinten:
Kräuter-Nuß-Paste

Rohe Erdbeerkonfitüre

Gelingt leicht

Zutaten für 1 Glas à 250 ml
200 g reife frische Erdbeeren
1-2 Eßlöffel Honig (oder 2–3 Eßlöffel Traubenzucker)
1 Teelöffel Zitronensaft
bei Bedarf wenig pflanzliches Geliermittel (z.B. Biobin aus dem Reformhaus)

Zubereitungszeit: 20 Minuten

Die Beeren behutsam waschen und putzen. Große Früchte halbieren oder vierteln. Mit Honig oder Traubenzucker und dem Zitronensaft mischen.

Nach Belieben das Geliermittel nach Packungsbeschreibung und bei Bedarf 1–2 Teelöffel Wasser zu den Erdbeeren geben und im Mixer oder mit dem Pürierstab des Handrührers pürieren.

Die rohe Erdbeerkonfitüre in ein Schraubverschlußglas füllen und im Kühlschrank aufbewahren. So bleibt sie etwa 10–14 Tage frisch.

Tip!

Auf diese Weise können Sie auch Konfitüre aus Kiwis, Aprikosen und Himbeeren zubereiten.

Pflaumen-Aufstrich

Schnell

Zutaten für 1 Glas à 250 ml
150 g sehr reife Pflaumen
100 g Honig
4 getrocknete Aprikosen

Zubereitungszeit: 15 Minuten

Die Pflaumen waschen, entsteinen und kleinschneiden. Zusammen mit dem Honig in der Küchenmaschine oder mit den Quirlen des Handrührers etwa 10 Minuten verrühren.

Die Aprikosen waschen und trockentupfen. Sehr fein würfeln und unter die Pflaumen-Honig-Masse rühren.

Nach Belieben die Hälfte vom Aufstrich sofort servieren. Den Rest in ein Schraubverschlußglas füllen und im Kühlschrank bis zu einer Woche aufbewahren.

Auf gebutterte Hälften von Fitneß-Brötchen (Seite 80) oder ofenwarmen Kreuzsemmeln (Seite 82) streichen.

Mandel-Vanille-Butter

Raffiniert

Zutaten für 4 Personen
50 g ungeschälte Mandeln
100 g weiche Butter
1 Eßlöffel flüssiger Honig
1/4 Vanillestange

Zubereitungszeit: 20 Minuten

Die Mandeln kurz in kochendes Wasser geben, kalt abschrecken und abtropfen lassen. Die Kerne aus den Häutchen drücken, anschließend trockentupfen.

Mandelkerne in einer trockenen Pfanne unter Rühren rundherum rösten, bis sie hellgelb sind und duften. Aus der Pfanne in ein Schüsselchen umfüllen und abkühlen lassen.

Inzwischen die Butter und den Honig in einer Schüssel gründlich vermischen. Die Vanilleschote längs halbieren, das Mark herauskratzen und hinzufügen.

Die Mandelkerne so fein wie möglich mahlen, unter die Butter rühren. Für 10–15 Minuten zugedeckt in den Kühlschrank stellen.

Die Butter paßt zu Krustenbrötchen (Seite 80), zu Milchbrötchen (Seite 82) und auch zum Dinkel-Kastenbrot (Seite 87).

Aprikosen-Quark-Creme

Preiswert

Zutaten für 4 Personen
100 g getrocknete, ungeschwefelte Aprikosen
3-4 Eßlöffel Rosinen
500 g Quark (40% Fett i. Tr.)
6 Eßlöffel Sahne
2-3 Eßlöffel flüssiger Honig

Zubereitungszeit: 10 Minuten

Die Aprikosen und die Rosinen heiß abwaschen und abtropfen lassen. Die Aprikosen sehr fein würfeln.

In einer Schüssel den Quark mit der Sahne und 2 Eßlöffeln Honig glattrühren. Die gewürfelten Aprikosen mit den Rosinen dazugeben und untermischen. Nach Geschmack mit dem restlichen Honig nachsüßen.

Tip!

Die Creme schmeckt auf Brot ebenso fein wie zu Frischkornmüsli. Für das Müsli 100 g geschroteten Weizen knapp mit kaltem Wasser bedecken und über Nacht im Kühlschrank ausquellen lassen.*

Pfirsich-Himbeer-Mus

Macht wenig Arbeit

Zutaten für 4 Personen
3 sehr reife Pfirsiche
150 g reife Himbeeren
2 Teelöffel Traubenzucker (nach Belieben)

Zubereitungszeit: 10 Minuten

Die Pfirsiche kurz überbrühen*, abschrecken, häuten, halbieren und entsteinen. Pfirsichhälften in Stücke schneiden. Die Himbeeren nur falls nötig waschen.

Beide Obstsorten getrennt mit einer Gabel zu Mus zerdrücken und nach Belieben mit Traubenzucker süßen. Das Himbeermus mit einer Gabel locker unter das Pfirsichmus ziehen.

Das Früchtemus sofort servieren. Zum Beispiel auf dünn gebutterte Hälften der Milchbrötchen oder Kreuzsemmeln (beide Seite 82) oder auf knusprigen, gebutterten Mehrkorntoast streichen.

Akazienhonig mit Nüssen

Raffiniert

Zutaten für 2 Gläser à 400 ml
200 g makellose Walnußkerne
2 kleine Zweige Rosmarin oder Thymian
500 g kaltgeschleuderter Akazienhonig

Zubereitungszeit: 20 Minuten

Die Walnüsse möglichst exakt halbieren oder vierteln und alle noch vorhandenen Häutchen vorsichtig entfernen.

Die Kräuterzweige auf die Höhe der Gläser zuschneiden. Unter heißem Wasser abspülen und sehr gut trockentupfen.

Die Nüsse, ohne die Krümel vom Zerteilen, zu gleichen Teilen in vorbereitete Schraubverschlußgläser füllen. Den Honig dazugeben. Alles vorsichtig umrühren. Zum Schluß in jedes Glas einen Kräuterzweig stecken.

Die Honiggläser verschließen. Nach 3–4 Tagen ist der Honig durchgezogen und kann gegessen werden.

Snacks

Hier geht es nicht um den großen Hunger, sondern um Raffiniertes für Zwischendurch und um leichte Mahlzeiten für den kleinen Appetit.

Dazu gehören auch die Snacks, die gut transportierbar sind. Zum Mitnehmen an den Arbeitsplatz, für unterwegs oder zum Picknick.

Alkoholfreie Drinks auf Basis von Joghurt, Buttermilch oder Kefir sind ideale Zwischenmahlzeiten, weil leicht verdaulich und vitaminreich.

Besser fünfmal statt dreimal

Es liegt an unserem Biorhytmus, daß unsere Leistung tagsüber schwankt. Niemand ist ständig in Topform. Durch unsere Ernährung haben wir es in der Hand, die Leistungskurve stabiler zu machen. Es kommt dabei nicht nur auf die richtige Zusammensetzung der Lebensmittel an, sondern auch darauf, wie oft man ißt. Fünf kleinere Mahlzeiten über den Tag verteilt sind die optimale Voraussetzung für mehr Schwung und Wohlbefinden. Nur drei große Mahlzeiten belasten die Verdauungsorgane, sie können nicht mehr kontinuierlich arbeiten, also schlafft man nach dem Essen ab. In den stundenlangen Pausen dazwischen kommt es zu extremen Schwankungen des Blutzuckerspiegels, die unweigerlich Leistungstiefs, Konzentrationsschwäche und Heißhunger auslösen.

Der Blutzuckerspiegel

Ein möglichst konstanter Blutzuckerspiegel ist auch wichtig, wenn Sie gerade die Ernährungsform ändern, zum Beispiel Trennkost-Einsteiger sind. Oder wenn Sie Ihr Gewicht reduzieren möchten. Sinkt nämlich der Blutzuckerspiel zu sehr ab, kommt es zu einer Unterzuckerung. Dann greift man halt doch unkontrolliert zu Süßem. Diese leicht resorbierbaren Kohlenhydrate lassen den Blutzuckerspiegel zwar schnell wieder ansteigen, bewirken aber eine vermehrte Insulinausschüttung, die den Spiegel wiederum drastisch senkt. Diese Berg- und Talfahrt kann mit je einem kleinen Imbiß vormittags und nachmittags verhindert werden.

Gesunde Snacks

Die Auswahl ist so groß, daß jeder für sich das Richtige findet. Wenn Sie keine Zeit zum Zubereiten haben, können sie auch zu Vollkornprodukten, Joghurt, Obst oder rohem Gemüse greifen. Auch die Zwischenmahlzeiten sind bei der Trennkost nach den Kategorien eiweißreich, kohlenhydratreich und neutral eingeteilt. Günstig auf Ihr Wohlbefinden wirkt es sich aus, wenn der Vormittagssnack gut 2 Stunden nach dem Frühstück und ungefähr 2 Stunden vor dem Mittagessen eingenommen wird. Die nachmittägliche Zwischenmahlzeit sollte gut 3 Stunden nach dem Mittagessen und etwa 2 Stunden vor einem leichten Abendessen eingeplant werden. Selbst wenn Sie zwischendurch keinen Appetit verspüren, gewöhnen Sie sich an, die "Snack-Time" möglichst einzuhalten. Es genügt auch, wenn Sie dann nur etwas trinken, zum Beispiel einen Milch- oder Fruchtdrink. Köstliche Vorschläge dazu finden Sie auf den Seiten 112–115.

Ein kleiner Snack zwischendurch hält den Blutzuckerspiegel im Lot

Leckere Snacks sind oft ohne großen Zeitaufwand zubereitet

Ganz schnelle Häppchen

Fast alle Berufstätigen haben nur kurze Pausen, um zwischendurch etwas zu essen. Die Snacks müssen dann völlig unkompliziert sein: eine Handvoll Studentenfutter, ein paar Vollkornkekse, ein Stück vollfetter Käse, frisches Obst, eine Tasse heiße Gemüse- oder Fleischbrühe, ein Glas Kefir oder Buttermilch. Wer es doch ein klein wenig üppiger mag, greift zu einem Vollkornbrötchen mit Doppelrahmfrischkäse bestrichen oder mit Schnittkäse (45% Fett i. Tr.) belegt. Schnell ist auch ein Stück Stangenbrot mit einem vorbereiteten Aufstrich gefüllt und in Scheiben geschnitten (Vorschläge dazu finden Sie im Kapitel Frühstück) oder ein paar Eßlöffel Müsli oder Haferflocken mit einer kleinen Banane und 1/8 l Milch verrührt.

Verpacken und schön anrichten

Berufstätige essen die Zwischenmahlzeiten in der Regel an ihrem Arbeitsplatz, Kinder in der Schule. Dafür müssen die Snacks transportfähig verpackt werden. Für Brote und Sandwiches eignen sich gut stabile Frühstücksboxen, Alu- oder Klarsichtfolie. Hat ein Imbiß feste und flüssige Bestandteile – bespielsweise Gemüse mit Dip – müssen diese getrennt voneinander verpackt werden. Für Flüssiges sind Twist-off-Gläser sehr praktisch. Auch Mixdrinks, die Sie zu Hause fertig zubereitet haben, lassen sich problemlos in diesen Gläsern transportieren.

Selbst köstliche Artischocken lassen sich gut mit an den Arbeitsplatz nehmen, denn sie schmecken auch kalt. Gemüse und Sauce zum Transport dann getrennt verpacken.

Falls möglich sollten die Snacks bis zum Verzehr im Kühlschrank aufbewahrt werden. Meistens werden solche mitgenommen, die kalt gegessen werden. Wer an seinem Arbeitsplatz die Möglichkeit hat, etwas warm zu machen, sollte sie auch nutzen, denn dadurch wird die Abwechslung wesentlich größer. Damit auch bei einer Zwischenmahlzeit das Eßvergnügen zum Zuge kommt, bitte nicht einfach aus der Verpackung essen, sondern den Snack auf einem kleinen Teller hübsch anrichten und in Ruhe genießen.

Hunger vor dem Schlafengehen?

Da nach den Trennkostregeln das Abendessen möglichst früh eingenommen werden soll, kann es durchaus einmal passieren, daß Sie kurz vor dem Schlafengehen noch der kleine Hunger überkommt. Dann befriedigen Sie Ihre Gelüste doch am besten mit einem Eckchen Käse, etwas Obst oder einem Glas Milch.

Schwarzweiße Käsehappen

Schnell

Zutaten für 4 Personen
2 Scheiben Weißbrot
2 Scheiben Pumpernickel
1 Eßlöffel Butter oder Margarine
ein paar schöne Salatblätter
4 Scheiben Gouda oder Lindenberger (45% Fett i. Tr.)
4 Gurkenscheiben

Zubereitungszeit: 10 Minuten

Weißbrot und Pumpernickel mit der Butter oder Margarine dünn bestreichen.

Die Salatblätter waschen und trockentupfen. Auf die Weißbrotscheiben verteilen.

Den Käse entrinden und auf die Salatblätter legen.

Die Pumpernickelscheiben mit der bestrichenen Seite darauf legen und das Brot einmal in der Mitte durchschneiden. Beide Hälften noch einmal teilen. Jeden der Brothappen mit 1 Gurkenscheibe garnieren.

Dazu können Sie noch Gurkenscheiben, Radieschen, Tomaten, geputzte Paprikaschotenstücke oder Rettichstifte essen.

Roquefort-Sandwich

Würzig

Zutaten für 4 Personen
2 Eßlöffel Walnußkerne
150 g Roquefort (ersatzweise anderer Blauschimmelkäse)
4 Eßlöffel Magerquark
8 Scheiben Weizenmischbrot (nicht zu groß)
2 Eßlöffel Walnußöl
1 reife, aber feste Birne
4 Salatblätter

Zubereitungszeit: 20 Minuten

Die Walnüsse grob hacken und in einer beschichteten Pfanne ohne Fett hellbraun anrösten*. Aus der Pfanne nehmen und beiseite stellen.

Den Roquefort mit einer Gabel zerdrücken, mit dem Quark und falls nötig 1–2 Eßlöffeln Mineralwasser cremig rühren.

Die Brotscheiben portionsweise im Toaster goldbraun rösten. Anschließend gleichmäßig mit dem Walnußöl beträufeln.

Die Birne waschen, abtrocknen, vierteln und das Kerngehäuse entfernen. Die Birnenviertel in dünne Scheiben schneiden. Die Salatblätter waschen und gut trockentupfen.

Von den Broten 4 Scheiben mit der Käsemasse bestreichen. Die Walnüsse darüber streuen, je 1 Salatblatt darauf legen. Die Birnenscheiben gleichmäßig darauf verteilen und mit den übrigen Brotscheiben bedecken. Sandwiches nach Belieben noch einmal diagonal halbieren.

Tip!

Die Käsemasse wird leichter, wenn Sie sie zu gleichen Teilen aus Roquefort und Quark anrühren. Statt Walnußöl schmeckt auch kaltgepreßtes Olivenöl gut auf dem Brot.

Im Bild:
Schwarzweiße Käsehappen

Tex-Mex-Sandwich

Würzig

Zutaten für 4 Personen
2-3 Eßlöffel scharfe Chilisauce
4 Eßlöffel Schmand (ersatzweise Crème fraîche)
einige grüne Salatblätter
1/2 Bund Koriandergrün
1 kleine rote Zwiebel
1 reife Avocado
8 Scheiben Vollkorn-Sandwichbrot
etwas Butter zum Bestreichen
4 Scheiben deutscher Gouda (48% Fett i. Tr.; etwa 150 g)

Zubereitungszeit: 20 Minuten

Die Chilisauce mit dem Schmand gut verrühren.

Salat und Koriander waschen und trockentupfen. Korianderblättchen abzupfen. Die Zwiebel schälen und in möglichst dünne Ringe schneiden.

Die Avocado längs halbieren und den Kern entfernen. Die Hälften schälen, in Scheiben schneiden.

Die Sandwichbrote goldgelb toasten. 4 Scheiben dünn mit Butter bestreichen. Gleichmäßig mit den Salatblättern, dem Käse und den Avocadoscheiben belegen. Chilisauce, Zwiebelringe und Korianderblättchen darauf verteilen. Mit den restlichen Brotscheiben bedecken. Die Sandwiches diagonal durchschneiden.

Französisches Sandwich

Raffiniert

Zutaten für 4 Personen
1 kleine Aubergine (etwa 200 g)
Salz
1 rote Paprikaschote
150 g große Egerlinge
1 kleine rote Zwiebel
1 Zucchino (etwa 250 g)
1 Zweig Thymian
4 Eßlöffel Olivenöl
1-2 Knoblauchzehen
3 Eßlöffel Crème fraîche
8 Scheiben Vollkorn-Sandwichbrot

Zubereitungszeit: 50 Minuten

Die Aubergine waschen, putzen und ungeschält längs in 1/2 cm dicke Scheiben schneiden. Scheiben leicht salzen und 10 Minuten ziehen lassen. Dann mit Küchenpapier gut trockentupfen.

Inzwischen den Grill vorheizen oder den Backofen auf höchste Temperatur schalten. Die Paprikaschote waschen, putzen und achteln. Unter dem Grill oder im Backofen grillen, bis die Haut Blasen wirft. Die Paprikastücke herausnehmen, zum Abkühlen mit einem feuchten Küchentuch bedecken.

Die Pilze putzen und in Scheiben schneiden. Zwiebel schälen, in hauchdünne Scheiben schneiden. Zucchino waschen, putzen und mit Schale in etwa 8 cm lange Stifte schneiden. Die Paprikastücke häuten und den Thymianzweig waschen.

In einer Pfanne 2 Eßlöffel Olivenöl erhitzen. Zucchino, Pilze und Zwiebeln darin unter gelegentlichem Rühren braten*, bis alles leicht gebräunt ist. Die Paprika dazugeben und 3 Minuten mitbraten.

Auberginenscheiben von beiden Seiten mit Olivenöl bepinseln, unter dem Grill oder im Backofen von beiden Seiten in je 3 Minuten goldbraun grillen.

Den Knoblauch schälen, durch eine Presse zur Crème fraîche drücken und verrühren. Die Brote toasten, mit Knoblauch-Crème fraîche bestreichen.

4 Brote mit Gemüse belegen. Die Thymianblättchen abzupfen und darüber streuen. Mit den restlichen Broten bedecken. Die Sandwiches diagonal durchschneiden und noch warm servieren.

Crostini mit Pilzpaste

Aus Italien

Zutaten für 4 Personen
10 g getrocknete Steinpilze
250 g frische Pfifferlinge, Egerlinge oder Champignons (gemischt oder nur eine Sorte)
1 kleine Zwiebel
2 Knoblauchzehen
1 Bund glatte Petersilie
4 Eßlöffel Olivenöl
1 Zweig Thymian
Salz
weißer Pfeffer, frisch gemahlen
40 g weiche Butter
250 g Toskanisches Landbrot (ersatzweise 1/2 italienisches Stangenweißbrot)

Zubereitungszeit: 35 Minuten

Die getrockneten Steinpilze in 100 ml lauwarmem Wasser 20 Minuten quellen lassen*.

Inzwischen die frischen Pilze mit Küchenpapier abreiben, dann in dünne Scheiben schneiden.

Zwiebel und Knoblauchzehen schälen, möglichst fein würfeln. Die Petersilie waschen und, bis auf ein paar Blättchen zum Garnieren, grob hacken.

Steinpilze in ein Sieb gießen, das Einweichwasser dabei auffangen, die Steinpilze fein hacken.

In einer Pfanne 3 Eßlöffel Öl erhitzen, Zwiebel und Knoblauch darin andünsten. Alle Pilze und den Thymian hinzufügen, weiterdünsten, bis alle Flüssigkeit verdampft ist. Thymian entfernen.

Pilzeinweichwasser abfiltern, 4 Eßlöffel davon dazugießen, zusammen noch kurz köcheln lassen. Die Petersilie untermischen und mit Salz und Pfeffer würzen.

Die Pilze zusammen mit der Butter nicht zu fein pürieren*, die Pilzpaste abschmecken.

Das Brot in fingerdicke Scheiben schneiden und goldgelb toasten. Anschließend mit dem restlichen Öl bepinseln, mit der Pilzpaste bestreichen und mit Petersilienblättchen garnieren.

Italienischer Hefefladen

Braucht etwas Zeit

Zutaten für 4-6 Personen
1/2 Würfel frische Hefe (20 g)
250 g Mehl
1 gestr. Teelöffel Salz
6 Eßlöffel Olivenöl, kaltgepreßt
Olivenöl zum Einfetten
1–2 Eßlöffel grobes Meersalz
etwas Mehl zum Ausrollen

Zubereitungszeit: 50 Minuten
Ruhezeit: 45 Minuten

Die Hefe zerbröckeln und mit 60 ml lauwarmem Wasser glattrühren. Das Mehl in eine weite Schüssel füllen, in die Mitte eine Vertiefung drücken. Dahinein die angerührte Hefe gießen und mit etwas Mehl verrühren. Den Vorteig zugedeckt an einem warmen Platz 15 Minuten gehen lassen*.

Das Salz mit weiteren 60 ml lauwarmem Wasser zum Vorteig geben und alles gut verkneten. Den Teig mit den Händen noch 10 Minuten kräftig durchwalken.

Den Teig zu einer Kugel formen und nochmals zugedeckt etwa 30 Minuten gehen lassen, bis sich das Volumen verdoppelt hat.

Den Backofen auf 250° vorheizen. Ein Backblech mit Öl einpinseln und mit etwas Meersalz bestreuen. Teig kurz durchkneten und das Backblech damit auskleiden.

Mit den Fingern in Abständen von 5-6 Zentimetern Vertiefungen in den Teig drücken. Die Oberfläche mit Olivenöl begießen, das sich dann in den Vertiefungen sammelt, und mit etwas Meersalz bestreuen. Den Hefefladen in der Mitte des Ofens in 20–25 Minuten goldgelb backen*.

Den Fladen kurz abkühlen lassen und in Stücke schneiden. Noch warm oder kalt servieren.

Knoblauch-baguette

Würzig

Zutaten für 4 Personen
150 g weiche Butter
6 Knoblauchzehen
1 Bund glatte Petersilie
Salz
weißer Pfeffer, frisch gemahlen
1 Messerspitze Cayennepfeffer
1 Baguette

Zubereitungszeit: 25 Minuten

Den Backofen auf 200° vorheizen. Die weiche Butter in eine Schüssel geben. Den Knoblauch schälen und durch die Presse dazudrücken.

Die Petersilie abbrausen, von den Stengeln zupfen und sehr fein hacken, hinzufügen. Die Butter mit Salz, Pfeffer und dem Cayennepfeffer würzen und alles gut durchrühren. Kalt stellen.

Das Baguette im Abstand von 1 1/2 cm zu drei Vierteln einschneiden und jeweils etwas von der Knoblauchbutter in die Einschnitte geben.

Das Brot in Alufolie wickeln und im Backofen (Mitte) etwa 15 Minuten backen. Es schmeckt am besten frisch aus dem Ofen.

Geknofeltes Brot auf italienische Art

Schnell

Zutaten für 4 Personen
4 Knoblauchzehen
8 Scheiben Landbrot, etwa 1 cm dick
8 Eßlöffel Olivenöl, kaltgepreßt
Salz
schwarzer Pfeffer, frisch gemahlen

Zubereitungszeit: 15 Minuten

Die Knoblauchzehen schälen und längs halbieren.

Das Brot toasten und noch warm mit den Schnittflächen der Knoblauchzehen kräftig einreiben.

Brote gleichmäßig mit dem Öl beträufeln, salzen, pfeffern und sofort servieren.

Tip!

Sie können das Brot auch mit Knoblauchöl beträufeln. Dafür zwei bis drei Knoblauchzehen durchpressen und mit 100 ml Olivenöl 2 Stunden zugedeckt durchziehen lassen. Das aromatisierte Öl in einem Schraubverschlußglas aufbewahren. Es hält sich so mindestens 2 Wochen.

Tomaten-Knoblauchbrot

Preiswert

Zutaten für 4 Personen
1 reife Fleischtomate
1 Eßlöffel Olivenöl, kaltgepreßt
Salz
weißer Pfeffer, frisch gemahlen
4 Knoblauchzehen
8 Scheiben helles Landbrot, etwa 1 cm dick

Zubereitungszeit: 25 Minuten

Die Tomate überbrühen*, häuten, dabei den Stielansatz und die Kerne entfernen. Das Fruchtfleisch fein hacken. Mit dem Öl, Salz und Pfeffer verrühren.

Die Knoblauchzehen schälen und längs halbieren. Die Brotscheiben toasten und mit den Schnittflächen der Knoblauchzehen kräftig einreiben.

Die Tomatenmischung auf den Scheiben verteilen. Die Brote sofort servieren, sie schmecken warm am besten.

Im Bild vorne: Knoblauchbaguette
In der Bildmitte: Geknofeltes Brot auf italienische Art
Im Bild hinten: Tomaten-Knoblauchbrot

Gemüsechips mit Dips

Für Gäste

Zutaten für 4 Personen
Für die Gemüsechips:
500 g Kartoffeln
500 g Wurzelgemüse der Saison (Möhren, Sellerie, Petersilienwurzel, Rüben)
Salz
1 1/2 l Pflanzenöl
Für den Käse-Dip:
1 Bund Basilikum
150 g Doppelrahmfrischkäse
50 g geriebener Parmesan
50 g saure Sahne
50 g weiche Butter
Salz
weißer Pfeffer, frisch gemahlen
Für den Hot Dip:
3 Frühlingszwiebeln
250 g Chilisauce (Fertigprodukt)
1 Teelöffel Honig
gemahlener Ingwer
1 Teelöffel Essig
Für die Champigoncreme:
200 g Champignons
1 Knoblauchzehe
2 Eßlöffel Öl
4 Eßlöffel trockener Sherry (ersatzweise klare Brühe)
200 g Sahne
50 g gewürfeltes Tomatenfleisch
1 Eßlöffel gehackte Petersilie
Salz
weißer Pfeffer, frisch gemahlen

Zubereitungszeit: 1 Stunde

Kartoffeln und Gemüse putzen, schälen und in dünne Scheiben hobeln. In Salzwasser 2 Minuten blanchieren*, kalt abschrecken* und gründlich trockentupfen.

Für den Käse-Dip das Basilikum behutsam waschen und die Blättchen hacken. Den Käse glattrühren, mit Basilikum, Parmesan, saurer Sahne und Butter vermischen. Salzen und pfeffern.

Für den Hot Dip die Frühlingszwiebeln putzen und in möglichst feine Röllchen schneiden. Mit Chilisauce und Honig vermischen und mit etwas Ingwer und Essig abschmecken*.

Für die Champignoncreme die Pilze abreiben, den Knoblauch schälen. Beides in Stücke schneiden und im Öl anbraten, mit Sherry ablöschen und zugedeckt 1 Minute dünsten*. Sahne und Tomatenwürfel dazugeben, alles offen unter gelegentlichem Rühren sämig einkochen lassen. Petersilie dazugeben, die Creme mit Salz und Pfeffer würzen.

Das Öl in einem Topf auf 180° erhitzen. Es ist heiß genug, wenn an einem hineingehaltenen Holzlöffelstiel kleine Bläschen aufsteigen. Die Kartoffel- und Gemüsescheiben darin portionsweise kross ausbacken*. Mit einem Schaumlöffel herausheben.

Die Gemüsechips leicht salzen und mit den drei Dips genießen.

Anstatt des scharfen Hot Dip können Sie auch eine mildere rote Sauce zu den knusprigen Gemüsechips servieren:

Paprika-Sahne

Preiswert

Zutaten für 4 Personen
1 rote Paprikaschote
1 kleine Zwiebel
2 Eßlöffel Öl
1 Teelöffel Paprikapulver, edelsüß
200 g Sahne
100 ml Gemüsebrühe
Salz
weißer Pfeffer, frisch gemahlen

Zubereitungszeit: 25 Minuten

Die Paprika waschen, putzen und würfeln. Die Zwiebel schälen und fein hacken. Beides im Öl andünsten. Mit Paprikapulver bestreuen, Sahne und Gemüsebrühe aufgießen. Das Ganze 15 Minuten köcheln lassen, fein pürieren*, dann durch ein Sieb streichen. Die Paprika-Sahne mit Salz und Pfeffer abschmecken.

Kräuterkäse mit Radieschen

Schnell

Zutaten für 4 Personen
1 Bund Radieschen
1 Bund gemischte Kräuter
1 Eßlöffel geschälte Kürbiskerne
250 g Doppelrahmfrischkäse
1 Teelöffel eingelegte grüne Pfefferkörner
Salz

Zubereitungszeit: 15 Minuten

Die Radieschen putzen, waschen und auf der Rohkostreibe fein raspeln. Die Kräuter waschen, trockenschütteln und die Blättchen, bis auf ein paar zum Garnieren, fein hacken.

Die Kürbiskerne grob hacken und in einer kleinen trockenen Pfanne bei mittlerer Hitze unter gelegentlichem Rühren rösten, bis sie würzig duften.

Den Frischkäse mit den Radieschen, den Kräutern, den Kürbiskernen und dem grünen Pfeffer mischen und mit Salz abschmecken. In eine Schüssel umfüllen.

Den angemachten Frischkäse mit den übrigen Kräuterblättchen garnieren.

Avocado-Nuß-Brötchen

Raffiniert

Zutaten für 4 Personen
1 große reife Avocado
3 Eßlöffel Sahne
1 Bund Frühlingszwiebeln
2 Eßlöffel Walnußkerne oder Mandeln
1 Knoblauchzehe
Salz
Cayennepfeffer
4 Vollkornbrötchen

Zubereitungszeit: 10 Minuten

Die Avocado längs halbieren und entkernen. Das Fruchtfleisch mit einem Löffel aus den Schalen lösen.

Das Avocadofleisch mit einer Gabel fein zerdrücken, dabei die Sahne untermischen.

Die Frühlingszwiebeln putzen, gründlich waschen und den hellen Teil in feine Ringe schneiden. Die Walnußkerne oder Mandeln nicht zu fein hacken. Den Knoblauch schälen und durch die Presse drücken.

Diese Zutaten zur Avocado geben und alles gründlich verrühren. Mit Salz und Cayennepfeffer abschmecken. Vollkornbrötchen halbieren und dick mit der Avocadomasse bestreichen. Sofort essen.

Petersilien-Mousse

Für Gäste

Zutaten für 4 Personen
4 Blatt weiße Gelatine
2 Bund glatte Petersilie
150 g Vollmilchjoghurt
125 g Sahne
Salz
schwarzer Pfeffer, frisch gemahlen
300 reife, feste Tomaten
1 Teelöffel Aceto Balsamico (Balsamessig)
3 Eßlöffel Olivenöl, kaltgepreßt

Zubereitungszeit: 30 Minuten
Gelierzeit: 3 Stunden

Gelatine einweichen*, die Petersilie waschen und die Blättchen fein hacken. Joghurt und Petersilie verrühren.

Die tropfnasse Gelatine auflösen und unterrühren. Die Sahne steif schlagen*, unter die Joghurtmasse ziehen. Mit Salz und Pfeffer kräftig würzen. Die Mousse zugedeckt 3 Stunden kalt stellen.

Tomaten waschen, putzen und klein würfeln. Mit Essig, Öl, Salz und Pfeffer würzen.

Zum Servieren von der Petersilien-Mousse mit einem Eßlöffel Nocken abstechen und mit den Tomaten auf Tellern anrichten.

Paprikaschiffchen mit Frischkäse

Für Gäste

Zutaten für 4-6 Personen
3 kleine rote Paprikaschoten
1 Bund Schnittlauch
200 g Doppelrahmfrischkäse
1 Teelöffel Zitronensaft
100 g Sahne
1 Knoblauchzehe
Salz
schwarzer Pfeffer, frisch gemahlen
50 g Mandelblättchen

Zubereitungszeit: 45 Minuten

Die Paprikaschoten waschen und längs halbieren. Stengelansätze, Kerngehäuse und die weißen Trennwände entfernen. Jede Schotenhälfte nochmal längs in 3 Teile schneiden. Schnittlauch waschen, trockenschütteln und in Röllchen schneiden.

Den Frischkäse in eine Schüssel geben, mit einer Gabel fein zerdrücken und mit dem Zitronensaft verrühren. Die Sahne steif schlagen* und dazugeben.

Die Knoblauchzehe schälen und durch die Knoblauchpresse auf den Frischkäse drücken. Alles gut verrühren und die Käsemasse mit Salz und Pfeffer abschmecken.

Die Creme in einen Spritzbeutel mit großer Sterntülle füllen und dekorativ in die Paprikaschiffchen spritzen.

Die Mandelblättchen in einer trockenen beschichteten Pfanne hellbraun rösten und über die gefüllten Paprika verteilen. Mit dem Schnittlauch bestreuen.

Auberginen-Quark-Röllchen

Braucht etwas Zeit

Zutaten für 4-6 Personen
2 Knoblauchzehen
60 ml Olivenöl
2 kleine Auberginen (etwa 500 g)
Salz
schwarzer Pfeffer, frisch gemahlen
125 g Quark (40% Fett i.Tr.)
2 Eßlöffel Mineralwasser
2–3 Teelöffel Zitronensaft
Holzspießchen zum Zustecken
einige Thymianzweige zum Garnieren
4 kleine Zitronen

Zubereitungszeit: 50 Minuten

Den Knoblauch schälen, halbieren und in das Olivenöl geben. Die Auberginen waschen und von den Stielansätzen befreien. Dann ungeschält längs in dünne Scheiben schneiden. Die Scheiben mit Salz bestreuen und etwa 15 Minuten ziehen lassen.

In einer großen Pfanne das Olivenöl mitsamt dem Knoblauch erhitzen. Die Auberginenscheiben darin portionsweise von beiden Seiten 2–4 Minuten braten.

Die Scheiben herausnehmen und auf Küchenpapier entfetten, dann pfeffern und salzen.

Den Quark in einer Schüssel mit dem Mineralwasser glattrühren. Mit Pfeffer, Salz und dem Zitronensaft abschmecken.

Jeweils etwas von dem Quark auf eine Auberginenscheibe streichen, die Scheibe aufrollen und mit einem Holzspießchen zu-stecken.

Die Zitronen achteln. Die Auberginenröllchen auf einer Platte mit den Thymianzweigen und den Zitronenachteln servieren.

Im Bild: Die Auberginen-Quark-Röllchen können Sie auch gut als Vorspeise servieren oder mit an Ihren Arbeitsplatz nehmen

Artischocken im Kräutersud

Raffiniert

Zutaten für 4 Personen
4 große Artischocken
1 unbehandelte Zitrone
Salz
2 reife Tomaten
3 Schalotten oder 1 mittelgroße Zwiebel
2 Knoblauchzehen
4 Eßlöffel Olivenöl
200 ml trockener Weißwein
200 ml Kalbsfond (aus dem Glas)
1 Bund gemischte Provence-Kräuter (Basilikum, Oregano, Thymian, Rosmarin, Salbei)
weißer Pfeffer, frisch gemahlen

Zubereitungszeit: 50 Minuten

Die äußeren harten Blattspitzen der Artischocken mit einer Schere ringsherum abschneiden, Stiele aus den Früchten brechen. Die Zitrone waschen, abtrocknen, ein paar Schalenstreifen dünn abschneiden und beiseite legen. Den Saft auspressen.

Die Artischocken in Salzwasser mit 2 Eßlöffeln Zitronensaft zugedeckt etwa 45 Minuten bei schwacher Hitze köcheln lassen.

Inzwischen für die Sauce die Tomaten überbrühen, häuten, entkernen und das Fruchtfleisch würfeln. Die Schalotten und den Knoblauch fein würfeln. 2 Eßlöffel Olivenöl in einem Topf erhitzen, Schalotten und Knoblauch darin andünsten*, ohne zu bräunen. Mit dem Wein ablöschen.

Zitronenschalenstreifen, restlichen Zitronensaft und den Kalbsfond dazugeben, etwas einkochen. Die Kräuter waschen und die Blättchen fein hacken. Mit den Tomaten zum Sud geben und mit Salz und Pfeffer würzen.

Die Artischocken umgedreht abtropfen lassen, auf Teller geben. Das restliche Olivenöl unter die Sauce quirlen, die Artischocken mit der Kräutersauce umgießen.

Gemüsespieße auf Dillsauce

Braucht etwas Zeit

Zutaten für 4 Personen
2 große rote Paprikaschoten (à 300 g)
4 Eßlöffel Olivenöl
100 g Schafskäse (45% Fett i. Tr.; griechischer Feta oder bulgarischer Schafskäse)
1 Teelöffel getrockneter Oregano
250 g Champignons
8 Schalotten
1 Zucchino (250 g)
1 Aubergine (250 g)
Salz
weißer Pfeffer, frisch gemahlen
1 Bund Dill
200 g Vollmilchjoghurt
200 g Sahnejoghurt (griechischer, 10% Fett i.Tr.)
8 lange Metallspieße

Zubereitungszeit: 1 Stunde

Die Paprikaschoten waschen, längs halbieren und putzen. Das Fruchtfleisch längs in etwa 3 cm breite Streifen schneiden.

In einer Pfanne mit Deckel 1 Eßlöffel Olivenöl erhitzen, die Paprikastreifen (Hautseite nach unten) zugedeckt bei mittlerer Hitze 5–7 Minuten braten. Herausnehmen, etwas abkühlen lassen und die Haut abziehen.

Inzwischen den Schafskäse in kleinfingerdicke und etwa 2 cm lange Streifen zerteilen, im Oregano wenden. Die Champignons putzen, dabei die Pilzstiele abschneiden. Schalotten schälen und längs halbieren.

Den Zucchino und die Aubergine waschen, putzen und abtrocknen. Beides in etwa 1 cm dicke Scheiben schneiden. Die Auberginenscheiben zusätzlich vierteln. Die Käsestücke in die Paprikastreifen einwickeln.

Die Spieße gut einölen. Darauf abwechselnd eine Schalottenhälfte, eine Zucchinischeibe, ein eingerolltes Stück Schafskäse, einen Champignon und ein Stück Aubergine aufreihen, bis alle

Zutaten aufgebraucht sind. Mit einer Schalottenhälfte als Halt abschließen. Die Gemüsespieße rundherum leicht mit Salz und Pfeffer bestreuen.

Das übrige Olivenöl in der Pfanne erhitzen und die Gemüsespieße etwa 7 Minuten zugedeckt braten (falls der Deckel einen Lüftungsschieber hat, diesen öffnen). Dann die Spieße wenden und noch etwa 7 Minuten braten.

Inzwischen für die Sauce den Dill waschen, trockenschütteln und fein schneiden. Beide Joghurtsorten miteinander verrühren und mit Dill, Salz und Pfeffer abschmecken. Die heißen Gemüsespieße sofort mit der kalten Dillsauce servieren.

Tip!

Je nach Jahreszeit und Vorlieben können Sie auch anderes Gemüse aufspießen, zum Beispiel blanchierte Broccoliröschen und Möhrenscheiben, kleine Gurkenwürfel oder Lauchstücke.

Pizzaecken mit Broccoli

Ideal für Kinder

Für 4 Personen
1 küchenfertig ausgerollter Pizzateig (aus dem Kühlregal)
Für den Belag:
Salz
400 g Broccoli
200 g passierte Tomaten
weißer Pfeffer, frisch gemahlen
50 g frisch geriebener Emmentaler
2 Eßlöffel Sonnenblumenkerne

Zubereitungszeit: 30 Minuten

Den Backofen auf 220–250° vorheizen. Pizzateig mit dem Backpapier aufs Blech legen, mit einer Gabel mehrmals einstechen.

Reichlich Salzwasser zum Kochen bringen. Broccoli waschen, dann in kleine Röschen teilen und etwa 2 Minuten blanchieren. Herausheben, kalt abschrecken und gut abtropfen lassen.

Die passierten Tomaten mit Salz und Pfeffer kräftig würzen, auf den Teig streichen. Den Broccoli darauf verteilen, mit Käse und Sonnenblumenkernen bestreuen.

Die Pizza im Ofen (Mitte) in 12–15 Minuten goldgelb backen, herausnehmen und in schmale Dreiecke schneiden.

Gefüllte Teigtaschen

Zum Mitnehmen

Zutaten für 4 Personen
2 Möhren
4 Stangen Staudensellerie
2 mittelgroße Zucchini
1 Packung gekühlter Pizzateig (400 g; aus dem Kühlregal)
1 Teelöffel Öl
Salz
weißer Pfeffer, frisch gemahlen
100 g Greyerzer (45 % Fett i. Tr.)
1 Eigelb

Zubereitungszeit: 1 Stunde

Den Backofen auf 200° vorheizen. Das Gemüse waschen, putzen und sehr fein würfeln. Im Öl etwa 5 Minuten dünsten. Mit Salz und Pfeffer würzen, etwas abkühlen lassen. Den Käse klein würfeln und unter das Gemüse mischen.

Den Pizzateig dünn ausrollen und Kreise von 8 cm Durchmesser ausstechen. Jeweils etwas Gemüse in die Mitte setzen und den Teig zu Halbkreisen zusammenklappen. Die Ränder festdrücken. Eigelb mit 2 Eßlöffeln Wasser verquirlen und die Teigtaschen damit bepinseln.

Im Ofen (Mitte) in etwa 25 Minuten goldbraun backen. Noch ofenwarm oder kalt servieren.

Lammspieße mit Auberginen

Gelingt leicht

Zutaten für 4 Personen
600 g Lammfleisch aus der Keule
4 kleine Auberginen
8 Cocktailtomaten
4 Eßlöffel Olivenöl
Salz
weißer Pfeffer, frisch gemahlen
Außerdem: 4 Metallspieße
Zum Garnieren:
1 Bund glatte Petersilie
1 mittelgroße Tomate
1 Zitrone

Zubereitungszeit: 45 Minuten

Das Lammfleisch kurz waschen und gut trockentupfen. Dann mit einem scharfen Messer Häutchen und Sehnen entfernen, das Fleisch in mundgerechte Würfel schneiden.

Die Auberginen waschen, abtrocknen und die Stielansätze abschneiden. Vom Gemüse in einem Abstand von 2–3 cm längs Streifen abschälen. Die Auberginen anschließend in etwa 2 cm dicke Scheiben schneiden. Die Cocktailtomaten waschen.

Die Metallspieße gut einölen. Abwechselnd Fleischwürfel, Auberginenscheiben und Cocktailtomaten auf die Spieße stecken. Rundherum mit dem restlichen Olivenöl bepinseln und mit Salz und Pfeffer bestreuen. Die Spieße auf dem Holzkohlengrill oder im Backofen bei 200° insgesamt 8–10 Minuten grillen*, bis sie gebräunt sind, dabei ein- bis zweimal wenden.

Petersilie waschen und trockenschütteln, Stiele abschneiden. Die Tomate waschen und achteln, die Zitrone vierteln.

Petersilie auf einer Platte verteilen und die Spieße darauf anrichten. Mit Tomate und Zitrone garnieren und sofort heiß servieren.

Garnelen-Spießchen

Exklusiv

Zutaten für etwa 25 Stück
1 Zucchino (etwa 250 g)
100 g geschälte gegarte Tiefseegarnelen (etwa 25 Stück)
Öl zum Ausbacken
1 Eßlöffel Aceto Balsamico (Balsamessig)
1 Eßlöffel Zitronensaft
1 Teelöffel gehackter Dill
Salz
weißer Pfeffer, frisch gemahlen
1 Messerspitze Sambal Oelek oder Cayennepfeffer
2 Eßlöffel Olivenöl, kaltgepreßt
25 kleine Holzspießchen

Zubereitungszeit: 40 Minuten

Den Zucchino waschen und vom Stiel- und Blütenansatz befreien. Auf der Haushaltsreibe in dünne Scheiben hobeln. Die Garnelen kalt abbrausen. Zucchinischeiben und Garnelen gut trockentupfen.

Je 2 Zucchinischeiben aufeinander legen und in der Mitte leicht zusammenfalten. Jeweils 1 Garnele in die Öffnung legen und das Ganze zusammen auf ein Holzspießchen stecken.

Reichlich Fett zum Ausbacken in einer Pfanne mit hohem Rand oder in einem breiten Topf erhitzen. Die Spießchen darin portionsweise etwa 1/2 Minute fritieren* (Vorsicht Spritzgefahr!). Mit einem Schaumlöffel herausheben und auf Küchenpapier sehr gut abtropfen lassen.

Für die Marinade den Essig mit dem Zitronensaft, dem Dill, Salz, Pfeffer und dem Sambal Oelek oder Cayennepfeffer verrühren. Über die Garnelen-Spießchen träufeln und diese bis zum Servieren durchziehen lassen.

Im Bild:
Lammspieße mit Auberginen

Krabbenomelett mit Oliven

Macht wenig Arbeit

Zutaten für 2 Personen
20 mit Paprika gefüllte Oliven
4 Eier
Salz
schwarzer Pfeffer, frisch gemahlen
1 Prise Paprikapulver, edelsüß
etwas Muskatnuß, frisch gerieben
120 g geschälte Krabben (Garnelen, Shrimps)
3 Eßlöffel Olivenöl

Zubereitungszeit: 20 Minuten

Die Oliven abtropfen lassen und in dünne Scheiben schneiden.

Die Eier in einer Schüssel mit einem Schneebesen sehr gut verquirlen. Mit Salz, Pfeffer, dem Paprikapulver und dem Muskat würzen.

Die Krabben und die Olivenscheiben unter die verquirlte Eiermischung rühren.

Das Olivenöl in einer mittelgroßen, möglichst beschichteten Pfanne erhitzen. Die Eiermasse hineingießen und bei schwacher Hitze stocken lassen. Wenn nur noch die oberste Schicht flüssig ist, das Omelett auf einen Teller gleiten lassen und umgedreht wieder in die Pfanne geben. In etwa 5 Minuten fertigbraten.

Das Krabbenomelett halbieren oder vierteln und auf zwei vorgewärmten Tellern anrichten.

Oder das Omelett abkühlen lassen und in mundgerechte Stücke schneiden.

Knoblauch-Chillie-Eier

Würzig

Zutaten für 4 Personen
4 reife Tomaten (etwa 600 g)
2 Knoblauchzehen
2 getrocknete rote Chilischoten (ersatzweise 1-2 Messerspitzen Cayennepfeffer)
1/2 Teelöffel weiße Pfefferkörner
1/2 Teelöffel Korianderkörner
1 Prise Muskatnuß, frisch gerieben
1 Prise Selleriesalz
1 Eßlöffel Butter
Salz
weißer Pfeffer, frisch gemahlen
1 Eßlöffel feingehackte Petersilie
4 Eier
4 Scheiben Chorizo (stark gewürzte Wurst mit Paprika, ersatzweise Cabanossi oder Knoblauchwurst)
50 g Greyerzer, frisch gerieben (45 % Fett i. Tr.)
etwas Öl für die Förmchen

Zubereitungszeit: 45 Minuten

Die Tomaten mit kochendem Wasser überbrühen, kalt abschrecken, häuten*, halbieren und entkernen. Die Stielansätze entfernen. Das Fruchtfleisch in Würfel schneiden.

Den Knoblauch schälen und fein hacken. Die Chilischoten mit den Pfeffer- und Korianderkörnern im Mörser sehr fein zerstoßen. Dann mit Muskat und Selleriesalz mischen.

Den Backofen auf 180° vorheizen. Die Butter zerlassen. Tomaten, Knoblauch und Gewürze darin etwa 10 Minuten dünsten, bis die Flüssigkeit fast eingekocht ist. Die Tomatensauce mit Salz und Pfeffer abschmecken, die Petersilie einrühren.

Vier flache ofenfeste Steingutförmchen einölen, die Tomatensauce darin verteilen. Je 1 Ei in jedes Förmchen aufschlagen, neben jedes Eigelb 1 Scheibe Chorizo legen. Mit dem Käse überstreuen. Im Backofen (oben) 15–20 Minuten backen, das Eigelb soll noch weich sein. Die Knoblauch-Chillie-Eier heiß in den Förmchen servieren.

Verlorene Eier in Tomatensauce

Preiswert

Zutaten für 2 Personen
1 kleine Zwiebel
1 kleine Knoblauchzehe
1 Eßlöffel Olivenöl
1 Dose geschälte Tomaten (400 g Inhalt)
1 Lorbeerblatt
1 Zweig Rosmarin
schwarzer Pfeffer, frisch gemahlen
Salz
4 Eier

Zubereitungszeit: 40 Minuten

Die Zwiebel und den Knoblauch schälen und sehr fein hacken, im Olivenöl andünsten. Den Back-ofen auf 175° vorheizen.

Die Tomaten samt Saft, das Lorbeerblatt und den Rosmarin zufügen. Alles offen köcheln* lassen, bis die Tomatensauce dicklich ist. Mit Pfeffer und Salz würzen.

Sauce in eine feuerfeste, flache Form geben und vier Mulden hineindrücken. Die Eier aufschlagen und vorsichtig in die Mulden gleiten lassen. Abdecken und im Backofen (Mitte) etwa 5 Minuten stocken lassen. Die Eier vor dem Servieren mit etwas Pfeffer und Salz bestreuen.

Schafskäse in Folie

Macht wenig Arbeit

Zutaten für 2 Personen
2 Eßlöffel Olivenöl
300 g griechischer Schafskäse (Feta; 45% Fett i. Tr.)
2 kleine Tomaten
1 kleine Zwiebel
8 grüne Oliven
2 eingelegte grüne Peperoni
etwas getrockneter Thymian und Oregano
etwas gemahlener Kreuzkümmel
Salz
schwarzer Pfeffer, frisch gemahlen

Zubereitungszeit: 25 Minuten

Den Backofen mit dem Backblech auf 200° vorheizen. Zwei etwa 40 cm lange Stücke Alufolie auf der glänzenden Seite mit je 1 Teelöffel Öl bestreichen. Den Schafskäse halbieren und in die Mitte der Folien legen.

Die Tomaten waschen, putzen und in Scheiben schneiden. Auf dem Käse verteilen. Die Zwiebel schälen, in hauchdünne Scheiben schneiden, darüber geben. Die Oliven und die Peperoni darumherum anordnen.

Das Ganze mit Thymian, Oregano, Kreuzkümmel, Salz und Pfeffer würzen. Das übrige Olivenöl darüber träufeln. Die Folien zu Päckchen falten und im Ofen etwa 15 Minuten backen. Den Käse heiß in der Folie servieren.

Lachs mit Broccoli

Zum Mitnehmen

Zutaten für 2 Personen
400 g Broccoliröschen
Salz
4-6 Eßlöffel Olivenöl, kaltgepreßt
ein paar Tropfen Zitronensaft
weißer Pfeffer, frisch gemahlen
1 Bund glattblättrige Petersilie
4 Scheiben geräucherter Lachs
1 Teelöffel kleine Kapern

Zubereitungszeit: 20 Minuten

Die Broccoliröschen waschen und in Salzwasser 3–4 Minuten knackig blanchieren*.

Öl, Zitronensaft, Salz und Pfeffer kräftig miteinander verrühren. Die Petersilie waschen, sehr fein hacken und zur Sauce geben. Über den noch warmen Broccoli gießen und bis zum Servieren abgedeckt marinieren*.

Zum Servieren oder am Arbeitsplatz den Lachs und den Broccoli auf Tellern hübsch anrichten und mit den Kapern bestreuen.

Tomaten-Möhren-Drink

Vitaminreich

Zutaten für 1 Glas
100 ml Tomatensaft
100 ml Möhrensaft
50 ml Sauerkrautsaft
Selleriesalz
weißer Pfeffer, frisch gemahlen

Zubereitungszeit: 5 Minuten

Die Säfte gut miteinander mischen, mit Selleriesalz und Pfeffer abschmecken*.

Tomaten-Molke-Drink

Würzig

Zutaten für 1 Glas
50 ml Molke
50 ml Tomatensaft
Salz
weißer Pfeffer, frisch gemahlen
Mineralwasser zum Aufgießen

Zubereitungszeit: 5 Minuten

Die Molke und den Tomatensaft in ein Glas gießen und gut verrühren. Die Mischung mit Salz und Pfeffer würzen. Den Drink zum Schluß mit Mineralwasser aufgießen.

Ananas-Drink

Raffiniert

Zutaten für 1 Glas
1 Scheibe frische Ananas
200 ml Orangensaft, frisch gepreßt
1 Eßlöffel Birnendicksaft (aus dem Reformhaus)

Zubereitungszeit: 10 Minuten

Die Ananasscheibe in kleine Stückchen schneiden. Zusammen mit dem Orangensaft und dem Birnendicksaft im Mixer pürieren.

Apfel-Sellerie-Drink

Ideal für Kinder

Zutaten für 1 Glas
1/2 Apfel
Saft einer 1/2 Zitrone
100 ml Möhrensaft
100 ml Selleriesaft

Zubereitungszeit: 15 Minuten

Den Apfel schälen, vierteln, entkernen und in kleine Stücke schneiden. Apfelstücke, Zitronensaft und die beiden Gemüsesäfte im Mixer fein pürieren.

Ananas-Melonen-Drink

Für Parties

Zutaten für 1 Glas
1/8 Honigmelone
1 Scheibe frische Ananas
Mineralwasser zum Aufgießen

Zubereitungszeit: 10 Minuten

Die Melone schälen und entkernen. Melone und Ananas in Stücke schneiden. Mit 100 ml Mineralwasser pürieren. Restliches Mineralwasser aufgießen.

Variante:

In den Ananas-Melonen-Drink noch 2 Eßlöffel Sanddorn-Vollfrucht-Mus (aus dem Reformhaus) rühren. Das macht den Drink noch vitaminreicher.

Im Uhrzeigersinn von oben: Apfel-Sellerie-Drink, Tomaten-Molke-Drink, Ananas-Drink, Ananas-Melonen-Drink und Tomaten-Möhren-Drink

Kräuter-Möhren-Buttermilch

Würzig

Zutaten für 1 Glas
1 Handvoll Kerbel
1/2 Bund Petersilie
1 Zweig Estragon
1/2 Teelöffel flüssiger Honig
100 ml Möhrensaft
125 ml kalte Buttermilch
Salz
weißer Pfeffer, frisch gemahlen
1 Spritzer Worcestersauce
3 Möhrenscheiben zum Garnieren

Zubereitungszeit: 15 Minuten

Die Kräuter waschen und gut trockenschwenken. Einige Stengel Kerbel zum Garnieren beiseite legen. Die übrigen Kerbel-, die Petersilien- und die Estragonblätter von den Stielen abzupfen und fein hacken.

Kräuterblättchen in den Mixer geben. Honig und den Möhrensaft hinzufügen. Alles etwa 15 Sekunden kräftig durchmixen.

Die Buttermilch dazugießen. Das Ganze mit Salz, Pfeffer und der Worcestersauce würzen. Den Mixer wieder schließen und alle Zutaten zusammen noch einmal kurz durchmischen.

In ein Longdrinkglas gießen. Die Möhrenscheiben bis zur Mitte einschneiden und an den Glasrand stecken. Den Drink mit dem Kerbel garnieren.

Gurken-Minze-Kefir

Preiswert

Zutaten für 2 Gläser
1 Stück Salat- oder Gärtnergurke (etwa 300 g)
1 kleine Knoblauchzehe
3 Zweige Minze
1 Teelöffel Zitronensaft
250 g Kefir
1/2 Teelöffel Meerrettich aus dem Glas
Salz
schwarzer Pfeffer, frisch gemahlen
Zum Garnieren:
2 Radieschen
2 Cocktailspieße
2 dicke Trinkhalme

Zubereitungszeit: 15 Minuten

Die Gurke waschen und trockentupfen. 2 Scheiben abschneiden und zum Garnieren beiseite legen. Die übrige Gurke schälen, längs halbieren, entkernen und in Stücke schneiden. Die Knoblauchzehe schälen, grob hacken und mit den Gurkenscheiben in den Mixer geben.

Die Minze waschen und trockenschwenken. 2 Zweige zum Garnieren beiseite legen. Von dem übrigen Zweig die Blätter abzupfen und in feine Streifen schneiden. Mit dem Zitronensaft und der Hälfte des Kefirs in den Mixer geben und alles etwa 15 Sekunden durchmixen.

Den restlichen Kefir dazugießen. Die Mischung mit Meerrettich, Salz und Pfeffer würzen. Alles zusammen noch kurz durchmixen.

Den Kefir in Longdrinkgläser gießen. Je ein Radieschen mit einer Gurkenscheibe auf 1 Cocktailspieß stecken und über das Glas legen. Mit den Minzezweigen garnieren und mit den Trinkhalmen servieren.

Kräuter-Tomaten-Kefir

Vitaminreich

Zutaten für 4 Gläser
10 Blätter Rucola
2 Zweige glatte Petersilie
1 Zweig Selleriegrün
350 g Tomaten
1 grüne Paprikaschote
750 ml Kefir
Muskatnuß, frisch gerieben
Tabasco
Salz
weißer Pfeffer, frisch gemahlen

Zubereitungszeit: 20 Minuten

Den Rucola, die Petersilie und das Selleriegrün waschen, trockentupfen. Die Blättchen grob zerschneiden.

Die Tomaten überbrühen, kalt abschrecken, häuten und entkernen. Die Stielansätze entfernen und das Fruchtfleisch würfeln.

Die Paprikaschote waschen und halbieren, Kerne, Trennwände und Stielansatz entfernen. Das Fruchtfleisch klein würfeln.

Alles mit dem Kefir in einen Mixer geben und fein pürieren. Mit Muskatnuß, einigen Tropfen Tabasco, Salz und Pfeffer würzen. Den Drink gut gekühlt, nach Belieben mit Zitronenscheiben garniert, servieren.

Würziger Joghurt-Drink

Kalorienarm

Zutaten für 4 Gläser
300 g Naturjoghurt
Salz
1/4 Teelöffel gemahlener Kreuzkümmel
1 Teelöffel Zitronensaft
1/2 l Mineralwasser (kohlensäurearm)
nach Belieben Minzeblättchen zum Garnieren

Zubereitungszeit: 15 Minuten
Kühlzeit: 1 Stunde

Den Joghurt mit 1/2 Teelöffel Salz, dem Kreuzkümmel und dem Zitronensaft glatt mixen. Nach und nach das Mineralwasser zugießen, dabei weiter mixen.

Den Drink in eine Glaskaraffe füllen und mindestens 1 Stunde kühl stellen. Zum Servieren nach Belieben mit Minze garnieren.

Curry-Joghurt-Drink

Raffiniert

Zutaten für 2 Gläser
1 Banane (etwa 150 g)
2 Teelöffel Currypulver
1/4 Teelöffel Ingwerpulver
200 g kalter Naturjoghurt
75 ml Mineralwasser
Salz
schwarzer Pfeffer, frisch gemahlen
4 Eiswürfel
Außerdem:
Zitronenmelisse zum Garnieren
2 Trinkhalme

Zubereitungszeit: 15 Minuten

Die Banane schälen, in kleine Stücke schneiden und in den Mixer geben. Curry, Ingwer und den Joghurt hinzufügen. Das Ganze kräftig durchmixen.

Das Mineralwasser angießen und die Mischung mit Salz und Pfeffer würzen. Alles nochmals kurz durchmixen.

In zwei Longdrinkgläser je 2 Eiswürfel geben. Den Curry-Joghurt-Drink über das Eis in die Gläser gießen. Drinks mit Zitronenmelisse garnieren und mit Trinkhalmen servieren.

Salate

Es gibt Salat und Salat. Für die einen ist er grün, angemacht mit Essig und Öl und nur als Beilage gedacht. Für die anderen ist er groß, bunt und oft schon eine komplette Mahlzeit.

Neue Salatsorten kombiniert mit rohem und gegartem Gemüse, Nüssen, Samen, Fleisch oder Fisch, sind Inbegriff für Genuß und Gesundheit.

Aber erst durch das Dressing wird ein Salat so richtig gut. Fein abgestimmt auf eine Eiweiß- oder Kohlenhydrat-Mahlzeit bringt es die Aromen aller Zutaten voll zur Geltung.

Wichtig für das Wohlbefinden

Daß Salate gesund sind, weiß jeder. Aber trotzdem ist es bis heute nicht selbstverständlich, auch jeden Tag welche zu essen. In der Trennkost sollen Salate zusammen mit Gemüse und Obst etwa die Hälfte der gesamten Tageskost ausmachen. Denn sie sind eine echte Fundgrube für den Körper. Jede Menge lebenswichtiger Vitamine, Mineral- und Ballaststoffe sind darin enthalten, aber nur wenige Kalorien. Das große Marktangebot macht eine abwechslungsreiche Zubereitung leicht. Mit Salaten läßt sich vorzüglich schlemmen und man wird dank der magenfüllenden Ballaststoffe angenehm satt.

Zweimal pro Tag

Jeweils zum Mittag- und zum Abendessen sollten Sie eine große Portion Salat einplanen. Das kann ein grüner oder gemischter Blattsalat sein oder Blattsalate und Gemüse kombiniert. Mittags möglichst die Rohkost essen, da tagsüber alles optimal verdaut wird. Zum Abendessen können Sie dann einen gedünsteten Gemüsesalat mit Kräutern oder einen gemischten Blattsalat auswählen, also die leichter verdaulichen Varianten, weil abends die Verdauung nämlich schon auf Sparflamme läuft. Wenn Ihr Appetit mal nicht so groß ist, essen Sie einfach nur einen üppigen Salatteller als Hauptgericht. Neben den Vorschlägen in diesem Kapitel werden Sie auch Ihre eigenen Kreationen mischen. Achten Sie dann darauf, daß Sie keine Zutaten aus der Eiweißgruppe mit Zutaten aus der Kohlenhydratgruppe kombinieren und daß der Salat grundsätzlich gruppenmäßig immer zum Hauptgericht paßt.

Tips für Blattsalate

- Die äußeren Blätter und den Strunk entfernen, die einzelnen Blätter behutsam voneinander lösen. Auch grobe oder welke Blätter entfernen.
- Die Blätter unzerkleinert in stehendem Wasser waschen oder sanft abbrausen, aber nie mit dem direkten Wasserstrahl.

Zarte Blattsalate grundsätzlich unzerkleinert und sanft waschen

- Salat nach dem Waschen gut abtropfen lassen oder in einer Salatschleuder trockenschwenken, damit die Sauce nicht verwässert wird.
- Blattsalate erst kurz vor dem Servieren in mundgerechte Stücke zupfen und mit der Salatsauce vermengen.
- Nur ganz frische und knackige Blattsalate kaufen und möglichst schnell verwenden. Falls es nicht anders geht, gewaschenen Salat locker in einen Gefrierbeutel oder in ein sauberes, feuchtes Küchentuch wickeln, fest verschließen und im Gemüsefach des Kühlschrankes aufheben.

Tips für Rohkost & Gemüsesalate

- Für Rohkost und Salate grundsätzlich nur topfrisches und knackiges Gemüse kaufen.
- Möglichst Gemüse der Saison, aus Freilandanbau und aus der Region kaufen.
- Gemüse immer nur ungeschält und relativ kurz waschen. Dann erst putzen.
- Gemüse für Rohkostsalate erst kurz vor dem Essen zerkleinern und sofort mit der Sauce mischen, damit möglichst wenig Vitamine verloren gehen.
- Alle Gemüsesorten so kurz wie möglich garen, sie sollten für Salate unbedingt bißfest sein.

Die Salatsaucen

Erst die Sauce macht einen Salat zum kulinarischen Genuß. Bei der Trennkost unterscheidet man zwei Arten von Salatsaucen: die klare Vinaigrette auf Basis von Essig oder Zitrone und Öl und die sahnige Salatsauce auf Basis von Milchprodukten wie süßer oder saurer Sahne, Vollmilchjoghurt, Crème fraîche oder Sahnedickmilch - aber ohne Säure. Alle Varianten der sahnigen Salatsauce und der Vinaigrette mit wenig Essig oder Zitronensaft gehören zur neutralen Gruppe, können also beliebig kombiniert werden. Wird allerdings bei einer Vinaigrette mehr als 1 Teelöffel Essig oder Zitronensaft pro Portion verwendet, zählt diese Salatsauce wegen der größeren Säuremenge zur Eiweißgruppe, obwohl sie selbst kein Eiweiß enthält.

Praktischer Vorrat

Praktisch und zeitsparend ist es, wenn Sie die Grundsaucen (siehe rechts) für eine Woche zubereiten und in Schraubgläsern im Kühlschrank aufbewahren. So können Sie jeweils eine Portion entnehmen und diese ganz nach Belieben variieren. Zum Beispiel mit frischen Kräutern, feingehackter Zwiebel, durchgepreßtem Knoblauch, ein wenig Senf, heller Sojasauce, Tomatenpüree oder ein paar Tropfen Tabasco.

Vinaigrette

Grundsauce für 2–3 Portionen:
2 Teelöffel Weinessig oder Zitronensaft, Meer- oder Kräutersalz, frisch gemahlener Pfeffer, 2 Eßlöffel Gemüsebrühe und 2–3 Eßlöffel kaltgepreßtes Öl kräftig miteinander verschlagen.

Sahne-Salatsauce

Grundsauce für 2–3 Portionen:
2–3 Eßlöffel Vollmilchjoghurt, saure oder süße Sahne, Sahnedickmilch oder Crème fraîche mit 1–2 Eßlöffeln kaltgepreßtem Öl, Meer- oder Kräutersalz und frisch gemahlenem Pfeffer verrühren.

Für mehr Aroma: feines Öl

Beim Öl haben Sie die Auswahl zwischen geschmacksneutral und geschmacksintensiv. Zu den geschmacksneutralen gehören Maiskeim-, Sonnenblumen-, Raps- und Weizenkeimöl. Intensiv im Geschmack dagegen sind Distelöl, Walnußöl, Haselnußöl, Erdnußöl, Sesamöl, Traubenkernöl, Kürbiskernöl und Olivenöl. Sie geben den Salaten immer wieder eine neue aparte Note.

Wichtige Essigsorten

Mit verschiedenen Essigaromen kann eine Vinaigrette vielfältig variiert werden. Bei echtem Weinessig schmeckt der rote kräftiger als der weiße. Weinessig ist auch die Basis für Frucht-, Kräuter- und Gewürzessige. Obstessig wird meist aus Apfelwein gewonnen. Sherry-Essig ist ein Spitzenprodukt aus spanischem Sherrywein. "Aceto Balsamico Tradizionale" (Balsamessig) aus Italien schmeckt leicht süßlich, ist dunkel und dickflüssig. Er hat ein besonders feines, aber auch intensives Aroma, so daß

Verschiedene Öl- und Essigsorten bringen viel Aroma in Salate

man nur kleine Mengen davon braucht. Sie können auch unterschiedliche Öl- oder Essigsorten miteinander mischen. Lassen Sie Ihre Phantasie freien Lauf – so ergeben sich immer wieder neue Salatsaucen-Kreationen.

Dijon-Senfsauce

Würzig

Zutaten für 4 Personen
9 helle Senfkörner
3 weiße Pfefferkörner
1 Eßlöffel Dijon-Senf
1/2 Teelöffel Zucker
150 g saure Sahne
Salz
1 Eigelb

Zubereitungszeit: 15 Minuten

Die Senfkörner und die Pfefferkörner fein zerstoßen. Den Senf und den Zucker untermischen.

Die saure Sahne mit etwas Salz und dem Eigelb cremig schlagen, in die Senfmischung rühren.

Roquefortsauce

Exklusiv

Zutaten für 4 Personen
50 g Roquefort
4 Eßlöffel Sahne
50 g Magerjoghurt
1 Eßlöffel Weißweinessig
2 Eßlöffel trockener Weißwein
2 Eßlöffel Geflügelbouillon

Zubereitungszeit: 15 Minuten

Den Käse mit einer Gabel fein zerdrücken und mit der Sahne geschmeidig rühren. Dann den Joghurt, den Essig und den Weißwein untermischen.

Beide Massen miteinander cremig rühren und eventuell mit der Geflügelbouillon verdünnen.

Basilikum-Dressing

Aus Italien

Zutaten für 4 Personen
2 kleine Schalotten
2 Eßlöffel Basilikumblätter
2 Eßlöffel trockener Weißwein
2 Eßlöffel Weißweinessig
Salz
schwarzer Pfeffer, frisch gemahlen
5 Eßlöffel Olivenöl, kaltgepreßt

Zubereitungszeit: 10 Minuten

Die Schalotten schälen und möglichst klein würfeln. Die Basilikumblätter in kurze, hauchfeine Streifchen schneiden.

Weißwein und Essig mit etwas Salz und Pfeffer so lange verrühren, bis das Salz und der Pfeffer sich aufgelöst haben. Das Öl kräftig unterschlagen*. Die Schalotten und das Basilikum unter das Dressing mischen.

Thousand Islands Dressing

Raffiniert

Zutaten für 4 Personen
1/4 rote Paprikaschote
1/2 Schalotte
1 kleine Gewürzgurke
2 hartgekochte Eigelbe
50 g Salatmayonnaise
3 Eßlöffel Sahne
3 Eßlöffel Tomatenketchup
1 Prise Chilipulver
Salz

Zubereitungszeit: 10 Minuten

Die Paprikaschote mit einem Sparschäler schälen und entkernen. Die Schalotte schälen. Paprika, Schalotte und Gewürzgurke möglichst fein hacken.

Die Eigelbe durch ein feines Sieb streichen. Mit der Mayonnaise, der Sahne, dem Tomatenketchup, dem Chilipulver und den gehackten Zutaten mischen. Das Dressing mit Salz abschmecken.

Tip!

Wenn Sie es gerne würziger mögen, können Sie das Tomatenketchup gegen Chilisauce austauschen. Dafür aber dann das Chilipulver weglassen.

Lauwarmer Spargelsalat mit Rucola

Für Gäste

Zutaten für 4 Personen
750 g weißer Spargel
Salz
1 Prise Zucker
1 Bund Rucola
1 Teelöffel scharfer Senf
1 Eßlöffel Weißweinessig
weißer Pfeffer, frisch gemahlen
2 Eßlöffel Sonnblumen- oder Distelöl

Zubereitungszeit: 30 Minuten

In einem breiten Topf reichlich Wasser zum Kochen bringen. Den Spargel waschen und sorgfältig schälen. Die holzigen Enden entfernen. Die Spargelstangen in etwa 5 cm lange Stücke schneiden.

In das kochende Wasser etwas Salz und den Zucker geben. Den Spargel darin zugedeckt in 10–15 Minuten bißfest* kochen. Inzwischen den Rucola waschen, trokkenschwenken und in kleinere Stücke zupfen.

Senf mit Essig, Salz und Pfeffer verrühren. Zwei Eßlöffel vom Spargelkochwasser und das Öl darunterschlagen. Den Rucola in der Marinade wenden. Alles in eine Schüssel umfüllen.

Den Spargel mit einem Schaumlöffel aus dem Kochwasser heben, sorgfältig abtropfen lassen und zur Rucolamarinade geben. Alle Zutaten behutsam mischen, nochmals abschmecken und den Salat sofort servieren.

Rohkost mit Radieschenvinaigrette

Vitaminreich

Zutaten für 4 Personen
200 g Möhren
1 mittelgroßer Kohlrabi
50 g kleine Champignons
3 Eßlöffel Zitronensaft
2 Frühlingszwiebeln
1 Bund Radieschen
3 Eßlöffel Apfelessig
4 Eßlöffel Sonnenblumenöl
4 Eßlöffel Olivenöl, kaltgepreßt
Salz
schwarzer Pfeffer, frisch gemahlen
2 Eßlöffel Sonnenblumenkerne

Zubereitungszeit: 30 Minuten

Die Möhren und den Kohlrabi waschen und putzen, dabei die zarten Kohlrabiblättchen beiseite legen. Das Gemüse schälen und auf einer Reibe grob raspeln.

Die Champignons putzen, nur wenn nötig, kurz waschen und blättrig schneiden. Anschließend sofort mit 1 Eßlöffel Zitronensaft beträufeln. Die Frühlingszwiebeln waschen, putzen und schräg in hauchdünne Ringe schneiden.

Die Radieschen waschen und putzen, dabei ein paar Stengel zartes Grün beiseite legen. Die Hälfte der Radieschen in dünne Scheiben schneiden, die restlichen grob raspeln.

Das Radieschengrün und die Kohlrabiblättchen fein hacken und mit dem restlichen Zitronensaft und dem Essig verrühren. Die beiden Ölsorten kräftig darunterschlagen. Die Radieschenraspel unter das Dressing mischen und alles mit Salz und Pfeffer abschmecken.

Die Möhren, den Kohlrabi, die Champignons, die Frühlingszwiebeln und die Radieschenscheiben auf Tellern anrichten. Die Vinaigrette gleichmäßig darüber träufeln und mit den Sonnenblumenkernen bestreuen.

Sommersalat

Raffiniert

Zutaten für 4 Personen
4 Eier
1 Kopf Romanasalat
4 mittelgroße Tomaten
1 Salatgurke
1 Bund Radieschen
1 Bund Petersilie
1 Bund Schnittlauch
1 Bund Dill
150 g Parmaschinken
Saft von 2 Zitronen
Salz
weißer Pfeffer, frisch gemahlen
1 Knoblauchzehe
1 Teelöffel Senf
6 Eßlöffel Olivenöl

Zubereitungszeit: 30 Minuten

Die Eier in 8–10 Minuten hart kochen. Den Romanasalat waschen, gut abtropfen lassen und die Blätter in mundgerechte Stücke zupfen. Die Tomaten waschen und quer in Scheiben schneiden. Die Gurke waschen, streifig schälen, ebenfalls in Scheiben schneiden.

Die Radieschen waschen, putzen und in dünne Scheiben hobeln oder schneiden. Einige zarte Blättchen vom Radieschengrün fein hacken und beiseite legen. Alle Kräuter waschen, trockenschwenken, fein hacken.

Die Eier kalt abschrecken, pellen und in Achtel schneiden. Den Parmaschinken zu lockeren Röllchen aufdrehen.

Eine große Platte mit den Romablättern auslegen. Tomaten, Gurke, Radieschen, Eier und Parmaschinken darauf dekorativ anrichten.

Den Zitronensaft mit Salz und Pfeffer verrühren. Die Knoblauchzehe schälen, durch die Presse dazudrücken und mit dem Senf untermischen. Das Olivenöl kräftig unterschlagen. Die gehackten Kräuter und das Radieschengrün zugeben. Die Kräutersauce über den Salat träufeln.

Löwenzahnsalat

Würzig

Zutaten für 4 Personen
1 Staude Löwenzahnsalat
1 Bund chinesischer Schnittlauch (ersatzweise 2 Frühlingszwiebeln)
100 g schwarze Oliven
3 Eßlöffel Weißweinessig
Salz
weißer Pfeffer, frisch gemahlen
1 Prise Zucker
5 Eßlöffel Sonnenblumenöl
150 g Schafskäse (Feta; 45% Fett i. Tr.)

Zubereitungszeit: 20 Minuten

Den Löwenzahnsalat waschen, putzen und sehr gut abtropfen lassen. Die Blätter in etwa 3 cm lange Stücke schneiden. Den chinesischen Schnittlauch waschen und fein schneiden.

Die Oliven und den Schnittlauch unter den Löwenzahnsalat mischen. Den Weißweinessig mit Salz, Pfeffer und dem Zucker gut verrühren. Das Öl darunterschlagen. Die Sauce über den Salat gießen. Alles vorsichtig vermengen und kurz durchziehen lassen.

Zum Anrichten den Salat in eine Schüssel füllen, den Schafskäse zerbröckeln und darüber streuen.

Tip!

Von April bis Mai können Sie die zarten Blätter vom wilden Löwenzahn auf Wiesen, Weiden, an Wegrändern und Äckern finden. Nicht sammeln sollten Sie Pflänzchen, die an Straßen wachsen oder auf Wiesen stehen, die gerade gedüngt wurden. Für den Salat brauchen Sie etwa 400 g Wild-Löwenzahn.

Broccoli-Zucchini-Salat

Aus Italien

Zutaten für 4 Personen
600 g Broccoliröschen
Salz
1 Kopfsalat
2 zarte Zucchini (je etwa 150 g)
4 Radieschen
2 Eßlöffel Pinienkerne
Für die Salatsauce:
2 Eßlöffel Aceto Balsamico (Balsamessig)
6 Eßlöffel Zitronensaft
6 Eßlöffel Olivenöl, kaltgepreßt
Salz
schwarzer Pfeffer, frisch gemahlen
2 Stengel Basilikum

Zubereitungszeit: 20 Minuten

Die Broccoliröschen in kochendem Salzwasser etwa 3 Minuten blanchieren*, abgießen, kalt abschrecken und gut abtropfen lassen. Oder die Röschen über Dampf knackig garen und anschließend leicht salzen.

Den Salat putzen, die Blätter waschen, trockenschwenken und vier Teller damit auslegen.Die Zucchini und die Radieschen waschen und putzen.

Die Broccoliröschen ringförmig über dem Salat anordnen, die Zucchini und die Radieschen mit dem Gurkenhobel direkt in die Mitte der Teller hobeln.

Die Pinienkerne ohne Fett in einer Pfanne unter Rühren leicht rösten bis sie duften und über das Gemüse streuen.

Alle Zutaten für die Sauce außer dem Basilikum gut verrühren und über das Gemüse verteilen. Die Basilikumblätter von den Stengeln zupfen, in Streifen schneiden und über den Salat streuen.

Eisbergsalat mit Radieschen

Preiswert

Zutaten für 4 Personen
1 Kopf Eisbergsalat (etwa 400 g)
1 große rote Zwiebel
2 Bund Radieschen
200 g saure Sahne
1 1/2 Teelöffel scharfer Senf
Salz
1 Messerspitze Zucker
weißer Pfeffer, frisch gemahlen
1 Bund Schnittlauch

Zubereitungszeit: 30 Minuten

Vom Eisbergsalat eventuell die äußeren unansehnlichen Blätter entfernen. Den Salat waschen und sehr gut abtropfen lassen.

Den Strunk aus dem Wurzelende herausschneiden, den Salatkopf quer in vier möglichst gleich dicke Scheiben schneiden und auf Tellern anrichten.

Die Zwiebel schälen und in hauchdünne Ringe schneiden. Die Radieschen waschen, putzen und klein würfeln. Beides auf den Salatportionen anrichten.

Für das Dressing zunächst die saure Sahne mit 1 Teelöffel Senf, etwas Salz, dem Zucker und etwas Pfeffer verrühren und mit dem übrigen Senf abschmecken.

Das Dressing über die Salatportionen verteilen. Den Schnittlauch waschen, trockentupfen, in feine Röllchen schneiden und über den Satat streuen.

Variante:

Zusätzlich können Sie den Salat noch mit Sprossen bestreuen. Sie sind prima Vitaminlieferanten und von hohem kulinarischem Wert. Beliebte Sorten sind Mungobohnen-, Rettich- und Alfalfa-Sprossen. Sie können die Sprossen kaufen oder auch zu Hause selber ziehen.

Im Bild:
Broccoli-Zucchini-Salat – er ist an heißen Sommertagen auch ein erfrischender Mittags-Snack

Lollo rosso-Salat

Gelingt leicht

Zutaten für 4 Personen
1 Kopf Lollo rosso (etwa 400 g)
150 g Zucchini
2 Frühlingszwiebeln
1 unbehandelte Zitrone
150 g Sahnejoghurt
Salz
1 Prise Zucker
6 Stengel Zitronenmelisse
schwarzer Pfeffer, grob gemahlen

Zubereitungszeit: 30 Minuten

Die äußeren Blätter vom Lollo rosso entfernen, den Rest in einzelne Blätter zerlegen, waschen und gut abtropfen lassen.

Die Zucchini waschen, schälen und würfeln. Die Frühlingszwiebeln waschen, putzen und in feine Ringe schneiden.

Die Zitrone heiß waschen, abtrocknen und 2 Teelöffel Schale fein abreiben. Eine Hälfte der Zitrone auspressen.

Die Salatblätter in mundgerechte Stücke zupfen. Mit den Zucchiniwürfeln und den Frühlingszwiebelringen locker vermengen. Auf vier Portionstellern dekorativ anrichten.

Den Joghurt mit etwas Salz, Pfeffer, Zucker und 2 Teelöffeln Zitronensaft verrühren und über den Salat träufeln. Die Melisse waschen und trockentupfen. Die Blättchen von den Stengeln zupfen und in feine Streifen schneiden. Zum Schluß mit der Zitronenschale auf den Salat streuen.

Rote-Bete-Salat mit Frischkäse

Raffiniert

Zutaten für 4 Personen
100 g Feldsalat
400 g rote Beten (möglichst kleine Knollen)
1 Zwiebel
100 g Doppelrahmfrischkäse
8 Eßlöffel Vollmilch
Salz
1 Messerspitze gemahlener Kümmel
2 Teelöffel Zitronensaft
2 Teelöffel geriebener Meerrettich (aus dem Glas)
2 kleine Zweige Thymian

Zubereitungszeit: 50 Minuten

Den Feldsalat waschen, putzen und trockenschwenken. Die roten Beten unter fließendem Wasser bürsten, abtrocknen und schälen. Zuerst in Scheiben hobeln, dann in feine Stifte schneiden.

Die Zwiebel schälen, klein würfeln und mit den roten Beten in einer Schüssel mischen.

Den Frischkäse mit so viel Milch verrühren, daß eine cremige Sauce entsteht. Diese mit etwas Salz, dem Kümmel, dem Zitronensaft und dem Meerrettich abschmecken.

Eine Salatplatte zur Hälfte mit dem Feldsalat auslegen. Die roten Beten mit der Zwiebel unter die Käsecreme heben und neben dem Feldsalat anordnen. Den Thymian waschen, die Blättchen abzupfen, fein hacken und über den Salat streuen.

Radicchio mit Mandelsauce

Für Gäste

Zutaten für 4 Personen
3 Eßlöffel gehobelte Mandeln
5 Eßlöffel geschälte gemahlene Mandeln
250 ml Vollmilch
Salz
schwarzer Pfeffer, frisch gemahlen
1 1/2 Teelöffel scharfer Senf
einige Tropfen Tabasco
1 Bund glatte Petersilie
350 g Radicchio (1–2 Köpfe)
1 Teelöffel Aceto Balsamico (Balsamessig)
4 Eßlöffel Sonnenblumenöl

Zubereitungszeit: 40 Minuten

Die gehobelten Mandeln in einer trockenen Pfanne bei mittlerer Hitze unter gelegentlichem Rühren goldbraun rösten. Herausnehmen und auf einem Teller beiseite stellen.

Danach die gemahlenen Mandeln in der Pfanne unter Rühren goldgelb rösten. Die Milch dazugießen und die Mischung leicht cremig einkochen lassen. Die Mandelsauce in eine Schüssel umfüllen und etwas abkühlen lassen. Anschließend mit etwas Salz, Pfeffer, dem Senf und dem Tabasco abschmecken.

Petersilie waschen und trockenschütteln. Die Blättchen von den Stielen zupfen und etwa 1 Eßlöffel davon fein hacken. Den Salat putzen, waschen, abtropfen lassen und in mundgerechte Stücke zupfen. Essig und Öl aufschlagen und die Mariande mit Salz und Pfeffer würzen. Den Radicchio und die Petersilienblättchen in der Marinade wenden.

Den Salat mit der Mandelsauce auf Tellern anrichten. Die gehobelten Mandeln und die gehackte Petersilie darüber streuen.

Spinatsalat mit Nußsauce

Würzig

Zutaten für 4 Personen
300 g Blattspinat
2 Schalotten
100 g Schinkenspeck, in dünne Scheiben geschnitten
50 g Haselnüsse, feingehackt
3 Eßlöffel Sherryessig
2 Eßlöffel trockener Sherry (Fino, ersatzweise Apfelsaft)
4 Eßlöffel Distelöl
Salz
schwarzer Pfeffer, frisch gemahlen
1 Prise Zucker
2 hartgekochte Eier

Zubereitungszeit: 30 Minuten

Den Spinat verlesen, gründlich waschen und sehr gut abtropfen lassen oder in einer Salatschleuder trockenschwenken. Die Schalotten schälen und in hauchdünne Ringe schneiden.

Den Schinkenspeck, nach Belieben auch ohne Fettrand, in feine Streifen schneiden, in einem Sieb mit kochendem Wasser überbrühen* und auf Haushaltspapier abtropfen lassen.

Die Haselnüsse in einer Pfanne ohne Fettzugabe bei mittlerer Hitze unter Rühren kurz rösten, dann abkühlen lassen und im Mixer fein zerkleinern. Dabei langsam den Essig, den Sherry und das Öl einlaufen lassen. Falls die Sauce zu dick ist, noch etwas Apfelsaft hinzufügen. Die Sauce mit Salz, Pfeffer und dem Zucker abschmecken.

Die Eier schälen, halbieren und das Eigelb herauslösen. Das Eiweiß grob würfeln und mit den übrigen Salatzutaten und der Nußsauce in einer Schüssel vermengen. Die Eigelbe durch ein Haarsieb aus Metall über den Salat drücken.

Sellerierohkost mit Senfsauce

Vitaminreich

Zutaten für 4 Personen
2 sehr frische Eigelbe
1 Teelöffel Senf
100 ml Öl
3 Eßlöffel saure Sahne
Salz
weißer Pfeffer, frisch gemahlen
1 Prise Zucker
2 1/2 Eßlöffel Zitronensaft
1 Knollensellerie (etwa 600 g)
3-4 Stengel Staudensellerie
1 Zwiebel
1 Apfel
50 g Walnußkerne

Zubereitungszeit: 30 Minuten

Die Eigelbe und den Senf kräftig verrühren. Das Öl nach und nach dazugießen und mit den Schneebesen des Handrührers zu einer dicklichen Mayonnaise rühren. Die saure Sahne untermischen. Mit Salz, Pfeffer, Zucker und 1 Eßlöffel Zitronensaft würzen.

Den Knollensellerie großzügig schälen und waschen. Zunächst in Stücke schneiden, dann auf einer Gemüsereibe grob in eine Schüssel raspeln. Den Staudensellerie putzen, waschen und in dünne Scheibchen schneiden. Ein paar zarte Sellerieblättchen fein hacken, beides zum Knollensellerie in die Schüssel geben.

Die Zwiebel schälen und fein würfeln. Den Apfel schälen, achteln und entkernen. Die Apfelspalten in dünne Scheiben schneiden, mit dem restlichen Zitronensaft beträufeln. Mit der Zwiebel in die Schüssel geben.

Die Mayonnaise unter die Rohkost mischen, abschmecken. Die Walnußkerne grob hacken und darüber streuen.

Tomatensalat mit Mozzarella und Oliven

Aus Italien

Zutaten für 4 Personen
750 g reife Tomaten
2 Schalotten oder kleine Zwiebeln
1 Kugel Mozzarella (etwa 150 g)
100 g schwarze Oliven (nach Belieben entsteint)
4 Eßlöffel Rotweinessig
5 Eßlöffel Olivenöl, kaltgepreßt
Salz
schwarzer Pfeffer, frisch gemahlen
2 Knoblauchzehen
1 Bund Basilikum

Zubereitungszeit: 25 Minuten

Die Tomaten waschen, längs achteln und dabei die Stielansätze entfernen.

Die Schalotten oder Zwiebeln schälen, sehr fein hacken. Den Mozzarella zuerst in Scheiben, dann in kleine Würfel schneiden. Mit den Oliven und den Tomaten in einer Schüssel vermengen.

Essig, Öl, Salz und Pfeffer zu einer cremigen Sauce verrühren. Den Knoblauch schälen, dazupressen und unterrühren.

Die Sauce unter die Salatzutaten heben und den Salat etwa 10 Minuten durchziehen lassen.

Die Basilikumblättchen von den Stengeln zupfen, große Blättchen in schmale Streifen schneiden, kleine ganz lassen. Die Streifen unter den Salat mischen, ganze Blättchen obenauf streuen.

Tip!

Besonders würzig schmeckt "Mozzarella di bufala", der aus Büffelmilch oder einer Mischung aus Büffel- und Kuhmilch hergestellt wird.

Im Bild vorne: Tomatensalat mit Mozzarella und Oliven
Im Bild hinten: Sellerierohkost mit Senfsauce

Römischer Salat mit Gorgonzola

Gelingt leicht

Zutaten für 4 Personen
1 Kopf Römischer Salat (etwa 300 g)
100 g Radicchio
100 g Zucchini
2 Schalotten
40 g Gorgonzola (50% Fett i. Tr.)
3 Eßlöffel Sahne
3 Eßlöffel Sahnequark
1 Teelöffel Aceto Balsamico (Balsamessig)
Salz
schwarzer Pfeffer, frisch gemahlen
4 Zweige Portulak oder 1/2 Bund Petersilie

Zubereitungszeit: 30 Minuten

Von beiden Salaten die Blätter einzeln ablösen, waschen und trockenschleudern. Anschließend in mundgerechte Stücke zupfen und in eine Salatschüssel geben.

Die Zucchini waschen, putzen und würfeln. Die Schalotten schälen, kleinhacken und mit den Zucchini zum Salat geben.

Den Käse zunächst mit einer Gabel fein zerdrücken, dann mit der Sahne, dem Quark und dem Essig cremig rühren. Falls nötig, noch etwas Wasser oder Mineralwasser zufügen, bis die Sauce dickflüssig ist. Mit Salz und Pfeffer abschmecken und unter die Salatzutaten heben.

Portulak oder Petersilie waschen, trockentupfen, die Blättchen von den Stielen zupfen und über den Salat streuen. Sofort servieren.

Tip!

Falls Sie keinen Portulak bekommen, können Sie den Salat auch mit ein paar grob zerzupften Rucolablättchen bestreuen.

Käsesalat mit Trauben

Klassiker

Zutaten für 4 Personen
250 g helle Weintrauben
250 g mittelalter Gouda (48% Fett i. Tr.), in etwa 3 mm dicke Scheiben geschnitten
150 g eingelegte Perlzwiebeln (aus dem Glas)
1 reife Avocado
1 Teelöffel Zitronensaft
4 Zweige Zitronenmelisse
3 Eßlöffel Sherryessig
1 Eßlöffel halbtrockener Sherry (Amontillado)
Salz
weißer Pfeffer, frisch gemahlen
1 Prise gemahlener Piment
4 Eßlöffel Traubenkernöl oder Sonnenblumenöl, kaltgepreßt

Zubereitungszeit: 30 Minuten

Die Weintrauben waschen und abtropfen lassen. Die Beeren von den Stielen zupfen, halbieren und entkernen. Den Käse in etwa 2 cm große Rhomben schneiden.

Die Perlzwiebeln abtropfen lassen und halbieren. Die Avocado halbieren, entkernen und das Fruchtfleisch mit einem Kugelausstecher aus der Schale lösen. Sofort mit dem Zitronensaft vermischen.

Die Zitronenmelisse abspülen, trockentupfen und die Spitzen zur Seite legen. Die Blättchen in feine Streifen schneiden. Den Sherryessig mit dem Sherry, Salz, Pfeffer und dem Piment verrühren. Erst dann das Öl unterschlagen und die Melisseblättchen in die Sauce geben.

Alle Salatzutaten mit der Sauce vermischen und mit den Melissespitzen garnieren.

Emmentaler-Sellerie-Salat

Für Gäste

Zutaten für 4 Personen
250 g Emmentaler Käse (45% Fett i. Tr.), in etwa 3 mm dicke Scheiben geschnitten
1 Stengel Staudensellerie
1 reife, aber feste Birne
1 rotschaliger Apfel
2 Eßlöffel Zitronensaft
3 Eßlöffel Weißweinessig
Salz
weißer Pfeffer, frisch gemahlen
4 Eßlöffel Walnußöl
3 Eßlöffel Sahne
1 Kopf Lollo bionda (ersatzweise Kopfsalat)
150 g frische Champignons oder Egerlinge
50 g Haselnüsse, blättrig geschnitten

Zubereitungszeit: 25 Minuten

Den Emmentaler ohne Rinde in streichholzgroße Stifte schneiden. Den Sellerie putzen, dabei das zarte Grün beiseite legen. Vom Sellerie die harten Fasern abziehen und die Stengel ebenfalls in feine Stifte schneiden.

Die Birne schälen, den Apfel waschen und abtrocknen. Beides halbieren, entkernen, würfeln und sofort mit 1 Eßlöffel Zitronensaft beträufeln. Mit dem Käse und dem Sellerie mischen.

Essig, Salz und Pfeffer verrühren, dann nach und nach das Öl und die Sahne unterschlagen.

Den Lollo bionda zerpflücken, waschen, trockenschleudern und eine flache Schale damit auskleiden. Die Pilze putzen und mit dem Eischneider in Scheiben schneiden. Auf dem Salat anrichten und mit dem restlichen Zitronensaft beträufeln.

Den Käsesalat in die Mitte häufen und mit der Sauce begießen. Die Haselnüsse in einer Pfanne ohne Fettzugabe bei mittlerer Hitze unter Rühren leicht rösten*.

Das zarte Selleriegrün abspülen, trockentupfen und nicht zu fein hacken. Mit den Haselnüssen über den Salat verteilen.

Frischkostplatte mit Käsedressing

Raffiniert

Zutaten für 2 Personen
100 g weicher Blauschimmelkäse
125 ml Buttermilch
2 Eßlöffel frisch gehackte Kräuter (z.B. Petersilie, Estragon, Zitronenmelisse)
1/4 Kopf Endiviensalat
2 reife, feste Tomaten
1 reife Birne
150 g Knollensellerie
150 g Kürbis ohne Schale
2 Teelöffel Zitronensaft
2 Teelöffel Schnittlauchröllchen
1 Eßlöffel grobgehackte Walnußkerne

Zubereitungszeit: 25 Minuten

Den Käse mit dem Pürierstab pürieren oder mit einer Gabel fein zerdrücken. Die Buttermilch nach und nach dazugießen und alles zu einer glatten Sauce vermengen. Die Kräuter hinzufügen.

Den Endiviensalat waschen, trockenschleudern, die Blätter in feine Streifen schneiden und auf einer Platte ausbreiten. Die Tomaten waschen und in Scheiben schneiden, dabei die Stielansätze entfernen.

Die Birne waschen, vierteln, entkernen und in schmale Spalten teilen. Den Sellerie unter fließendem Wasser sauber bürsten, nur wenn nötig, schälen und in schmale Stifte schneiden. Das Kürbisfleisch ebenfalls stifteln und mit dem Zitronensaft beträufeln.

Alle Salatzutaten außer Schnittlauch und Nüsse dekorativ auf dem Endiviensalat anordnen. Zum Schluß die Tomatenscheiben mit dem Schnittlauch und die Kürbisstifte mit den gehackten Walnüssen bestreuen. Die Sauce getrennt dazu servieren.

Feldsalat mit Chicorée und Basilikum

Kalorienarm

Zutaten für 4 Personen
500 g Chicorée
200 g Feldsalat
1 säuerlicher Apfel
Saft von 1 Zitrone
150 g Naturjoghurt
Salz
weißer Pfeffer, frisch gemahlen
2 Eßlöffel Sonnenblumenöl
1 Bund Basilikum
50 g Haselnußkerne, gehobelt

Zubereitungszeit: 30 Minuten

Vom Chicorée den Wurzelansatz entfernen und den bitteren Strunk keilförmig herausschneiden. Chicorèe in etwa 1 cm breite Streifen schneiden.

Den Feldsalat verlesen, sehr gründlich waschen und abtropfen lassen. Den Apfel schälen, vierteln und das Kerngehäuse entfernen. Die Apfelviertel in feine Scheibchen schneiden und mit etwas von dem Zitronensaft beträufeln. Alles vorsichtig in einer Schüssel vermengen.

Den Joghurt mit einem Schneebesen glattrühren, mit dem restlichen Zitronensaft, etwas Salz, Pfeffer und Öl verquirlen. Das Basilikum, nur falls nötig, behutsam waschen und trockentupfen. Die Blättchen von den Stengeln zupfen, fein hacken und untermischen. Die Kräutersauce über den Salat gießen.

Die Haselnußblättchen in einer trockenen Pfanne bei mittlerer Hitze leicht anrösten und noch warm über den Salat streuen. Gleich servieren.

Lollo rosso mit Stachelbeeren

Raffiniert

Zutaten für 4 Personen
1 Kopf Lollo rosso
1 rote Zwiebel
200 g frische, reife Stachelbeeren
Saft von 1 Zitrone
Salz
weißer Pfeffer, frisch gemahlen
1 Teelöffel Senf
4 Eßlöffel Sonnenblumenöl
50 g gemischte Nußkerne
1 Bund Schnittlauch

Zubereitungszeit: 30 Minuten

Den Salat putzen, waschen und in kleinere Stücke zupfen. Die Zwiebel schälen und in möglichst dünne Ringe schneiden. Die Stachelbeeren waschen, Stengel- und Blütenansätze entfernen und die Beeren vorsichtig halbieren.

Für die Salatsauce Zitronensaft, Salz, Pfeffer und Senf kräftig verrühren. Dann das Öl unterschlagen*. Die Nüsse grob hacken und untermischen.

Den Schnittlauch waschen, trockentupfen und in feine Röllchen schneiden.

Alle Salatzutaten in einer Schüssel locker vermengen. D e Sauce darüber gießen, den Schnittlauch dazugeben. Den Salat vorsichtig vermischen und gleich servieren.

Variante:

Dieser Salat schmeckt mit einer sahnigen Sauce ebenso fein. Dafür 2 Eßlöffel Sonnenblumenöl mit 2 Eßlöffel Gemüsebrühe, 3 Eßlöffel saurer Sahne und 1 Bund Schnittlauch in Röllchen verrühren. Die Sauce mit Salz und Pfeffer abschmecken und mit den vorbereiteten Salatzutaten vermengen.

Im Bild vorne: Feldsalat mit Chicorée und Basilikum
Im Bild hinten: Lollo rosso mit Stachelbeeren

Rucolasalat mit Bündner Fleisch

Für Gäste

Zutaten für 4 Personen
2 Bund Rucola
250 g Kirschtomaten
1/2 Bund Petersilie
2 Eßlöffel Crème fraîche
2 Eßlöffel saure Sahne
1 Eßlöffel Olivenöl, kaltgepreßt
1 Prise Zucker
Salz
schwarzer Pfeffer, frisch gemahlen
100 g Bündner Fleisch in hauchdünnen Scheiben

Zubereitungszeit: 25 Minuten

Den Rucola putzen, dabei die Stiele abknipsen. Den Salat waschen und in einem Sieb gut abtropfen lassen oder trockenschleudern. Die Kirschtomaten waschen, abtrocknen und halbieren. Die Petersilie waschen und trockenschütteln. Die Blättchen von den Stengeln zupfen, sehr fein hacken.

Für die Salatsauce die Crème fraîche mit der sauren Sahne, dem Olivenöl und der Prise Zucker in einer Schüssel mit dem Schneebesen zu einer cremigen Sauce aufschlagen. Die Petersilie untermischen, die Sauce mit Salz und Pfeffer abschmecken.

Den Rucola und die Tomaten in eine Schüssel füllen. Die Sauce unterheben. Den Salat mit Salz und Pfeffer abschmecken und auf vier Teller verteilen.

Das Bündner Fleisch locker auf dem Rucolasalat verteilen und sofort servieren.

Tip!

Anstelle von Bündner Fleisch können Sie den Salat mit hauchdünnen Scheiben Parmaschinken oder Salami anrichten.

Salade Niçoise

Aus Frankreich

Zutaten für 4 Personen
3 Eier
Salz
150 g Prinzeßbohnen
250 g Tomaten
1 kleiner Kopfsalat
150 g Thunfisch naturell
5 Sardellenfilets
1/2 Salatgurke
100 g schwarze Oliven
4 Eßlöffel Weißweinessig
1 Teelöffel scharfer Senf
weißer Pfeffer, frisch gemahlen
6 Eßlöffel Olivenöl, kaltgepreßt

Zubereitungszeit: 30 Minuten

Die Eier in 10 Minuten hart kochen, eiskalt abschrecken* und etwas abgekühlt pellen.

Inzwischen Salzwasser aufkochen lassen. Die Bohnen putzen, in etwa 3 cm lange Stücke schneiden und im kochenden Wasser in 10 Minuten bißfest* garen. In ein Sieb geben, kalt abschrecken und abtropfen lassen.

Die Tomaten waschen, vierteln oder achteln und dabei die Stielansätze entfernen. Den Kopfsalat putzen, waschen, gut abtropfen lassen und in Stücke zupfen. Den Thunfisch abtropfen lassen und zerpflücken. Die Sardellenfilets kalt abbrausen, trockentupfen und halbieren. Die Salatgurke waschen, in Scheiben schneiden.

Die Bohnen, die Tomaten, die Gurke, den Thunfisch, die Sardellen und die Oliven in einer großen Schüssel locker vermengen.

Aus Essig, Senf, Salz, Pfeffer und Olivenöl eine cremige Salatsauce rühren, über die Zutaten gießen und unterheben.

Eine Salatschüssel oder vier Portionsschüsseln mit den Salatblättern auslegen und den Salat darin anrichten. Die Eier vierteln, als Garnitur obenauflegen.

Geräuchertes Forellenfilet auf Feldsalat

Gelingt leicht

Zutaten für 4 Personen
200 g Feldsalat
2 Möhren
3 Schalotten
3 Teelöffel Kräuteressig
1 Messerspitze scharfer Senf
Salz
schwarzer Pfeffer, frisch gemahlen
3 Eßlöffel Walnußöl
1 Bund Schnittlauch
2 Eßlöffel Pinienkerne
400–500 g geräucherte Forellenfilets

Zubereitungszeit: 30 Minuten

Den Feldsalat putzen, gründlich waschen und in einem Sieb gut abtropfen lassen. Die Möhren schälen, auf der Gemüsereibe in dünne Stifte raspeln. Die Schalotten schälen und fein würfeln.

In einer großen Salatschüssel den Essig mit dem Senf, dem Salz und dem Pfeffer verrühren. Das Öl kräftig darunterschlagen, bis eine cremige Sauce entstanden ist. Den Schnittlauch abbrausen, in feine Röllchen schneiden und zur Hälfte mit den Schalotten in die Salatsauce geben.

Die Pinienkerne in einer trockenen beschichteten Pfanne bei schwacher Hitze unter gelegentlichem Rühren goldbraun rösten.

Den Feldsalat und die Möhren in der Salatsauce wenden, die Pinienkerne untermischen. Den Salat auf vier Tellern verteilen.

Die Forellenfilets in gleich große Stücke schneiden und dekorativ auf dem Salat anrichten. Mit den restlichen Schnittlauchröllchen bestreuen.

Jakobsmuscheln auf Spinatsalat

Exklusiv

Zutaten für 4 Personen
200 g frischer Blattspinat
1 Schalotte
3 Eßlöffel Sherryessig
2 Eßlöffel geröstetes Sesamöl
2 Eßlöffel Sonnenblumenöl
1 Eßlöffel helle Sojasauce
Salz
schwarzer Pfeffer, frisch gemahlen
150 g Kirschtomaten
250 g ausgelöste Jakobsmuscheln (frisch oder tiefgekühlt)
2 Eßlöffel Butter

Zubereitungszeit: 35 Minuten

Den Blattspinat verlesen und die Stiele abknipsen. Die Spinatblätter mehrmals gründlich waschen und in einem Sieb sehr gut abtropfen lassen. Die Schalotte schälen und fein hacken.

In einer großen Schüssel den Essig mit beiden Ölsorten, der Sojasauce, Salz und Pfeffer mit dem Schneebesen zu einer cremigen Marinade verrühren.

Die Tomaten waschen, halbieren und zusammen mit dem Spinat und der Schalotte in die Schüssel geben und in der Salatsauce wenden. Den Salat auf vier Tellern anrichten.

Die frischen oder aufgetauten Jakobsmuscheln kalt abspülen und trockentupfen. Die Butter in einer Pfanne erhitzen, Jakobsmuscheln darin beidseitig 3 Minuten braten, salzen, pfeffern und noch warm auf dem Spinatsalat anrichten.

Tip!

Reichen Sie dazu trockenen Weißwein wie zum Beispiel den französischen Entre-Deux-Mers oder einen prickelnden Talento aus dem norditalienischen Trentino.

Lauwarmer Pilzsalat

Raffiniert

Zutaten für 4 Personen
50 g durchwachsener Räucherspeck
150 g kleine frische Champignons
100 g frische Pfifferlinge
125 g frische Austernpilze
100 g Schalotten
1 kleine Birne
1 Eßlöffel Zitronensaft
1 kleiner Kopf Eichblattsalat
4 Eßlöffel Sonnenblumenöl
1 Eßlöffel Olivenöl, kaltgepreßt
2 Eßlöffel Aceto Balsamico (Balsamessig)
Salz
schwarzer Pfeffer, frisch gemahlen
30 g Walnußkerne

Zubereitungszeit: 45 Minuten

Den Speck von der Schwarte und eventuell von Knorpeln befreien und klein würfeln. Die frischen Pilze putzen, nur wenn nötig, kurz waschen und etwas kleiner schneiden.

Die Schalotten schälen und fein würfeln. Die Birne waschen, trockentupfen und vierteln, dabei Kerngehäuse und Stiel entfernen. Die Birnenviertel quer in schmale Scheiben schneiden und sofort mit dem Zitronensaft beträufeln, damit sie sich nicht verfärben.

Den Eichblattsalat putzen, waschen, trockenschwenken und in mundgerechte Stücke zupfen. Die Salatblättchen auf vier Teller verteilen.

In einer Pfanne 1 Eßlöffel Sonnenblumenöl nicht zu stark erhitzen. Den Speck darin knusprig braten und die Schalotten glasig werden lassen. Die Birnenscheibchen kurz mit anbraten. Alles in eine Schüssel füllen.

Das restliche Sonnenblumenöl sowie das Olivenöl in der Pfanne erhitzen. Die Pilze darin bei mittlerer Hitze etwa 3 Minuten anbraten, dabei ab und zu wenden. Mit Salz und Pfeffer würzen. Die Pfanne von der Herdplatte nehmen.

Die Birnen-Speck-Mischung zu den Pilzen geben. Mit Essig beträufeln und alles mischen. Den Pilzsalat auf dem Eichblattsalat anrichten. Die Nüsse grob hacken und darüber streuen.

Tip!

Wenn Sie keine frischen Pfifferlinge kaufen können, nehmen Sie 1 Eßlöffel getrocknete, übergießen diese mit kochendem Wasser und weichen sie etwa 1 Stunde ein.

Endiviensalat mit Käsesauce

Würzig

Zutaten für 4 Personen
100 g Gorgonzola
75 g Doppelrahmfrischkäse
100 ml Vollmilch
2 Eßlöffel Schnittlauchröllchen
weißer Pfeffer, frisch gemahlen
Salz
2 Eßlöffel trockener Sherry (Fino)
1 Kopf Endiviensalat
4 kleine, feste Tomaten
1 gelbe Paprikaschote

Zubereitungszeit: 30 Minuten

Den Käse zerdrücken, mit Frischkäse, Milch und Schnittlauch verrühren. Die Sauce mit Pfeffer, Salz und Sherry abschmecken.

Den Salat putzen, waschen, trockenschütteln und mundgerecht zerzupfen. Tomaten und Paprikaschote waschen und putzen. Die Tomaten vierteln, die Paprikaschote klein würfeln.

Alle Salatzutaten dekorativ auf Tellern anrichten und die Käsesauce darauf verteilen.

Im Bild vorne:
Endiviensalat mit Käsesauce
Im Bild hinten:
Lauwarmer Pilzsalat

Salat von Artischockenherzen

Braucht etwas Zeit

Zutaten für 2 Personen
16 sehr zarte Artischocken
Salz
1/2 Zitrone
250 g Nordseekrabben
4 hartgekochte Eier
16 paprikagefüllte grüne Oliven
1 Bund Petersilie
4 Eßlöffel Weißweinessig
weißer Pfeffer, frisch gemahlen
1 Prise Zucker
1 Knoblauchzehe
6 Eßlöffel Olivenöl, kaltgepreßt, oder Distelöl

Zubereitungszeit: 1 1/4 Stunden

Die Stiele aus den Artischocken herausbrechen. Die Blütenblätter mit der Küchenschere um gut zwei Drittel kürzen. In einem hohen Topf reichlich Salzwasser aufkochen. Die Zitrone in Scheiben schneiden. Artischocken mit den Zitronenscheiben hineingeben und zugedeckt etwa 30 Minuten köcheln*, bis sich ein Außenblatt leicht herausziehen läßt. Die Artischocken umgedreht in ein Sieb füllen und gut abtropfen und abkühlen lassen.

Die Nordseekrabben kalt abbrausen, dann abtropfen lassen.

Die Eier schälen und achteln. Die Oliven abtropfen lassen und halbieren oder in Scheiben schneiden. Die Petersilie grob hacken.

Den Essig mit Salz, Pfeffer und dem Zucker verrühren. Die Knoblauchzehe schälen und dazudrücken. Das Öl unterschlagen. Die Petersilie dazugeben.

Von den Artischocken die harten Außenblätter und das Heu im Inneren entfernen. Die Böden an der Unterseite glattschneiden. Die so entstandenen Artischokkenherzen je nach Größe halbieren oder vierteln. Mit Krabben, Eiern und Oliven in eine Schüssel füllen. Die Sauce dazugeben und vorsichtig unterheben. Den Salat sofort servieren.

Gurkensalat mit Garnelen

Exklusiv

Zutaten für 4 Personen
1 kleine Salatgurke
Salz
1 Eßlöffel Weißweinessig
2 Teelöffel Zitronensaft
2 Teelöffel Ahornsirup
4 Eßlöffel Maiskeimöl
200 g gegarte, geschälte Garnelen
1 Bund Dill

Zubereitungszeit: 30 Minuten

Die Gurke waschen und eventuell schälen. Längs vierteln, mit einem Löffel die Kerne herausschaben und die Gurke in etwa 1 cm dicke Scheiben schneiden.

Etwas Salz mit dem Essig und dem Zitronensaft verrühren. 1 Teelöffel Ahornsirup und das Öl hinzugeben und die Marinade nach Bedarf noch mit Ahornsirup abschmecken.

Wenn nötig, von den Garnelen den dünnen, schwarzen Darm entfernen. Die Garnelen mit den Gurken und der Marinade vermengen und zugedeckt etwa 5 Minuten ziehen lassen.

Den Dill waschen, die grünen Blättchen abzupfen. Den Salat abschmecken, eventuell noch Zitronensaft, Sirup und etwas Salz untermengen und mit dem Dill bestreuen.

Avocadosalat mit Staudensellerie

Schnell

Zutaten für 4 Personen
4 Eßlöffel saure Sahne
4 Eßlöffel süße Sahne
1 Teelöffel Aceto Balsamico (Balsamessig)
Salz
weißer Pfeffer, frisch gemahlen
2 Eßlöffel gehackte Petersilie
400 g Staudensellerie
2 süße Äpfel
1 große reife Avocado

Zubereitungszeit: 20 Minuten

Die saure und die süße Sahne mit dem Essig verquirlen und mit Salz und Pfeffer würzen. Die Petersilie unter die Sauce heben.

Den Sellerie putzen und in dünne Scheiben schneiden. Die Äpfel waschen, vierteln, entkernen und in dünne Scheiben schneiden. Die Avocado schälen, längs halbieren, den Kern entfernen. Das Fruchtfleisch fein würfeln. Alles in einer Schüssel vermengen.

Die Sauce unter die Salatzutaten heben und den Salat möglichst sofort servieren.

Blumenkohlteller mit Tomaten

Gelingt leicht

Zutaten für 4 Personen
100 g Naturjoghurt
100 g Sahne
1 Teelöffel mittelscharfer Senf
3 Eßlöffel Zitronensaft
2 Eßlöffel Mayonnaise, am besten selbstgemacht
1 Eßlöffel frisch gehackter Dill
1 Eßlöffel frisch gehackte Petersilie
Salz
600 g Blumenkohl
4 reife, feste Tomaten
100 g Feldsalat

Zubereitungszeit: 30 Minuten

Den Joghurt mit der Sahne in einer Schüssel cremig schlagen. Den Senf, den Zitronensaft, die Mayonnaise, die Kräuter und 1 Prise Salz unterrühren.

Den Blumenkohl waschen, putzen und in dünne Scheibchen hobeln. Die zarten grünen Innenblätter in feine Streifen schneiden. Die Sauce unterheben. Den Salat in die Mitte von vier Salattellern häufen.

Die Tomaten waschen, abtrocknen und halbieren, dabei die Stielansätze entfernen. Tomatenhälften in Scheiben schneiden und um den Blumenkohlsalat legen. Den Feldsalat putzen, waschen, trockenschleudern und zwischen den Tomatenscheiben anrichten.

Eichblattsalat mit Minzsahne

Raffiniert

Zutaten für 4 Personen
1 Eichblattsalat
16 frische Egerlinge
1 Stückchen unbehandelte Zitronenschale
15 frische Minzeblättchen
150 g Crème fraîche
Salz
weißer Pfeffer, frisch gemahlen
2 Eßlöffel geschlagene Sahne
Minzeblättchen zum Garnieren

Zubereitungszeit: 20 Minuten

Den Salat putzen, waschen und trockenschwenken. Die Pilze, nur wenn nötig, waschen und in feine Scheiben schneiden.

Für die Minzsahne die Zitronenschale und die Minzeblättchen sehr fein hacken. Beides mit der Crème fraîche fein pürieren, mit Salz und Pfeffer abschmecken. Dann die Sahne unterziehen. Auf vier Tellern Salat, Pilze und einen Klecks Minzsahne anrichten und mit Minzeblättchen garnieren.

Salat aus Mangoldstielen

Aus Baden

Zutaten für 4 Personen
1 1/2 kg frischer Mangold mit breiten, weißen Stielen
Saft von 1 Zitrone
125 ml trockener Weißwein
Salz
2 Knoblauchzehen
1 Bund Basilikum
5 Eßlöffel Olivenöl, kaltgepreßt
2 Eßlöffel Weinessig
weißer Pfeffer, frisch gemahlen

Zubereitungszeit: 1 Stunde
Marinierzeit: 3 1/2 Stunden

Den Mangold waschen. Die Blätter von den Stielen trennen (die Blätter für ein anderes Gericht verwenden). Von den Mangoldstielen die Fäden abziehen und das untere Ende abschneiden. Stiele in etwa 5 cm lange Stücke schneiden und in einen breiten Topf geben.

Mit dem Zitronensaft und dem Wein begießen. Noch so viel Wasser zufügen, bis das Gemüse gerade bedeckt ist, leicht salzen.

Die Mangoldstiele zugedeckt bei mittlerer Hitze so lange köcheln lassen, bis sie gar, aber noch bißfest* sind; das dauert etwa 20 Minuten.

Inzwischen den Knoblauch schälen. Das Basilikum waschen und trockenschwenken. Basilikumblättchen und Knoblauch fein hacken. Die Mangoldstiele gut abtropfen lassen.

Aus dem Olivenöl, dem Weinessig, dem Knoblauch und dem Basilikum eine Sauce rühren.

Das abgetropfte Gemüse noch warm in eine Salatschüssel geben. Mit der Sauce mischen. Mit Pfeffer und nach Bedarf mit Salz abschmecken.

Mangold 3–4 Stunden zugedeckt im Kühlschrank ziehen lassen. Den Salat etwa 1 Stunde vor dem Servieren herausnehmen und zimmerwarm anrichten.

Fenchel mit Sardellenfilets

Gelingt leicht

Zutaten für 4 Personen
4 mittelgroße Fenchelknollen (etwa 750 g)
Salz
3 Knoblauchzehen
5 Sardellenfilets
4 Eßlöffel Olivenöl, kaltgepreßt
2 Eßlöffel Zitronensaft
weißer Pfeffer, frisch gemahlen

Zubereitungszeit: 45 Minuten

Vom Fenchel die Stiele, den Wurzelansatz, braune Stellen und die harten Rippen entfernen. Das Fenchelgrün beiseite legen. Die Knollen gründlich waschen und quer in fingerdicke Scheiben schneiden. Diese in Salzwasser bißfest* kochen, dann in einem Sieb gut abtropfen lassen.

Inzwischen die Knoblauchzehen schälen. Die Sardellen unter Wasser abspülen, trockentupfen und fein hacken.

In einer Kasserolle das Öl erhitzen, den Knoblauch darin braten, bis er goldgelb ist, dann herausnehmen und beiseite stellen. Die Sardellen bei schwacher Hitze unter Rühren leicht anbraten. Den Fenchel dazugeben, mit Zitronensaft, Salz und Pfeffer würzen. Bei ganz schwacher Hitze zugedeckt etwa 5 Minuten ziehen lassen.

Das Gemüse auf Zimmertemperatur abkühlen lassen. Kurz vor dem Servieren das Fenchelgrün waschen, trockentupfen und fein hacken. Den Fenchelsalat damit bestreuen.

Im Bild vorne:
Fenchel mit Sardellenfilets
Im Bild hinten:
Salat aus Mangoldstielen

Arabischer Möhrensalat

Raffiniert

Zutaten für 4 Personen
600 g Möhren
Salz
5 Knoblauchzehen
1 frische rote Chilischote
1 Teelöffel Kreuzkümmel
1 Eßlöffel Paprikapulver, edelsüß
4 Eßlöffel Olivenöl, kaltgepreßt
1 Bund glatte Petersilie
Saft von 2 kleinen Zitronen

Zubereitungszeit: 30 Minuten

Die Möhren waschen, schälen und in Scheiben schneiden. 350 ml leicht gesalzenes Wasser aufkochen lassen. Die Möhren darin zugedeckt bei mittlerer Hitze etwa 10 Minuten garen.

In der Zwischenzeit den Knoblauch schälen und grob würfeln. Die Chilischote längs aufschlitzen, entkernen und fein hacken, anschließend die Hände gründlich waschen.

Kreuzkümmel, Knoblauch, Chillie und 1 Prise Salz im Mörser zu einer feinen Paste zerstampfen. Mit Paprikapulver und Olivenöl verrühren. Diese Mischung unter die Möhren rühren. Das Ganze noch einmal aufkochen, vom Herd nehmen und zugedeckt etwas abkühlen lassen.

Die Petersilie waschen und fein hacken. Mit dem Zitronensaft unter die Möhren rühren. Den Salat ganz abkühlen lassen, dann erst servieren.

Rustikaler Lauchsalat

Preiswert

Zutaten für 4 Personen
1 kg gleichmäßige, mitteldicke Lauchstangen
100 g durchwachsener Räucherspeck
750 ml Fleischbrühe
3 Stengel Petersilie
1/2 Zwiebel
3 Stengel Estragon
5 Eßlöffel Olivenöl, kaltgepreßt
Saft von 1 Zitrone
weißer Pfeffer, frisch gemahlen
Salz

Zubereitungszeit: 45 Minuten

Den Lauch putzen und in 4 cm lange Stücke schneiden. Diese gründlich waschen und in eine Kasserolle legen.

Den Speck klein würfeln, zum Lauch geben. So viel Brühe angießen, daß der Lauch gerade bedeckt ist. Die Petersilie dazugeben und das Gemüse bei schwacher Hitze zugedeckt bißfest* kochen. Das dauert etwa 20–25 Minuten.

Inzwischen die Zwiebel schälen und klein würfeln. Den Estragon waschen, die Blättchen hacken. In einem Pfännchen 1 Eßlöffel Öl erhitzen, Zwiebel und Estragon darin etwa 5 Minuten braten.

Den Lauch abtropfen lassen. Die Petersilienstengel entfernen.

Den Lauch mit dem Speck in eine Schüssel geben, mit dem restlichen Öl, dem Zitronensaft, Pfeffer und Salz würzen. Die Zwiebel-Estragon-Mischung darüber verteilen. Sofort servieren.

Blumenkohlsalat

Würzig

Zutaten für 4 Personen
1 Blumenkohl (etwa 1 kg)
Salz
50 g schwarze Oliven
50 g grüne Oliven ohne Stein
50 g Cornichons
1 in Essig eingelegte Paprikaschote
8 Sardellenfilets
2 Knoblauchzehen
1 Eßlöffel Kapern
8 Eßlöffel Olivenöl, kaltgepreßt
3 Eßlöffel Weinessig
weißer Pfeffer, frisch gemahlen

Zubereitungszeit: 30 Minuten
Marinierzeit: 1 Stunde

Den Blumenkohl in Röschen zerteilen, putzen, waschen und in Salzwasser bißfest* kochen. Danach gut abtropfen lassen.

Inzwischen die schwarzen Oliven entkernen. Beide Sorten halbieren. Die Cornichons in Scheibchen, die Paprikaschote in feine Streifen und die Sardellenfilets in Stücke schneiden. Den Knoblauch schälen und durchpressen.

Den Blumenkohl in einer Salatschüssel mit den Oliven, den Cornichons, der Paprikaschote, den Sardellenfilets und den Kapern vermengen.

Das Olivenöl mit Weinessig, Knoblauch und Pfeffer zu einer Sauce verrühren, über die Salatzutaten gießen und untermischen. Bei Zimmertemperatur etwa 1 Stunde ziehen lassen.

Variante:

Anstelle von Blumenkohl Broccoli verwenden sowie die Cornichons und die eingelegte Paprikaschote gegen 100 g Mixed Pickles aus dem Glas tauschen. Mixed Pickles gut abtropfen lassen und grob hacken.

Spanischer Kohlrabisalat

Für Gäste

Zutaten für 4 Personen
375 ml trockener Weißwein
1 Lorbeerblatt
2 Knoblauchzehen
Salz
schwarzer Pfeffer, frisch gemahlen
1 Döschen Safran, gemahlen
600 g Kohlrabi
3 Eßlöffel Olivenöl
2 Eßlöffel Zitronensaft
1 Bund frische Minze
100 g schwarze Oliven

Zubereitungszeit: 35 Minuten

Den Wein, das Lorbeerblatt, den gepreßten Knoblauch, Salz, Pfeffer und den Safran in einem breiten Topf langsam aufkochen.

Die Kohlrabi schälen und in etwa 1/2 cm dicke Scheiben schneiden. Zugedeckt bei mittlerer Hitze in 8–10 Minuten bißfest* garen. Aus dem Sud heben und auf einer Platte anrichten.

Das Öl in den Sud geben und um ein Drittel einkochen lassen. Mit Salz, Pfeffer und Zitronensaft kräftig abschmecken.

Den Sud über die Kohlrabi gießen. Die Oliven und die Minzeblätter darauf verteilen.

Kartoffelsalat mit Parmesan

Für Parties

Zutaten für 4 Personen
1 kg festkochende Kartoffeln
100 g Champignons
1 Gemüsebrühwürfel
6 Eßlöffel Olivenöl, kaltgepreßt
weißer Pfeffer, frisch gemahlen
Salz
50–75 g Parmesan
2 Eßlöffel Schnittlauchröllchen oder Rucola, frisch geschnitten

---

Zubereitungszeit: 30 Minuten

Die Kartoffeln waschen, in wenig Wasser oder im Dampf garen, anschließend pellen.

Inzwischen die Pilze putzen, in feine Scheiben schneiden und in eine Schüssel geben. Eine halbe Tasse Wasser mit der Gemüsebrühe zum Kochen bringen, über die Pilze gießen. Olivenöl, Pfeffer und Salz einrühren.

Die Kartoffeln in feine Scheiben schneiden und mit den Pilzen vermengen. Den Parmesan fein hobeln und mit den Kräutern unterheben, abschmecken. Der Kartoffelsalat schmeckt am besten lauwarm, aber auch kalt.

Vorspeisen & Suppen

Je leichter, je lieber! Vorspeisen sollen bei einem Menü den Appetit und die Sinne anregen, sollen Vorfreude auf das sein, was noch kommt. Dabei Gaumen und Augen verwöhnen und natürlich auch Ihren Gästen imponieren.

Suppen streicheln den Magen und die Stimmung, weil sie so schön von innen wärmen. Ob cremig und sanft, klar und raffiniert gewürzt oder eher deftig und kräftig – mit einer guten Suppe kann man immer Begeisterung wecken.

Der genüßliche Auftakt

Ein Menü im geselligen Kreis ist ohne eine verlockende Vorspeise oder Suppe für einen Genießer kaum denkbar. Beide sollen den Appetit anregen, wobei Augen und Gaumen verwöhnt werden. Was Sie Familie oder Gästen servieren möchten, bleibt ganz Ihnen überlassen. Sie können wählen zwischen kalten und warmen Vorspeisen, zwischen leichten und etwas üppigeren Gerichten, zwischen Schnellem und etwas Aufwendigerem. Die bunte Palette reicht von einer feinen Möhren-Bohnen-Terrine, Carpaccio vom Rinderfilet und Hähnchen-Oliven-Spießen bis zu Zucchinicreme mit Mascarpone und Kräutercremesuppe mit Krabben.
Oder Sie bereiten sich als leichte Mahlzeit "nur"eine Vorspeise oder Suppe zu, wenn Sie gerade abnehmen möchten.
Je nach Lust und Laune können Sie auch, für eine kleine wie größere Runde, ein komplettes Essen nur aus verschiedenen Vorspeisen zusammenstellen, wie zum Beispiel beim echten italienischen Antipasti-Buffet. Beachten Sie aber immer, daß Vorspeisen oder Suppen nach den Trennkostregeln zur gesamten Mahlzeit passen müssen, also entweder eiweiß- oder kohlenhydratreich sind.

Gewürze und Würzsaucen

Gewürze haben ihre eigenen Maßstäbe – manche zeigen erst löffelweise ihre Wirkung, bei anderen genügt bereits eine Messerspitze. Ein wahlloses Nachwürzen, der automatische Griff zum Salzstreuer, das ist weder für den Geschmack noch für die Gesundheit sinnvoll.
Die richtige Dosierung hat einen tieferen Sinn: Gewürze sollen nicht auftrumpfen, sondern den Eigengeschmack der Zutaten harmonisch abrunden, intensivieren, ergänzen. Das gilt für Salz und Pfeffer ebenso wie für Koriander oder Cayennepfeffer. Manche Gewürze wie milder, edelsüßer Paprika oder Currypulver, werden von Beginn an mitgeschmort, andere erst beim Abschmecken verwendet, etwa frisch geriebene Muskatnuß.
Flüssigwürzen werden meist nur tropfen- oder teelöffelweise verwendet. Sie verleihen einem Gericht oft noch das gewisse Etwas und sind deshalb weltweit begehrt. Worcester(shire)sauce: Der Name ist ein Zungenbrecher für viele (sprich: Wustersauce), die Rezeptur ein Geheimnis. Mit dieser Würze bringt man europäische, südamerikanische und orientalische Gerichte auf den Punkt. Tabasco: Die scharfe Pfefferwürze gibt es in rot und grün. Ideal zum feurig-pikanten Abschmecken von Marinaden, Fleisch-, Gemüsegerichten und Suppen. Sojasauce: Die inzwischen auch bei uns beliebte asiatische Würze ist in großer Vielfalt erhältlich. Es gibt helle, dunkle, salzige, süße, scharfe oder eher milde Varianten. Je nachdem verfeinern sie Marinaden, Saucen und auch Suppen.

Sanft und sämig ohne Sahne

Samtige Saucen und cremige Suppen standen schon immer ganz hoch auf der Beliebtheitsskala von Genießern. Meist jedoch benötigt man viel Sahne dazu. Schwere Saucen und Suppen sind in der modernen Ernährung nicht mehr aktuell. Begehrt ist stattdessen die leichte und gesündere Alternative. Alle Linienbewußten sollten sich also den kleinen Trick angewöhnen: Pürieren heißt die schlanke

Durch püriertes Gemüse ergeben sich wunderbar cremige Saucen

Lösung. Sie bietet sich vor allem für Gemüsesaucen und -suppen an. Das angedünstete und gegarte Gemüse wird samt etwas Flüssigkeit entweder mit dem Schneidstab des Handrührers oder im Mixer fein püriert, eventuell anschließend noch durch ein Sieb gestrichen und zum Schluß fein abgeschmeckt. Dickliche Gemüsesaucen eignen sich auch vorzüglich zum Dippen.

Eine Basis für guten Geschmack

Vorspeisen, Saucen, Suppen sowie Eintöpfe brauchen eine solide Grundlage. Wer über eine hausgeköchelte, kräftige und daher aromatische Brühe verfügt, kann glücklich sein: Der wichtigste Schritt ist getan. Wer diesen ständigen Vorrat nicht hat, für den sind die verschiedensten Fonds, die gewürfelten oder gekörnten Brühekonzentrate aus dem Lebensmittelhandel eine zeitsparende Erfindung. Für alle Kochbegeisterten hier folgendes Grundrezept:

Gemüsebrühe

Zutaten für etwa 2 Liter Brühe:
1 große Stange Lauch, 2 Stangen Staudensellerie, 2 Möhren, 2 Zwiebeln, 1 Petersilienwurzel und nach Belieben 2–3 Knoblauchzehen putzen und waschen, die Zwiebel und den Knoblauch nicht schälen. Alles in grobe Stücke schneiden. In einem Topf mit ein paar Petersilienstengeln, 2 Lorbeerblättern, 1/2 Teelöffel schwarzen Pfefferkörnern, 1 Teelöffel Salz, 1 Teelöffel getrocknetem Thymian, 2 Eßlöffeln Olivenöl und etwa 3 Liter Wasser aufkochen. Die Hitze verringern und alles im offenen Topf 1 1/2 Stunden sanft köcheln lassen. Danach leicht abgekühlt durchsieben. Die Brühe entweder frisch verwenden oder für den Vorrat portionsweise einfrieren.

Vielfältige Avocado

Sie ist eine Frucht, die als Zutat gerade bei Vorspeisen in etlichen Variationen anzutreffen ist. Aber nur vollreif entwickelt sie ihr typisch mildes, leicht süßliches bis nussiges Aroma, das viele individuelle Zubereitungen ermöglicht. Reif ist die Avocado, wenn sie sich in der Hand bei sanftem Druck weich anfühlt. Man kann sie füllen, für Salat in Scheiben schneiden oder als Sauce zum Dippen pürieren. Die birnenförmige Frucht erst kurz vor der Zubereitung längs halbieren und den Kern herauslösen. Dann entweder schälen und in Scheiben schneiden, würfeln oder das Fruchtfleisch für Cremes und Pürees herauslöffeln.

Nur eine reife, weiche Avocado kann ihr Aroma richtig entfalten

Garnieren und Dekorieren

Vorspeisen und Suppen, aber auch alle anderen Gerichte, wirken noch appetitlicher, wenn sie liebevoll garniert sind. Mit ein paar Handgriffen und den richtigen Küchenhelfern können Sie große Wirkung erzielen. So zum Beispiel lassen sich mit Kugelausstechern gleichmäßige Kugeln aus Gemüse und Obst formen. Mit einem Ziseliermesser entstehen mühelos Möhrenblümchen und Gurkenräder. Das Buntmesser hat eine gezackte Klinge, mit der Gemüse und Obst wellig geschnitten wird. Mit Ausstechformen, beispielsweise in Herz- oder Tierform, können Sie Gemüse- oder Käsescheiben ein originelles Aussehen verleihen. Ein Eierschneider schneidet auch Bananen, Pilze, Avocado und Pellkartoffeln in Scheiben.

Möhren-Bohnen-Terrine

Braucht etwas Zeit

Für 1 Terrinenform von etwa 2 l Inhalt
200 g Prinzeßbohnen
250 g Möhren
1 mittelgroßer Kohlrabi
Salz
1 Bund Schnittlauch
4 Zweige Bohnenkraut
5 Eier
250 g Sahne
weißer Pfeffer, frisch gemahlen
Muskatnuß, frisch gerieben
Cayennepfeffer
Klarsichtfolie für die Form

Zubereitungszeit: 1 Stunde
Garzeit: 1 1/4 Stunden
Ruhezeit: über Nacht

Die Bohnen waschen, die Enden abschneiden. Die Möhren waschen, schälen und in lange, schmale Streifen schneiden. Den Kohlrabi schälen, halbieren und in dünne Scheiben schneiden.

In einem Topf reichlich Salzwasser zum Kochen bringen. Eine Schüssel mit Eiswasser bereitstellen. Kohlrabi in den Topf geben und bei mittlerer Hitze 3 Minuten vorgaren. Mit einem Schaumlöffel herausheben, in einem Sieb in das Eiswasser tauchen, gut abtropfen lassen.

Die Bohnen in das kochende Wasser geben und 8–10 Minuten vorgaren. Herausheben, in das Eiswasser tauchen und gut abtropfen lassen.

Zuletzt die Möhren in das kochende Wasser geben und darin 6–8 Minuten vorgaren. In ein Sieb abgießen, in das Eiswasser tauchen und gut abtropfen lassen.

Den Schnittlauch und das Bohnenkraut waschen und trockentupfen. Den Schnittlauch in feine Röllchen schneiden, die Bohnenkrautblättchen von den Zweigen zupfen und hacken.

Die Eier trennen. Die Eiweiße steif schlagen. Die Eigelbe mit der Sahne verquirlen, mit den Kräutern, Salz, Pfeffer, Muskat und Cayennepfeffer kräftig würzen. Den Eischnee unter die Eiersahne heben.

Die Terrinenform mit der Klarsichtfolie auslegen. Den Boden der Form mit einem Drittel der Eiersahne bedecken. Die Hälfte der Kohlrabischeiben hineingeben. Darauf Möhren und Bohnen verteilen und mit den restlichen Kohlrabischeiben bedecken.

Den Backofen auf 200° vorheizen. Die Terrinenform mit dem Deckel verschließen und in einen Bräter stellen. So viel kochendheißes Wasser in den Bräter gießen, daß die Terrinenform zu zwei Dritteln im Wasser steht. Den Bräter in den Backofen (Mitte) stellen. Die Terrine in etwa 1 1/4 Stunden garen.

Die Terrine aus dem Ofen nehmen und abkühlen lassen. Dann über Nacht im Kühlschrank ruhen lassen.

Kurz vor dem Servieren die Terrine vorsichtig aus der Form stürzen und die Folie entfernen. Die Terrine mit einem in heißes Wasser getauchten Messer oder einem Elektromesser in fingerdicke Scheiben schneiden. Auf Tellern dekorativ anrichten.

Tip!

Sie können die Terrine mit einem kleinen Salat aus Frisée und Tomatenscheiben servieren, der mit etwas Essig-Öl-Marinade angemacht ist. Auf Brot sollten Sie nach den Trennkost-Regeln aber lieber verzichten.

Die Möhren-Bohnen-Terrine ist für 8 Personen als Vorspeise gedacht

Eiersülzchen

Gut vorzubereiten

Zutaten für 6 Personen
4 Eier
8 Blatt weiße Gelatine
375 ml klare, helle Gemüsebrühe
125 ml trockener Weißwein
Salz
weißer Pfeffer, frisch gemahlen
2 Eßlöffel Weißweinessig
einige Tropfen Tabasco
1 Handvoll frischer Kerbel
1 Bund Radieschen
100 g frische Champignons

Zubereitungszeit: 45 Minuten
Gelierzeit: 12 Stunden

Die Eier in etwa 10 Minuten hart kochen, kalt abschrecken*, pellen und abkühlen lassen.

Die Gelatine etwa 5 Minuten in kaltem Wasser einweichen. Die Brühe und den Wein in einem Topf langsam erwärmen, die Gelatine tropfnaß darin auflösen. Mit Salz, Pfeffer, dem Essig und Tabasco kräftig abschmecken.

Etwas vom Weinsud in sechs Tassen oder Schälchen gießen, im Kühlschrank erstarren lassen.

Den Kerbel verlesen, einige Blättchen auf den gelierten Sud legen. Mit etwas Sud begießen und wieder erstarren lassen.

Die Radieschen und die Pilze putzen und in dünne Scheiben schneiden. Die Eier ebenfalls in Scheiben schneiden. Alle Zutaten abwechselnd mit Kerbelblättchen einschichten. Den übrigen Weinsud darüber gießen, über Nacht erstarren lassen. Kurz vor dem Servieren die Eiersülzchen aus den Formen stürzen.

Zucchinisülzchen

Preiswert

Zutaten für 4 Personen
Für die Sülzchen:
2 Zucchini (etwa 300 g)
2 Frühlingszwiebeln
2 Eßlöffel Butter
6 Blatt weiße Gelatine
400 ml Dickmilch
1/2 Teelöffel Salz
1/2 Teelöffel weißer Pfeffer, frisch gemahlen
1 Messerspitze Cayennepfeffer
1 Teelöffel Zitronensaft
Für die Vinaigrette:
2 Eßlöffel Olivenöl
1 Eßlöffel Aceto balsamico (Balsamessig)
1 Eßlöffel Rotweinessig
Salz
schwarzer Pfeffer, frisch gemahlen

Zubereitungszeit: 30 Minuten
Kühlzeit: 3 Stunden

Für die Sülzchen die Zucchini waschen, putzen, abtrocknen und mit Schale in sehr feine Streifen hobeln. Die Frühlingszwiebeln putzen, waschen. Die grünen Teile abschneiden und beiseite legen. Das Weiße in feine Ringe schneiden.

Die Butter in einer Pfanne erhitzen, Zucchinistreifen und Zwiebelringe darin unter Rühren etwa 3 Minuten dünsten*.

Die Gelatine in kaltem Wasser etwa 5 Minuten einweichen. Das gedünstete Gemüse pürieren.

Dickmilch mit Salz, Pfeffer, Cayennepfeffer und Zitronensaft kräftig würzen. Die ausgedrückte Gelatine auflösen, gleichmäßig unterrühren. Das Gemüsepüree dazugeben und untermischen.

Vier Förmchen von etwa 200 ml Inhalt kalt ausspülen und die Masse hineinfüllen, glattstreichen. Im Kühlschrank in etwa 3 Stunden fest werden lassen.

Für die Vinaigrette Öl, beide Essigsorten, Salz und Pfeffer verrühren. Das Zwiebelgrün in Ringe schneiden und hineinstreuen.

Vor dem Servieren die Förmchen kurz in heißes Wasser halten, die Sülzchen auf vier Teller stürzen. Mit der Vinaigrette umgießen.

Gegrillter Ziegenkäse auf Salat

Für Gäste

Zutaten für 4 Personen
1 kleiner Kopf Burgundersalat
1 mittelgroßer Zucchino
1 mittelgroße Fleischtomate
1 Messerspitze scharfer Senf
1 Eßlöffel Aceto Balsamico (Balsamessig)
Salz
weißer Pfeffer, frisch gemahlen
2 Eßlöffel Olivenöl, kaltgepreßt
4 kleine runde Ziegenfrischkäse

Zubereitungszeit: 25 Minuten

Den Salat in die einzelnen Blätter zerteilen, in stehendem kaltem Wasser waschen und gründlich trockenschwenken. Den Zucchino vom Blüten- und Stielansatz befreien, waschen, abtrocknen und in feine Stifte schneiden. Die Tomate waschen und klein würfeln, dabei den Stielansatz herausschneiden.

Für die Marinade Senf, Essig, Salz und Pfeffer in einer Schüssel gründlich verrühren. Das Olivenöl kräftig darunterschlagen.

Den Backofengrill vorheizen. Die Ziegenkäse in eine feuerfeste Form legen und im heißen Ofen (oben) etwa 5 Minuten grillen*, bis sie leicht gebräunt sind.

Inzwischen den Burgundersalat, die Zucchinistifte und die Tomatenwürfel mit der Marinade mischen, den Salat abschmecken und auf großen Tellern anrichten. Die heißen Käse darauf setzen und sofort servieren.

Kräuterkäschen auf Tomaten

Preiswert

Zutaten für 4 Personen
250 g Quark (20% Fett i. Tr.)
2 Eier
1 Bund Schnittlauch
1 Bund Dill
Salz
weißer Pfeffer, frisch gemahlen
500 g vollreife Tomaten
1 Bund Basilikum
3 Eßlöffel Olivenöl, kaltgepreßt
2 Eßlöffel Zitronensaft oder Weißweinessig
Fett für die Förmchen
Pergamentpapier

Zubereitungszeit: 35 Minuten

Den Quark in eine Rührschüssel geben. Die Eier trennen und die Eigelbe gründlich unter den Quark rühren. Die Eiweiße steif schlagen. Schnittlauch und Dill waschen, trockenschütteln und fein schneiden. Dann mit dem Eischnee nach und nach unter den Quark heben. Die Masse mit Salz und Pfeffer kräftig würzen.

Flanförmchen oder Kaffeetassen gut mit Fett ausstreichen. Die Quarkmasse einfüllen, so daß die Förmchen zu 3/4 gefüllt sind. Nebeneinander in einen breiten Topf stellen. Bis 2 cm unter den Rand der Förmchen heißes Wasser einfüllen. Die Förmchen mit Pergamentpapier abdecken und den Topfdeckel auflegen. Bei schwacher Hitze (das Wasser darf nicht kochen) in etwa 25 Minuten garen.

Inzwischen die Tomaten häuten*, die Kerne und Stielansätze entfernen. Das Fruchtfleisch fein hacken. Die Basilikumblättchen hacken und mit Olivenöl, Salz, Pfeffer und Zitronensaft oder Weißweinessig unter die Tomaten rühren, abschmecken.

Die Flans aus dem Topf nehmen, kurz abkühlen lassen und auf Teller stürzen (die Quarkmasse am Rand mit einem spitzen Messer lösen). Die kalte Tomatensauce um die Flans gießen und nach Belieben mit feinen Schnittlauchröllchen bestreuen.

Tomaten mit Ricotta

Schnell

Zutaten für 4 Personen
500 g feste vollreife Tomaten
150 g weicher Ricotta
1 Bund Basilikum
1 Eßlöffel Kapern
1/2 Eßlöffel Zitronensaft
1/2 Eßlöffel Aceto Balsamico (Balsamessig)
Salz
weißer Pfeffer, frisch gemahlen
3 Eßlöffel Olivenöl, kaltgepreßt

Zubereitungszeit: 15 Minuten

Die Tomaten waschen, abtrocknen. Die Stielansätze keilförmig herausschneiden. Die Tomaten quer in dünne Scheiben schneiden und auf einer großen Platte oder auf vier Tellern dachziegelartig auslegen.

Den Ricotta mit einer Gabel zerkrümeln und über die Tomaten verteilen. Das Basilikum, nur wenn nötig, waschen und trockenschütteln. Die Blättchen von den Stielen zupfen und fein hacken. Die Kapern in einem Sieb gut abtropfen lassen.

Das Basilikum und die Kapern mit dem Zitronensaft, dem Aceto Balsamico, Salz und Pfeffer verrühren. Das Öl nach und nach kräftig darunterschlagen.

Die Tomaten und den Ricotta mit der Vinaigrette gleichmäßig beträufeln und sofort servieren.

Tip!

Ricotta ist ein italienischer Frischkäse. Wenn Sie ihn nicht bekommen, können Sie ersatzweise gut abgetropften Speisequark verwenden.

Gemüsestreifen mit Olivendip

Gelingt leicht

Zutaten für 4 Personen
1 große rote Paprikaschote
1 mittelgroßer Kohlrabi
6 Stangen Staudensellerie
100 g schwarze Oliven
1 Eßlöffel Kapern
1 Eßlöffel Pinienkerne
100 g Doppelrahmfrischkäse
6-7 Eßlöffel Sahne oder Milch
1 Teelöffel Aceto Balsamico (Balsamessig)
Salz
weißer Pfeffer, frisch gemahlen

Zubereitungszeit: 30 Minuten

Die Paprikaschote waschen, halbieren, das Kerngehäuse und die weißen Trennwände entfernen. Die Hälften der Länge nach in schmale Streifen schneiden. Den Kohlrabi schälen, zuerst in Scheiben , dann in lange Stifte schneiden. Den Staudensellerie waschen, eventuell harte Fäden abziehen und nach Belieben längs halbieren. Das Gemüse dekorativ auf einer Platte anrichten.

Für den Dip 4 der Oliven beiseite legen. Die übrigen Oliven entsteinen (das geht besonders gut mit einem Kirschenentsteiner). Dann mit den Kapern, den Pinienkernen, dem Frischkäse, der Sahne oder Milch und dem Aceto Balsamico im Mixer oder mit dem Pürierstab fein zerkleinern.

Die Creme mit Salz und Pfeffer würzen und in vier Schälchen verteilen. Obenauf jeweils eine Olive legen. Beim Essen die Gemüsestifte in den Dip tauchen.

Variante:

Der Dip läßt sich auch gut mit grünen Oliven zubereiten. Dann statt dem Essig Zitronensaft verwenden. Zur Abwechslung Möhren- und Gurkenstifte und Chicoréeblätter dazu reichen.

Im Bild vorne: Gemüsestreifen mit Olivendip
Im Bild hinten: Tomaten mit Ricotta

Paprikagemüse aus Sizilien

Gut vorzubereiten

Zutaten für 4 Personen
250 g Zwiebeln
3 Eßlöffel Olivenöl
4 Knoblauchzehen
je 200 g rote, grüne und gelbe Paprikaschoten
750 g Fleischtomaten
1 Lorbeerblatt
1 Zweig Rosmarin (ersatzweise 1 Teelöffel getrocknete Nadeln)
Salz
schwarzer Pfeffer, frisch gemahlen

Zubereitungszeit: 1 Stunde

Die Zwiebeln schälen, halbieren und in dünne Scheiben schneiden oder hobeln.

Das Olivenöl in einem breiten Topf erhitzen, die Zwiebelringe darin glasig dünsten. Die Knoblauchzehen schälen und durch die Presse dazudrücken.

Die Paprikaschoten waschen, halbieren, das Kerngehäuse und die dicken Rippen entfernen. Paprika in breite Streifen schneiden und in die Pfanne geben.

Die Tomaten häuten*, achteln, vom Stielansatz befreien, entkernen und untermischen. Das Lorbeerblatt und den Rosmarin hinzufügen. Das Gemüse salzen, pfeffern und bei sehr milder Hitze zugedeckt etwa 20 Minuten schmoren*, währenddessen ab und zu umrühren.

Zum Schluß das Lorbeerblatt und den Rosmarinzweig herausnehmen. Das Gemüse nochmals mit Salz und Pfeffer abschmecken. Noch heiß, lauwarm oder auch kalt servieren.

Es schmeckt gut zu gebratenem Fleisch und Fisch.

Gemischtes Pilzgemüse

Gelingt leicht

Zutaten für 4 Personen
200 g Austernpilze
200 g Egerlinge
200 g Champignons
1 große Zwiebel
2 Eßlöffel Butter
3 Knoblauchzehen
150 g Crème fraîche
Salz
schwarzer Pfeffer, frisch gemahlen
1 Bund glatte Petersilie

Zubereitungszeit: 35 Minuten

Die Pilze mit Küchenpapier abreiben, die Stielenden abschneiden. Nur wenn nötig, kurz waschen. Die Austernpilze in schmale Streifen, Egerlinge und Champignons blättrig schneiden.

Die Zwiebel schälen und fein hacken. Die Butter in einer großen Pfanne erhitzen, die Zwiebel darin weich dünsten.

Die Pilze in die Pfanne geben, kurz, aber kräftig braten*. Dann die Hitze reduzieren.

Die Knoblauchzehen schälen und durch die Presse dazudrücken. Die Crème fraîche untermischen, die Pilze mit Salz und Pfeffer würzen und noch etwa 10 Minuten unter gelegentlichem Rühren köcheln lassen.

Inzwischen die Petersilie abbrausen, trockenschütteln. Die Blättchen abzupfen, mittelfein hacken und vor dem Servieren untermischen.

Tip!

Eine kleine, feine kohlenhydratreiche Mahlzeit ergibt sich, wenn Sie das Pilzgemüse mit kleinen Pellkartoffeln servieren.

Carpaccio vom Rinderfilet

Berühmtes Rezept

Zutaten für 4 Personen
200 g gut abgehangenes Rinderfilet vom Mittelstück
8 Eßlöffel Olivenöl, kaltgepreßt
1 Teelöffel Aceto Balsamico (Balsamessig)
Salz
schwarzer Pfeffer, frisch gemahlen
50 g Parmesan am Stück
1 Bund Basilikum

Zubereitungszeit: 20 Minuten
Gefrierzeit:1 Stunde

Das Rinderfilet in Frischhaltefolie wickeln, ins Tiefkühlfach legen und etwa 1 Stunde gefrieren lassen. Danach vier große Teller gut mit Öl bestreichen.

Fleisch mit einem sehr scharfen Messer oder mit der elektrischen Schneidemaschine in hauchdünne Scheiben schneiden. Nebeneinander auf die Teller legen.

Essig mit Salz und Pfeffer gründlich verquirlen. Übriges Öl darunterschlagen. Abschmecken und über das Fleisch träufeln.

Den Parmesan fein hobeln, mit den Basilikumblättchen über das Fleisch verteilen. Das Carpaccio sofort servieren.

Gefüllter Staudensellerie

Raffiniert

Zutaten für 4 Personen
300 g Staudensellerie
1 Frühlingszwiebel
200 g Doppelrahmfrischkäse
75 g Roquefort
100 g Crème double
Salz
Paprikapulver, edelsüß

Zubereitungszeit: 30 Minuten

Vom Staudensellerie das Wurzelende abschneiden, die Stangen waschen, in 5 cm lange Stücke schneiden. Das Selleriegrün hacken und beiseite legen.

Die Frühlingszwiebel waschen, putzen, längs halbieren und in feine Scheibchen schneiden.

Frischkäse und Roquefort mit einer Gabel fein zerdrücken und mit Crème double geschmeidig rühren. Falls nötig, noch etwas Milch zufügen. Selleriegrün und Zwiebelscheibchen unter die Käsecreme heben und mit Salz abschmecken.

Die Creme mit einem kleinen Löffel oder mit einem Spritzbeutel mit Sterntülle dekorativ in die Selleriestücke füllen. Kurz vor dem Servieren mit einem Hauch Paprikapulver überstäuben.

Mozzarellasalat mit Paprika

Schnell

Zutaten für 4 Personen
1 Kugel Büffelmilch-Mozzarella (etwa 250 g)
1 kleine rote Paprikaschote
1 kleine gelbe Paprikaschote
1 Bund Basilikum
einige Blättchen frische Minze (ersatzweise Zitronenmelisse)
1 1/2 Eßlöffel Weißweinessig
Salz
weißer Pfeffer, frisch gemahlen
3 Eßlöffel Olivenöl, kaltgepreßt

Zubereitungszeit: 20 Minuten

Den Mozzarella abtropfen lassen und in kleine Würfel schneiden. Die Paprikaschoten waschen, halbieren, das Kerngehäuse und die weißen Trennwände entfernen. Die Paprikahälften in kleine Würfel schneiden.

Das Basilikum und die Minze waschen und trockentupfen. Die Blättchen abzupfen und fein hacken. Alle vorbereiteten Zutaten in einer Schüssel mischen.

Den Essig mit Salz und Pfeffer verrühren, das Öl nach und nach darunterschlagen. Die Marinade in die Schüssel geben und sorgfältig unterheben. Den Mozzarellasalat möglichst bald servieren.

Kräuter-Eierstich mit buntem Salat

Gut vorzubereiten

Zutaten für 4 Personen
2 Eier
4 Eßlöffel Milch
Salz
weißer Pfeffer, frisch gemahlen
Muskatnuß, frisch gerieben
1 Bund gemischte Kräuter (Petersilie, Schnittlauch, Dill, Pimpinelle, Borretsch)
1 Eichblattsalat
1 kleiner Radicchio
3 Tomaten
100 g griechischer Sahnejoghurt
Tabasco
3 Eßlöffel Apfelessig
150 g Lachsschinken
Öl für die Förmchen

Zubereitungszeit: 45 Minuten

In einer Schüssel die Eier mit der Milch gründlich verquirlen, ohne die Eiermilch dabei schaumig zu schlagen. Mit Salz, Pfeffer und Muskat kräftig würzen. Die Kräuter waschen, trockenschütteln und sehr fein hacken, unter die Eiermilch mischen.

Zwei kleine Förmchen (oder Tassen) ausfetten, mit der Eimasse füllen und im zugedeckten Wasserbad* bei schwacher Hitze in etwa 20 Minuten stocken lassen.

Beide Salate putzen, waschen und abtropfen lassen. In mundgerechte Stücke zerpflücken und auf einer großen Platte anrichten. Tomaten waschen, in Scheiben schneiden, darauf verteilen.

Die Förmchen abkühlen lassen, den Eierstich stürzen. Zuerst in Scheiben, dann in Rauten oder Würfel schneiden.

Den Joghurt mit Salz, Pfeffer, 3 Tropfen Tabasco und Apfelessig verquirlen. Abschmecken und über den Salat gießen. Den Lachsschinken ohne Fettrand in Streifen schneiden und mit dem Eierstich auf dem Salat verteilen.

Kräuter-Wurstsalat

Preiswert

Zutaten für 4 Personen
500 g Fleischwurst oder Schinkenwurst-Aufschnitt
1 rote Paprikaschote
2 Zwiebeln
1 Bund Petersilie
1 Bund Schnittlauch
Kresse, Kerbel oder Borretsch nach Belieben
6 Eßlöffel milder Weißweinessig
Salz
weißer Pfeffer, frisch gemahlen
6 Eßlöffel Sonnenblumenöl

Zubereitungszeit: 20 Minuten

Die Wurst pellen und in dünne Scheiben schneiden. Die Paprikaschote waschen, halbieren und das Kerngehäuse entfernen. Paprikahälften in Streifen schneiden. Die Zwiebeln schälen, zuerst in Scheiben schneiden, dann in Ringe teilen. Die Wurst in tiefe Teller legen, mit den Paprikastreifen und den Zwiebelringen belegen.

Die Kräuter waschen, trockenschütteln und die Blättchen fein hacken. Den Weißweinessig mit der gleichen Menge Wasser mischen, mit Salz, Pfeffer und dem Öl verquirlen. Die Kräuter unterrühren und die Marinade über dem Wurstsalat verteilen.

Variante:

Für einen Schweizer Wurstsalat schneiden Sie 250 g Fleischwurst, 150 g Appenzeller Käse, 2 Tomaten und 2 Gewürzgurken in kleine Würfel. Dazu kommt eine feingehackte Zwiebel. Diese Zutaten vermischen Sie mit einer Marinade aus Senf, Salz, Pfeffer, Weißweinessig, etwas Petersilie und Öl.

Im Bild vorne: Kräutereierstich mit buntem Salat
Im Bild hinten: Kräuter-Wurstsalat

Gänsebrust auf Feldsalat

Gelingt leicht

Zutaten für 4 Personen
200 g Feldsalat
1 kleiner Apfel
2 Teelöffel Zitronensaft
1 kleine Zwiebel
Salz
weißer Pfeffer, frisch gemahlen
2 Eßlöffel Apfelessig
3 Eßlöffel Distelöl
150 g geräucherte Gänsebrust in dünnen Scheiben

Zubereitungszeit: 30 Minuten

Von den Salatbüscheln welke Blätter entfernen, den Salat mehrmals sorgfältig waschen, dann gut abtropfen lassen.

Den Apfel schälen, vierteln und das Kerngehäuse entfernen. Die Viertel in Scheibchen schneiden und mit dem Zitronensaft beträufeln. Die Zwiebel schälen und möglichst klein würfeln.

Etwas Salz und Pfeffer mit dem Essig verrühren, zuletzt das Öl unterschlagen.

Die Zwiebel, den Apfel und den Feldsalat unter die Marinade heben, den Salat abschmecken.

Den Salat gleichmäßig auf vier Teller verteilen. Das Fett von der Gänsebrust entfernen und die Scheiben dekorativ auf dem Salat anrichten.

Cocktailspießchen

Für Parties

Zutaten für 4 Personen
Für die Zucchiniröllchen:
2 junge Zucchini
150 g gekochter Schinken in Scheiben
3 Eßlöffel Remouladensauce (aus dem Glas)
weißer Pfeffer, frisch gemahlen
1 Glas Cocktailkirschen
3 Stengel Zitronenmelisse
Für die Käsespießchen:
200 g fester Ziegenfrischkäse
4 Scheiben roher Schinken in dünnen Scheiben
2 Eßlöffel Aceto Balsamico (Balsamessig)
4 Eßlöffel Walnußöl
Salz
weißer Pfeffer, frisch gemahlen
1/2 Netzmelone
3 Stengel Basilikum
Für die Papayawürfel:
1 reife Papaya
2 Teelöffel Zitronensaft
50 g Bündner Fleisch, dünn aufgeschnitten
schwarzer Pfeffer, frisch gemahlen
3 Stengel Melisse
Außerdem:
Cocktailspießchen zum Feststecken
Kugelausstecher

Zubereitungszeit: 2 Stunden

Für die Zucchiniröllchen die Zucchini waschen und putzen. Ungeschält längs in dünne Scheiben schneiden. Den Schinken in Streifen (so breit wie die Zucchinistreifen) schneiden und auf die Zucchini legen. Dünn mit Remoulade bestreichen, pfeffern und aufrollen. Je 1 Kirsche und ein Melisseblättchen mit Cocktailspießchen darauf stecken.

Für die Käsespießchen den Käse würfeln. Den Schinken ohne Fettrand in Streifen schneiden und um die Käsewürfel wickeln. Aus Essig, Öl, Salz und Pfeffer eine Marinade rühren, auf die Würfel träufeln. Aus der Melone kleine Kugeln ausstechen. Mit Spießchen je 1 Melonenkugel und 1 Basilikumblatt am Käsewürfel feststecken.

Für die Papayawürfel die Papaya schälen, längs halbieren, entkernen und in gleich große Würfel schneiden. Mit Zitronensaft beträufeln. Das Bündner Fleisch zu Röllchen drehen, mit Spießchen auf die Würfel stecken. Mit Pfeffer bestreuen und mit Melisseblättchen garnieren.

Gefüllte Avocados mit Putenbrust

Gut vorzubereiten

Zutaten für 6 Personen
250 g Doppelrahmfrischkäse
80 g weiche Butter
2 Bund Basilikum
60 g gehackte Pistazienkerne
Salz
weißer Pfeffer, frisch gemahlen
2 Prisen Cayennepfeffer
4 reife Avocados
2 Eßlöffel Zitronensaft
500 g Tomaten
einige Salatblätter
300 g geräucherte Putenbrust in dünnen Scheiben

Zubereitungszeit: 1 Stunde
Kühlzeit: 3 Stunden

Den Frischkäse mit der Butter cremig rühren. Das Basilikum, nur wenn nötig, waschen, trockenschütteln und bis auf einige Blättchen fein hacken. Mit den Pistazien zur Creme geben und mit Salz, Pfeffer und Cayennepfeffer abschmecken*.

Die Avocados längs halbieren, die Kerne herauslösen. Das Fruchtfleisch bis auf einen kleinen Rand herauslösen. Die Hälften und das Fruchtfleisch sofort mit Zitronensaft beträufeln, damit sie nicht dunkel werden.

Das Fruchtfleisch in kleine Würfel schneiden, mit der Käsecreme vermischen. Die Füllung in die Avocados streichen und die Hälften wieder zusammendrücken. Jede Frucht fest in Klarsichtfolie wickeln und für 3 Stunden in den Kühlschrank stellen.

Avocados schälen und in 1 cm dicke Scheiben schneiden. Die Tomaten waschen und in Spalten schneiden. Salat waschen und trockentupfen. Auf einer Platte die Avocadoscheiben leicht überlappend in die Mitte legen. Drumherum Putenbrust, Tomaten, und die Salatblätter arrangieren.

Hähnchen-Oliven-Spieße

Raffiniert

Zutaten für 10 Spieße
500 g Hähnchenbrustfilet
schwarzer Pfeffer, frisch gemahlen
gemahlener Koriander
150 g Bacon (Frühstücksspeck), in dünnen Scheiben
250 g grüne, gefüllte Oliven
4 Eßlöffel Öl
10 Metall-Spieße

Zubereitungszeit: 30 Minuten

Das Hähnchenbrustfilet kalt abbrausen, trockentupfen und mundgerecht würfeln. Mit etwas Pfeffer und Koriander würzen.

Die Speckscheiben längs halbieren, jeden Fleischwürfel mit einem Speckstreifen umwickeln.

Das umwickelte Fleisch abwechselnd mit den Oliven auf die eingeölten Spieße stecken.

Das restliche Öl in zwei Pfannen erhitzen, die Spieße darin bei mittlerer Hitze rundherum etwa 10 Minuten braten*.

Salat aus Meeresfrüchten

Gut vorzubereiten

Zutaten für 4 Personen
400 g küchenfertige Calamari oder Sepie (in Ringe geschnitten, frisch oder tiefgekühlt)
1 Zwiebel
1 Möhre
1 Lorbeerblatt
3 Gewürznelken
125 ml trockener Weißwein
4 Eßlöffel Weißweinessig
750 g Miesmuscheln
2 Knoblauchzehen
1 Bund Petersilie
Saft von 1 Zitrone
Salz
8 Eßlöffel Olivenöl, kaltgepreßt
1 Prise Cayennepfeffer
250 g gekochte und ausgelöste Garnelen
1 Zitrone
Für die Tintenfische: 1 Mulltuch

Zubereitungszeit: 1 1/4 Stunden
Marinierzeit: 1 Stunde

Frische oder aufgetaute Tintenfische kurz unter fließendem Wasser waschen, abtropfen lassen.

Die Zwiebel schälen. Die Möhre waschen und schälen, beide in dünne Scheiben schneiden.

Die Zwiebel und die Möhre mit dem Lorbeerblatt, den Gewürznelken, dem Weißwein und dem Essig in eine Kasserolle geben. Die Tintenfische in das Mulltuch binden und in den Sud legen. Aufkochen und zugedeckt so lange bei schwacher Hitze köcheln* lassen, bis die Tintenfische weich sind. Das dauert je nach Qualität 40–60 Minuten.

Inzwischen die Muscheln unter fließendem kaltem Wasser gründlich abbürsten, die Muschelbärte entfernen und bereits geöffnete Muscheln wegwerfen.

Geschlossene Muscheln in einen Topf geben und 1/4 l Wasser angießen. Muscheln zugedeckt bei starker Hitze in 7–10 Minuten garen, bis sich alle geöffnet haben. Dann die Muscheln herausnehmen, ungeöffnete wegwerfen, und das Muschelfleisch aus den Schalen lösen.

Die Knoblauchzehen schälen. Die Petersilie waschen, trockentupfen und die Blättchen mit dem Knoblauch fein hacken.

Für die Salatmarinade in einer Schüssel den Zitronensaft mit etwas Salz, dem Olivenöl, der Prise Cayennepfeffer, dem Knoblauch, der Petersilie und 1–2 Eßlöffeln Kochsud von den Tintenfischen verrühren. Die Marinade kräftig abschmecken.

Sobald die Tintenfische weich sind, aus dem Sud heben, aus dem Mulltuch nehmen und in einem Sieb gut abtropfen lassen.

Tintenfische, Muscheln und Garnelen in die Schüssel füllen und mit der Marinade vermengen. Den Meeresfrüchtesalat zugedeckt mindestens 1 Stunde kühl stellen. Zimmerwarm mit Zitronenachteln servieren.

Variante:

Wer gerne asiatisch ißt, kann die Zutaten für den Meeresfrüchtesalat in folgender Marinade ziehen lassen: 50 ml frisch ausgepreßten Limettensaft mit 50 ml Fischsauce, 1 Teelöffel Sambal Manis und 2 Eßlöffel Zucker verrühren. Dann 2–3 Knoblauchzehen hineinpressen. Je 1 rote Chilischote und Frühlingszwiebel feingehackt unterrühren. Den Salat mit etwas Salz abschmecken. Fischsauce, Sambal Manis und die Chilischote finden Sie im Asienladen.

Zu diesem Salat aus Meeresfrüchten paßt am besten ein Glas trockener Weißwein

Garnelensalat mit Tomaten

Schnell

Zutaten für 4 Personen
4 kleine, reife Tomaten
Salz
1 kleiner Kopfsalat
250 g gekochte und ausgelöste Garnelen
1/2 Zitrone
6 Eßlöffel Olivenöl, kaltgepreßt
weißer Pfeffer, frisch gemahlen

Zubereitungszeit: 20 Minuten

Die Tomaten waschen, abtrocknen und ohne die Stielansätze quer in Scheiben schneiden. Leicht salzen.

Den Kopfsalat putzen, waschen, trockenschleudern und in mundgerechte Stücke zerpflücken.

Vier Portionsschälchen mit etwas Salat auslegen. Die Tomatenscheiben daraufgeben und die Garnelen darüber verteilen.

Die Zitrone auspressen. Den Saft mit Öl, Salz und Pfeffer kräftig verrühren, abschmecken. Die Sauce über den Salat gießen.

Muschel-Chicorée-Cocktail

Gelingt leicht

Zutaten für 4 Personen
3-4 Schalotten
4 Eßlöffel Weißweinessig
Salz
schwarzer Pfeffer, frisch gemahlen
3 Eßlöffel Olivenöl
3 Eßlöffel neutrales Pflanzenöl
300–350 g Chicorée
200 g feste Tomaten
1 Glas Miesmuscheln in Wassersud (etwa 330 g Inhalt)
1 Bund glatte Petersilie

Zubereitungszeit: 45 Minuten

Die Schalotten schälen und sehr fein würfeln. Mit dem Essig, Salz und Pfeffer verquirlen. Beide Ölsorten kräftig unterschlagen. Die Marinade abschmecken.

Chicorée putzen und waschen. Einige große, schöne Blätter ablösen und beiseite legen. Den übrigen Chicorée quer in 1 cm dicke Scheiben schneiden und auseinanderblättern.

Die Tomaten waschen, in dünne Spalten schneiden, dabei von den Stielansätzen und den Kernen befreien. Die Muscheln in ein Sieb geben, kurz unter kaltem Wasser abbrausen und gut abtropfen lassen. Die Petersilie waschen und trockenschütteln. Die Blättchen abzupfen, hacken und in die Marinade rühren.

Den Chicorée, die Tomaten und die Muscheln in der Salatmarinade wenden. Eine Schale mit den Chicoréeblättern auslegen und den Salat darin anrichten.

Spargelsalat mit Lachsröllchen

Exklusiv

Zutaten für 4 Personen
250 g weißer Spargel
etwas Zucker
Salz
200 g junger Blattspinat
1 Schalotte
2 Teelöffel Zitronensaft
2 Teelöffel Distelöl
100 g Sahnejoghurt
1 Teelöffel milder Senf
weißer Pfeffer, frisch gemahlen
4 Eßlöffel Crème double
1 Eßlöffel Kerbelblättchen
200 g geräucherter Lachs

Zubereitungszeit: 1 Stunde

Den Spargel waschen, schälen und die Enden kürzen. Schalen und Enden etwa 10 Minuten in gut 1/2 l Wasser kochen lassen, dann abseihen. Den Sud mit

1/2 Teelöffel Zucker und etwas Salz erneut aufkochen lassen. Spargel in Stücke schneiden, im Sud zugedeckt in etwa 15 Minuten bißfest* kochen, anschließend abkühlen lassen.

Den Spinat waschen, trockenschleudern und die langen Stiele abknipsen. Blätter auf vier Teller verteilen. Die Schalotte schälen und hacken. Eine Prise Salz mit dem Zitronensaft und dem Öl mischen und samt der Schalotte über den Spinat träufeln.

Den Spargel abtropfen lassen, auf dem Spinat anrichten. Den Joghurt mit Senf, etwas Salz, je einer Messerspitze Zucker und Pfeffer, Crème double und dem Kerbel vermischen, über den Spargel gießen.

Aus den Lachsscheiben Röllchen drehen, neben dem Salat auf Tellern anrichten, sofort servieren.

Tip!

Eine besondere Delikatesse ist der Bio-Lachs. Er stammt aus den wilden Gewässern rund um die Clare Islands bei Irland, hat viel Bewegungsfreiheit und wird artgerecht gehalten. Fragen Sie Ihren Fischhändler danach.

Salat von Schillerlocken

Raffiniert

Zutaten für 4 Personen
250 g Champignons
Saft von 1 Zitrone
2 Schalotten
2 Frühlingszwiebeln
350 g Schillerlocken
4 Eßlöffel Weißweinessig
Salz
weißer Pfeffer, frisch gemahlen
Muskatnuß, frisch gerieben
4 Eßlöffel Distelöl
ein paar Salatblätter

Zubereitungszeit: 40 Minuten

Die Champignons putzen, blättrig schneiden und sofort mit dem Zitronensaft beträufeln.

Beide Zwiebelsorten putzen und sehr fein hacken. Schillerlocken in etwa 1/2 cm dicke Scheiben schneiden. Zwiebeln, Schillerlocken und die Pilze mischen.

Aus Essig, Salz, Pfeffer, Muskatnuß und Öl eine cremige Sauce aufschlagen. Über die Fisch-Pilz-Mischung gießen, unterheben und 10 Minuten ziehen lassen.

Die Salatblätter waschen, trockentupfen und auf vier Teller verteilen. Den Schillerlockensalat darauf dekorativ anrichten.

Carpaccio vom Seewolf

Für Gäste

Zutaten für 4 Personen
250 g Seewolffilet
6 Eßlöffel Olivenöl, kaltgepreßt
Salz
Saft von 1 Limette
1/2 Bund glatte Petersilie
1–2 Anchovisfilets
weißer Pfeffer, frisch gemahlen
1 Eßlöffel Cognac nach Belieben

Zubereitungszeit: 30 Minuten
Kühlzeit: 2 Stunden

Das Seewolffilet in Frischhaltefolie wickeln, für etwa 2 Stunden in den Gefrierschrank legen.

Vier große Teller mit etwas Öl bepinseln, leicht salzen und mit etwas Limettensaft beträufeln. Den Fisch mit einem sehr scharfen Messer hauchdünn aufschneiden und rosettenartig auf dieTeller verteilen.

Die Petersilie waschen und grob hacken. Die Anchovisfilets kalt abspülen, mit der Petersilie, dem übrigen Öl und Limettensaft fein pürieren. Mit Salz, Pfeffer und dem Cognac abschmecken. Die Fischscheiben mit der Sauce bestreichen, sofort servieren.

Dazu paßt ein Glas Champagner.

Hirse-Lauch-Suppe

Macht wenig Arbeit

Zutaten für 4 Personen
100 g Hirse
2 Eßlöffel Olivenöl
1/2 Teelöffel Currypulver
3/4-1 l Gemüsebrühe
2 kleine Stangen Lauch
100 g Sahne
schwarzer Pfeffer, frisch gemahlen
Salz
1 Bund Schnittlauch

Zubereitungszeit: 30 Minuten

Die Hirse in einem Sieb heiß abspülen und abtropfen lassen. Das Öl erhitzen, Hirse und Currypulver 3 Minuten unter Rühren darin leicht anrösten*.

Die Gemüsebrühe aufgießen und die Hirse bei mittlerer Hitze zugedeckt zunächst 10 Minuten leicht köcheln lassen.

Inzwischen den Lauch putzen, längs halbieren, waschen und in feine Streifen schneiden.

Lauch und Sahne in die Suppe rühren, mit Pfeffer und Salz würzen. Zusammen noch etwa 10 Minuten köcheln lassen, bis die Hirse aufgequollen ist. Den Schnittlauch waschen, in Röllchen schneiden, darüber streuen.

Gemüse-Dinkel-Suppe

Gelingt leicht

Zutaten für 4 Personen
70 g Dinkelmehl
3/4-1 l Gemüsebrühe
2 Stangen Staudensellerie
1 große Möhre
100 g Sahne
2 Frühlingszwiebeln
1 Bund glatte Petersilie
weißer Pfeffer, frisch gemahlen
Salz
Muskatnuß, frisch gerieben

Zubereitungszeit: 30 Minuten

Den Dinkel bei mittlerer Hitze unter Rühren etwa 5 Minuten trocken rösten, bis er würzig duftet. Die Gemüsebrühe aufgießen und die Suppe etwa 10 Minuten leicht köcheln lassen.

Inzwischen Selleriestangen und Möhre waschen, putzen und in sehr feine Scheiben schneiden. Mit der Sahne zur Suppe geben, weitere 5 Minuten garen.

Die Frühlingszwiebel putzen und in feine Streifen schneiden. Die Petersilie waschen, fein hacken.

Beides unter die Suppe rühren und mit Pfeffer, Salz und einem Hauch Muskat abschmecken.

Möhrencreme mit Thymian

Preiswert

Zutaten für 4 Personen
500 g Möhren
1 Zwiebel
3 Eßlöffel Olivenöl
3/4 l Gemüsebrühe
1 Teelöffel frische Thymianblätter
Salz
weißer Pfeffer, frisch gemahlen
200 g Sahne

Zubereitungszeit: 25 Minuten

Die Möhren putzen und klein würfeln, die Zwiebel schälen und hacken. Das Öl in einem Topf erhitzen, Möhren und Zwiebel darin etwa 5 Minuten andünsten. Brühe und Thymian zufügen, salzen, pfeffern und alles zugedeckt etwa 15 Minuten köcheln lassen.

Die Suppe mit einem Pürierstab oder im Mixer fein pürieren*. Nach Belieben noch durch ein Sieb streichen. Mit der Sahne noch einmal kurz erhitzen, mit Salz und Pfeffer abschmecken.

Im Bild vorne:
Möhrencreme mit Thymian
Im Bild Mitte:
Gemüse-Dinkel-Suppe
Im Bild hinten:
Hirse-Lauch-Suppe

Zucchini-Mascarpone-Creme

Für Gäste

Zutaten für 4 Personen
2 Schalotten
1 Eßlöffel Butter
300 g Zucchini
Salz
weißer Pfeffer, frisch gemahlen
150 g Mascarpone (italienischer Frischkäse)
750 ml Gemüsebrühe
1 Teelöffel Zitronensaft
Worcestersauce
1/2 Bund Basilikum

Zubereitungszeit: 30 Minuten

Die Schalotten schälen und fein hacken. Die Butter in einem Topf erhitzen und die Schalotten darin glasig braten.

Die Zucchini von den Stielansätzen befreien, waschen und auf dem Gemüsehobel fein raspeln. Zu den Schalotten geben und etwa 10 Minuten mitdünsten. Das Gemüse salzen und pfeffern.

Mascarpone untermischen und aufkochen lassen. Alles im Mixer oder mit dem Stabmixer pürieren. Das Püree mit der Brühe auffüllen, aufkochen und etwa 10 Minuten köcheln lassen.

Die Suppe mit Salz, Pfeffer, dem Zitronensaft und Worcestersauce kräftig abschmecken. Das Basilikum abspülen und trockenschütteln. Die Blättchen von den Stengeln zupfen und vor dem Servieren auf die Suppe streuen.

Kartoffelsuppe mit Pilzen

Würzig

Zutaten für 4 Personen
200 g Lauch
300 g mehligkochende Kartoffeln
1/2 l Gemüsebrühe
1 Teelöffel Steinpilzbrühe-Extrakt
1 1/2 Teelöffel Thymianblättchen
2 Liebstöckelblätter, frisch gehackt
200 g kleine Champignons
50 g Butter
2 Eßlöffel Petersilie, frisch gehackt
schwarzer Pfeffer, frisch gemahlen
4 Eßlöffel Crème fraîche

Zubereitungszeit: 35 Minuten

Den Lauch putzen, längs halbieren und gründlich waschen. Mit dem zarten Grün in schmale Streifen schneiden. Die Kartoffeln waschen und dünn schälen.

Die Gemüsebrühe mit dem Steinpilzbrühe-Extrakt aufkochen. Lauch, Thymian und Liebstöckel dazugeben. Die Kartoffeln in die kochende Brühe raspeln. Alles zugedeckt etwa 8 Minuten kochen lassen, bis die Kartoffeln weich, aber noch bißfest* sind.

Die Pilze putzen und in Scheiben schneiden, in der Kartoffelsuppe 2–3 Minuten ziehen lassen.

Den Topf von der Kochstelle nehmen. Butter und Petersilie einrühren. Suppe mit Pfeffer würzen, auf Teller verteilen und in die Mitte jeweils 1 Eßlöffel Crème fraîche geben.

Gurkensuppe mit Dill

Raffiniert

Zutaten für 4 Personen
5 Schalotten
200 g mehligkochende Kartoffeln
4 Eßlöffel Sonnenblumenöl
1/2 l Gemüsebrühe
800 g Salatgurken
1 Bund Dill
150 g Crème fraîche
1 Eßlöffel Borretsch, frisch gehackt
1 Teelöffel Zitronensaft
Meersalz
weißer Pfeffer, frisch gemahlen
Zum Garnieren: einige Dill- und Borretschblüten

Zubereitungszeit: 30 Minuten

Die Schalotten schälen und fein hacken. Die Kartoffeln waschen, schälen und klein würfeln.

Schalotten und Kartoffeln im Öl und 1 Eßlöffel Gemüsebrühe in einem Topf bei mittlerer Hitze unter Wenden anbraten. Restliche Gemüsebrühe dazugeben und alles zugedeckt bei mittlerer Hitze 5 Minuten köcheln lassen.

Inzwischen die Gurken schälen, längs halbieren und entkernen. Das Gurkenfleisch in etwa 1 cm große Würfel schneiden. Zu den Kartoffeln in den Topf geben und etwa 10 Minuten bei schwacher Hitze zugedeckt garen.

Den Dill waschen, trockenschütteln und fein schneiden. Das Gemüse mit dem Pürierstab im Topf pürieren. Die Crème fraîche und die Kräuter unterrühren. Die Suppe mit Zitronensaft, Salz und Pfeffer abschmecken. Auf vorgewärmte Teller verteilen und mit den Kräuterblüten garnieren.

Kräutercremesuppe mit Krabben

Exklusiv

Zutaten für 4 Personen
2 Bund glatte Petersilie
1 Bund Basilikum
2 Bund Schnittlauch
2 Eßlöffel Butter
2 kleine mehlige Kartoffeln (etwa 120 g)
750 ml Gemüsebrühe
5 Eßlöffel Crème fraîche
Salz
weißer Pfeffer, frisch gemahlen
1 Teelöffel Worcestersauce
1 Eßlöffel Zitronensaft
150 g geschälte Nordseekrabben, frisch, aus Glas oder Dose

Zubereitungszeit: 45 Minuten

Die Kräuter kalt abbrausen und trockenschütteln. Die Petersilie und das Basilikum abzupfen und grob hacken. Den Schnittlauch in feine Röllchen schneiden.

Die Butter in einem Topf erhitzen und die Kräuter darin bei schwacher Hitze 5 Minuten dünsten*.

Die Kartoffeln waschen, schälen und in kleine Würfel schneiden, hinzufügen. Mit der Gemüsebrühe aufgießen. Die Crème fraîche unterrühren und alles zugedeckt bei mittlerer Hitze 20 Minuten köcheln lassen.

Die Suppe pürieren, nochmals aufkochen und mit Salz, Pfeffer, Worcestersauce und Zitronensaft kräftig abschmecken.

Die Krabben – die aus Glas oder Dose gut abtropfen lassen – in der Suppe noch kurz erwärmen.

Zitronensuppe mit Muskat

Schnell

Zutaten für 4 Personen
1 l Fleisch- oder Gemüsebrühe
1/2 Bund glatte Petersilie
1 unbehandelte Zitrone
3 Pimentkörner
4 ganz frische Eigelbe
1/4 Teelöffel Muskatblüte (Macis)

Zubereitungszeit: 20 Minuten

Die Brühe erhitzen. Die Petersilie waschen und fein hacken. Die Zitrone heiß waschen, abtrocknen. Etwa 1 Eßlöffel von der Schale fein abraspeln, den Zitronensaft auspressen. Die Pimentkörner im Mörser fein zerstoßen.

Jeweils 1 Eigelb in einen Suppenteller geben, mit Piment und Muskat bestreuen, Zitronensaft, -schalenraspel und Petersilie darüber verteilen, mit einer Gabel kräftig aufschlagen und die heiße Brühe darüber schöpfen. Die Suppe sofort servieren.

Gemüse

Einfach wunderbar: Gemüse! Kein anderes Lebensmittel kann so viele farbenfrohe Sorten und Formen aufweisen. Nichts anderes läßt sich so vielfältig und abwechslungsreich zubereiten.

Was Markt und Saison an Köstlichem bieten, kann unter anderem als Beilage, vegetarisches Hauptgericht, Eintöpfe, Aufläufe, Gratins und Pasteten zubereitet werden – und das meist ohne viel Arbeitsaufwand und recht preiswert.

Die wertvollen Inhaltsstoffe sind der Grund, warum Gemüse so gesund ist. Mineralstoffe, Vitamine, Ballaststoffe, Farb- und Geschmacksstoffe schenken uns Wohlbefinden und Vitalität.

Eine gesunde bunte Mischung

Gemüse wächst über und unter der Erde, als Staude, Wurzel, Knolle, Stange, Blatt und Frucht. Frisches Gemüse ist eine echte Fundgrube für den Körper. Jede Menge lebenswichtige Vitamine, Mineral- und Ballaststoffe sind darin enthalten. Ebenso die sekundären Pflanzenstoffe, wie zum Beispiel Aroma-, Duft- und Farbstoffe, ätherische Öle und Enzyme. Sie alle haben einen positiven Einfluß auf unser Immunsystem. Gemüse ist die Nahrungsmittelgruppe mit der höchsten Nährstoffdichte. Jede Sorte hat ihre speziellen Vorzüge, darum ist es wichtig, möglichst viele verschiedene Gemüse zu essen. Wie schön, daß Gesundheit so gut schmecken kann!

Achten Sie auf die Saison

Beim Gemüsekauf richten Sie sich am besten nach den Jahreszeiten und den Angeboten der Saison. Denn dann schmecken Gemüse am besten, haben die meisten Nährstoffe und sind auch noch preiswert. Bevorzugen Sie Gemüse aus dem heimischen Anbau; viele Städte und Dörfer haben Wochenmärkte, auf denen die Landwirte aus der Umgebung direkt ihr Gemüse anbieten, das teilweise aus Freiland- und oft schon aus biologischem Anbau stammt. Kaufen Sie nur absolut frisches Gemüse. Sie erkennen es zum Beispiel an seinen kräftigen, saftigen Blättern oder der knackig-prallen Schale.

Nur kurz lagern

Gemüse sollte so frisch wie möglich zubereitet und gegessen werden, da sich nach der Ernte die wertvollen Inhaltsstoffe durch Licht, Luft und Wärme schnell abbauen. Ist eine kurze Lagerzeit nötig, dann am besten in das Gemüsefach des Kühlschranks legen. Ausnahmen sind Tomaten, Paprikaschoten und Gurken, sie verlieren im Kühlschrank an Aroma. Zwiebeln und Knoblauch in einem luftigen Korb aufbewahren.
Tiefgekühltes Gemüse, das unmittelbar nach der Ernte schonend verarbeitet wurde, enthält immer noch wesentlich mehr Vitamine als zu lange transportiertes oder zu lange gelagertes.

Waschen, putzen, schneiden

- Gemüse erst kurz vor der Zubereitung gründlich waschen und eventuell trockenreiben. So kann ein Großeil der Umweltschadstoffe und Pflanzenschutzmittel, die auf Blättern oder Schalen haften, entfernt werden.
- Gemüse vor dem Waschen nicht schälen oder zerkleinern, da sonst ein Teil der wasserlöslichen Vitamine und Mineralstoffe mit fortgeschwemmt wird. Deshalb auch Gemüse oder Kräuter nie im Wasser liegen lassen.
- Nach dem Waschen putzen, das heißt dünn schälen oder schaben, häuten, unansehnliche Blätter, Wurzelenden oder Strünke entfernen. Zuchtpilze werden mit Küchenpapier oder einem Pinsel gesäubert und nur wenn sie stark verschmutzt sind kurz gewaschen. Waldpilze säubern, kurz waschen und trockentupfen.

Pilze am besten nur vorsichtig mit Küchenpapier abreiben

Bei Kräutern die Blättchen abzupfen und je nach Rezept ganz lassen, grob oder fein hacken. Schnittlauch in Stücke oder in feine Röllchen schneiden.

- Nach dem Putzen das Gemüse zerkleinern, also in Scheiben, Würfel, Ringe oder Streifen schneiden, reiben oder raspeln.

Gemüse immer erst unmittelbar vor dem Zubereiten zerkleinern

Schonend garen

Je kürzer die Garzeit und je mehr Vitamine und Mineralstoffe beim Garen erhalten bleiben, desto schonender ist die Methode. Gemüse sollte daher auch nicht butterweich, sondern bißfest sein. Das Dämpfen ist eine der schonendsten Zubereitungen. Das kleingeschnittene Gemüse gart in einem passenden Siebeinsatz über heißem Wasserdampf. Beim Dünsten wird Gemüse unter Zugabe von wenig Fett gegart. Bei wasserreichen Sorten wie Spinat, Tomaten oder Zucchini genügt es, wenn Sie das tropfnasse Gemüse in den kalten Topf geben und bei geschlossenem Deckel erwärmen. Braten ist eine sehr schnelle Methode, bei der Gemüse einen kräftigen Geschmack bekommt. In Pfannen oder im Wok mit guter Wärmeverteilung läßt sich Fett auf ein Minimum reduzieren.

Das Blanchieren

Durch das heiß-kalte, nur minutenkurze Wechselbad wird Gemüse ideal zum Garen vorbereitet. So läßt sich danach die Haut von Tomaten gut abziehen, Blattgemüse und Kohl werden geschmeidig, so daß sie fürs Füllen gut formbar sind. Die Farben bleiben besser erhalten. Grünes wie Bohnen, Broccoli, Erbsen, Spinat und Wirsing leuchtet nach dem Tauchbad sogar mehr.

Beim Blanchieren nie zuviel auf einmal ins Wasser geben

Wenn Gemüse mit unterschiedlicher Garzeit gemeinsam zubereitet werden, läßt sich festes Gemüse durch Blanchieren so vorgaren, daß später alles gleichzeitig fertig wird. Und so wird's gemacht: Das gewaschene und geputzte Gemüse je nach Verwendung im Rezept ganz lassen oder zerteilen. In einem Topf reichlich Wasser zum Kochen bringen. Auf 500 g Gemüse rechnet man 5 Liter. Je Liter 1/2 Teelöffel Salz hinzufügen. Blanchiert wird grundsätzlich im offenen Topf. Größere Mengen immer nur portionsweise nacheinander in das sprudelnd kochende Wasser geben, sonst kühlt es zu sehr ab. Die Blanchierzeit ist abhängig von der Sorte, der Frische, der Struktur und der Größe des jeweiligen Gemüses. Danach das Gemüse mit einem Schaumlöffel herausheben und sofort in Eiswasser (kaltes Wasser, das mit Eiswürfeln gekühlt ist) tauchen. Nach kurzer Abkühlzeit in ein Sieb füllen und gut abtropfen lassen.

Gemüse in der Trennkost

Gemüse spielt in der Trennkost eine große Rolle, weil es gesund und linienfreundlich ist und somit Ihr Wohlbefinden rundherum steigert. Es gehört zur neutralen, grün gekennzeichneten Gruppe. Bereiten Sie es mit anderen neutral eingestuften Lebensmitteln zu, können Sie das Gericht sowohl mit kohlenhydratreichen wie auch mit eiweißreichen Rezepten kombinieren. Sie können Gemüse selbstverständlich auch immer "solo", als neutrale Mahlzeit, genießen.

Erbsen mit Minze

Aus Spanien

Zutaten für 4 Personen
Salz
1 Bund frische Minze
750 g frische Erbsen (oder 600 g tiefgekühlte)
2 Eßlöffel Butter
weißer Pfeffer, frisch gemahlen

Zubereitungszeit: 40 Minuten

In einem großen Topf reichlich Salzwasser aufkochen. Die Minze abspülen, die Hälfte der Blätter abzupfen und beiseite legen. Die restlichen Blätter im Wasser etwa 10 Minuten kochen.

Inzwischen frische Erbsen aus den Schalen lösen.

Die Minze aus dem Wasser nehmen und die Erbsen hineingeben (tiefgekühlte direkt ins Wasser geben). 10–12 Minuten garen. Dann die Erbsen in ein Sieb gießen und gut abtropfen lassen.

Die Butter in einer großen Pfanne erhitzen. Die Erbsen darin etwa 3 Minuten dünsten. Salzen, pfeffern und die restlichen Minzeblättchen einstreuen.

Paßt zu gedünsteter Hühnerbrust oder Brathähnchen.

Blumenkohl und Fenchel

Braucht etwas Zeit

Zutaten für 4 Personen
Salz
1 Blumenkohl (etwa 750 g)
2 Fenchelknollen (etwa 400 g)
1 mittelgroße Zwiebel
3 Eßlöffel Butter
weißer Pfeffer, frisch gemahlen
200 g Sahne
100 g Parmesan, am Stück

Zubereitungszeit: 50 Minuten

In zwei Töpfen reichlich Salzwasser zum Kochen bringen. Den Blumenkohl von den Blättern und vom Strunk befreien und in einzelne Röschen teilen, dann gründlich waschen. In dem einen Topf im kochenden Wasser in etwa 8 Minuten bißfest* garen.

Die Fenchelknollen putzen, das Fenchelgrün beiseite legen, die Knollen achteln und waschen. In das kochende Salzwasser im zweiten Topf geben und darin in etwa 8 Minuten nicht zu weich kochen.

Beide Gemüsesorten gut abtropfen lassen. Den Backofen auf 220° vorheizen.

Die Zwiebel schälen und fein hacken. Die Hälfte der Butter in einer Pfanne erhitzen. Die Zwiebel darin glasig dünsten, dann beide Gemüsesorten hinzufügen und goldgelb dünsten*.

Das Gemüse in eine feuerfeste Form geben, salzen, pfeffern und mit der Sahne übergießen. Im Backofen (Mitte) etwa 8 Minuten überbacken*.

Inzwischen den Parmesan reiben und auf das Gemüse streuen. Die restliche Butter in Flöckchen darauf verteilen. Nochmals in den Ofen schieben und in etwa 10 Minuten goldbraun überbacken.

Das zarte Fenchelgrün waschen, trockenschütteln, fein hacken und vor dem Servieren über das Gemüse streuen.

Tip!

Entweder das Gemüse als vegetarisches Hauptgericht essen, dann reicht die Menge für 2 Personen. Oder als Beilage zu kurzgebratenem Fisch oder dunklem Fleisch reichen.

Im Bild vorne:
Erbsen mit Minze
Im Bild hinten:
Blumenkohl und Fenchel

Spargel mit Knoblauch

Raffiniert

Zutaten für 4 Personen
4 Eier
1 1/2 kg grüner Spargel
Salz
6 Knoblauchzehen
2 getrocknete rote Chilischoten
1 Teelöffel Korianderkörner
10 Eßlöffel Olivenöl
4 Eßlöffel gehackte Petersilie
4 Eßlöffel Weißwein nach Belieben

Zubereitungszeit: 30 Minuten

Die Eier in 8–10 Minuten hart kochen, kalt abschrecken* und abkühlen lassen.

Vom grünen Spargel nur das untere Drittel schälen. In einem großen Topf Salzwasser zum Kochen bringen. Den Spargel darin in etwa 15 Minuten bißfest* garen.

Die Eier schälen und hacken. Die Knoblauchzehen schälen und in feine Scheiben schneiden. Die Chilischoten zerbröseln, den Koriander fein zerstoßen.

Das Olivenöl in einer kleinen Pfanne erhitzen. Knoblauch, Chillies und Koriander darin anbraten. Die Petersilie kurz mitbraten, mit dem Weißwein ablöschen.

Den Spargel aus dem Wasser heben, gut abtropfen lassen und auf einer Platte anrichten. Mit den Eiwürfeln bestreuen, mit der Olivenöl-Gewürzmischung beträufeln und sofort servieren.

Geschmorter Staudensellerie

Aus Frankreich

Zutaten für 4 Personen
Salz
2 Stauden Staudensellerie (etwa 1 kg)
150 g Schalotten
1 Knoblauchzehe
2 mittelgroße Möhren
3 Eßlöffel Olivenöl
2 Eßlöffel Tomatenmark
weißer Pfeffer, frisch gemahlen
1 Lorbeerblatt
250 ml trockener Weißwein
250 g geräucherter, durchwachsener Speck in dickeren Scheiben

---

Zubereitungszeit: 1 1/4 Stunden

In einem breiten Topf reichlich Salzwasser zum Kochen bringen. Die unzerteilten Selleriestauden gründlich waschen.

Die Stauden jeweils mit Küchengarn zusammenbinden und für etwa 8 Minuten ins kochende Wasser geben. Herausnehmen, kalt abschrecken, gut abtropfen und etwas abkühlen lassen. Inzwischen die Schalotten schälen und halbieren. Den Knoblauch schälen. Die Möhren schälen, waschen und in Scheiben schneiden. Das Öl in einem breiten Topf erhitzen. Die Schalotten, den Knoblauch und die Möhren zufügen, alles etwa 5 Minuten dünsten*.

Das Küchengarn von den Stauden entfernen, den Sellerie jeweils längs halbieren.

Das Tomatenmark unter die Zwiebel-Möhren-Mischung geben, salzen und pfeffern. Das Lorbeerblatt und den Sellerie dazugeben. Mit dem Weißwein und 125 ml Wasser begießen. Zugedeckt bei schwacher Hitze 25–30 Minuten schmoren*.

Den Speck von der Schwarte befreien, klein würfeln und in einem breiten Topf bei schwacher Hitze ausbraten*.

Den Sellerie auf einer Platte anrichten. Die Möhren, die Zwiebeln und den Speck daneben verteilen und alles warm stellen.

Das Lorbeerblatt aus der Sauce nehmen und die Flüssigkeit um etwa ein Drittel einkochen. Die Sauce abschmecken und über den Sellerie gießen.

Kräuter-tomaten

Würzig

Zutaten für 4 Personen
4 schöne, große Fleischtomaten
Salz
schwarzer Pfeffer, frisch gemahlen
2 Teelöffel Kräuter der Provence
4 Knoblauchzehen
1 Bund glatte Petersilie
1 Bund Basilikum
3 Eßlöffel Olivenöl
4 Eßlöffel gemahlene Mandeln

Zubereitungszeit: 25 Minuten

Die Tomaten waschen, abtrocknen und die Stielansätze kegelförmig herausschneiden. Den Backofen auf 250° vorheizen.

Die Tomaten quer durchschneiden und nebeneinander mit der Schnittfläche nach oben in eine Auflaufform setzen. Salzen, pfeffern und mit den Kräutern der Provence bestreuen.

Den Knoblauch schälen, in eine kleine Schüssel pressen. Die Petersilie und das Basilikum waschen, die Blättchen von den Stengeln zupfen und fein hacken, zum Knoblauch geben. Das Öl und die Mandeln hinzufügen und alles gut vermischen. Salzen, pfeffern und dann gleichmäßig auf den Tomaten verteilen.

Die Form in den Backofen (Mitte) stellen und die Tomaten etwa 10 Minuten gratinieren.

Die Tomaten passen hervorragend zu Hacksteaks mit Mandeln (Seite 254) und zu Koteletts aus der Folie (Seite 255).

Spinat mit Pinienkernen

Für Gäste

Zutaten für 4 Personen
Salz
600 g frischer Blattspinat
2 Eßlöffel Olivenöl
1 Knoblauchzehe
schwarzer Pfeffer, frisch gemahlen
4 Eßlöffel Pinienkerne

Zubereitungszeit: 30 Minuten

Reichlich Salzwasser in einem breiten Topf zum Kochen bringen. Den Spinat verlesen, gründlich waschen und die langen Stiele entfernen.

Den Spinat im sprudelnd kochenden Wasser etwa 2 Minuten blanchieren*, kalt abschrecken, abtropfen und etwas auskühlen lassen. Dann gut ausdrücken.

Das Olivenöl in einer breiten Pfanne erhitzen. Den Knoblauch schälen und hineinpressen. Den Spinat dazugeben, salzen und pfeffern.

Die Pinienkerne unter den Spinat mischen und bei schwacher Hitze alles etwa 5 Minuten dünsten. Dabei ab und zu umrühren.

Schmeckt gut zu gefüllten Putenschnitzeln (Seite 247).

Lauch mit Haselnüssen

Schnell

Zutaten für 4 Personen
1 kg Lauch
3 Eßlöffel Sonnenblumenöl, kaltgepreßt
1/8 l Gemüsebrühe
1/2 Teelöffel getrockneter Majoran
100 g Haselnüsse, grob gehackt
2 Eßlöffel Butter
Salz
weißer Pfeffer, frisch gemahlen
2 Eßlöffel Petersilie, frisch gehackt

Zubereitungszeit: 25 Minuten

Den Lauch putzen, der Länge nach einschneiden, gründlich waschen und abtropfen lassen. Die Stangen in etwa 2 cm breite Streifen schneiden.

Das Öl in einem breiten Topf erhitzen, den Lauch darin unter gelegentlichem Rühren kurz andünsten. Die Gemüsebrühe aufgießen, den Majoran zufügen und das Gemüse zugedeckt bei mittlerer Hitze in 8–10 Minuten bißfest* dünsten.

Inzwischen in einer Pfanne die Butter zerlassen, die Nüsse darin bei mittlerer Hitze kurz rösten* und unter den Lauch mischen.

Das Lauchgemüse mit Salz und Pfeffer abschmecken, mit der Petersilie bestreuen und sofort servieren.

Schmeckt zu Reis oder Kartoffeln, als Beilage zu Fleisch oder pur als Vorspeise für 6 Personen.

Fenchel auf italienische Art

Gelingt leicht

Zutaten für 4 Personen
4 kleine Fenchelknollen
2 grüne Paprikaschoten
2 Eßlöffel Olivenöl, kaltgepreßt
1/8 l Gemüsebrühe
1 Teelöffel Rosmarinnadeln, frisch gehackt
2 Teelöffel Thymianblättchen
1 Teelöffel getrockneter Oregano
Salz
4 reife, feste Tomaten
2 Knoblauchzehen
2 Eßlöffel Pinienkerne

Zubereitungszeit: 35 Minuten

Von den Fenchelknollen die Stiele und den Wurzelansatz abschneiden, das zarte Fenchelgrün beiseite legen. Die Knollen waschen, gegebenenfalls von harten Fäden auf der Oberseite befreien und vierteln.

Die Paprikaschoten waschen und halbieren. Kerngehäuse und Stiel entfernen. Die Schoten in Stücke schneiden.

Das Öl in einem breiten Topf erhitzen. Den Fenchel und die Paprikawürfel darin anbraten. Mit der Gemüsebrühe auffüllen und mit den Kräutern und Salz würzen. Zugedeckt bei schwacher Hitze in 12–15 Minuten bißfest* dünsten.

Inzwischen die Tomaten waschen und achteln, dabei die Stielansätze herausschneiden. Tomaten unter das Gemüse heben, den Knoblauch schälen und dazupressen. Alles zusammen noch etwa 5 Minuten zugedeckt ziehen lassen.

Inzwischen die Pinienkerne bei mittlerer Hitze in einer trockenen Pfanne unter Rühren anrösten. Das Gemüse mit den Pinienkernen und dem abgezupften Fenchelgrün bestreuen.

Zu diesem vegetarischen Gericht schmecken gut Naturreis, Hirse, Polenta oder Kartoffeln.

Im Bild vorne:
Fenchel auf italienische Art
Im Bild hinten:
Lauch mit Haselnüssen

Paprika-Möhren-Gemüse

Vitaminreich

Zutaten für 4 Personen
300 g Möhren
600 g grüne Paprikaschoten
200 g Zwiebeln
4 Eßlöffel Sonnenblumenöl, kaltgepreßt
1/2 Eßlöffel gekörnte Gemüsebrühe
1 Teelöffel Thymianblättchen
1/2 Teelöffel getrockneter Oregano
2 Eßlöffel Petersilie, frisch gehackt
4 Eßlöffel Crème fraîche
Kräutersalz

Zubereitungszeit: 35 Minuten

Die Möhren unter fließendem Wasser sauber bürsten. Die Paprikaschoten waschen, halbieren, entkernen und die Stiele entfernen. Beide Gemüsesorten in schmale Streifen schneiden. Die Zwiebeln schälen und klein würfeln.

Das Öl in einem Topf erhitzen. Die Zwiebeln darin andünsten. Das Gemüse, die gekörnte Brühe, den Thymian, den Oregano und etwa 100 ml Wasser dazugeben. Das Gemüse zugedeckt bei schwacher Hitze in 12–15 Minuten bißfest* dünsten.

Die Petersilie und die Crème fraîche unter das Gemüse ziehen und mit Salz abschmecken.

Tip!

Das Gemüse eignet sich gut zum Füllen von Omeletts und wird damit zur eiweißreichen Mahlzeit.

Wirsinggemüse

Gelingt leicht

Zutaten für 4 Personen
800 g Wirsing
2 Zwiebeln
2 Eßlöffel Butter
1/2 Teelöffel Korianderkörner
1/2 Tasse Gemüsebrühe
2 Teelöffel Thymianblättchen
2 Liebstöckelblätter, frisch gehackt
Meersalz
2 Eßlöffel Petersilie, frisch gehackt

Zubereitungszeit: 40 Minuten

Den Wirsing putzen. Den Strunk herausschneiden, zarte Teile davon raspeln und mitverwenden. Wirsing vierteln, gründlich waschen und die Viertel in etwa 2 cm breite Streifen schneiden.

Die Zwiebeln schälen und klein würfeln. Die Hälfte der Butter in einem breiten Topf zerlassen, die Zwiebeln darin andünsten.

Den Koriander im Mörser oder mit der breiten Seite eines Messers zerdrücken, zufügen. Den Wirsing unter gelegentlichem Wenden 2 Minuten dünsten*.

Die Gemüsebrühe, den Thymian und den Liebstöckel zum Gemüse geben. Alles zugedeckt bei schwacher Hitze in etwa 15 Minuten bißfest garen. Zwischendurch einmal umrühren.

Die restliche Butter unter das Gemüse ziehen, leicht salzen und mit der Petersilie bestreuen.

Schmeckt zur Knoblauch-Lammkeule (Seite 252) und zur gesottenen Ochsenbrust (Seite 254).

Mallorquinisches Schmorgemüse

Gut vorzubereiten

Zutaten für 4 Personen
750 g Fleischtomaten
250 ml Olivenöl
Salz
schwarzer Pfeffer, frisch gemahlen
1/2 Bund frischer Thymian (oder 1 Teelöffel getrockneter)
500 g festkochende Kartoffeln
2 kleine Auberginen (etwa 500 g)
2 rote Paprikaschoten (etwa 400 g)

Zubereitungszeit: 1 Stunde

Die Tomaten kurz überbrühen*, häuten, Stengelansätze entfernen, vierteln. Von dem Olivenöl 2 Eßlöffel abnehmen und in einem großen Topf erhitzen. Die Tomaten darin etwa 10 Minuten bei ganz schwacher Hitze dünsten*, dabei ab und zu umrühren. Dann mit Salz, Pfeffer und dem Thymian würzen.

Inzwischen die Kartoffeln schälen und in dünne Scheiben schneiden. Die Auberginen waschen, vom Stengelansatz befreien und ebenfalls in dünne Scheiben schneiden. Die Paprikaschoten waschen, halbieren, Kerngehäuse und Stiel entfernen, die Hälften klein würfeln.

Das restliche Olivenöl in einer beschichteten Pfanne erhitzen, die Kartoffeln darin anbraten. Nach etwa 5 Minuten die Auberginen und die Paprika dazugeben. Alles zusammen weitere 10 Minuten braten. Salzen und pfeffern.

Das Olivenöl aus der Pfanne abgießen. Die Tomatensauce über das Gemüse geben. Alles nochmals weitere 10 Minuten sanft köcheln lassen*.

Warm oder kalt als Beilage oder Vorspeise reichen.

Fenchelfrittata mit Ricotta

Aus Italien

Zutaten für 4 Personen
2 Fenchelknollen (etwa 600 g)
4 Eßlöffel Olivenöl
2 Eßlöffel Pinienkerne
Salz
schwarzer Pfeffer, frisch gemahlen
Muskatnuß, frisch gerieben
250 g Ricotta (ersatzweise gut abgetropfter Speisequark)
4 Eier
1 Eßlöffel Parmesan, frisch gerieben

Zubereitungszeit: 40 Minuten

Den Fenchel waschen. Das Grün entfernen, hacken und beiseite stellen. Die Knollen halbieren und quer in schmale Streifen schneiden. 1 Eßlöffel Olivenöl in einer Pfanne erhitzen und den Fenchel darin in 4–6 Minuten bißfest* garen. Die Pinienkerne hinzufügen und den Fenchel mit Salz, Pfeffer und Muskat würzen.

Den Ricotta durch ein Sieb in eine Schüssel streichen. Die Eier und den Parmesan hinzufügen und alles gut durchrühren.

Den Fenchel, die Pinienkerne und das Fenchelgrün unter die Quark-Eier-Masse heben.

Das restliche Olivenöl in einer beschichteten Pfanne (24 cm Durchmesser) erhitzen. Die Masse einfüllen und etwa 5 Minuten backen. Die Frittata auf einen großen flachen Teller stürzen und wieder in die Pfanne gleiten lassen. Die Unterseite in weiteren 5 Minuten goldgelb backen.

Die Frittata schmeckt als Beilage zu Fisch oder Fleisch. Man kann sie aber auch als Vorspeise oder als Snack zwischendurch essen.

Weißkohl mit Senf

Würzig

Zutaten für 4 Personen
1 kleiner Weißkohl (etwa 800 g)
2 mittelgroße, getrocknete rote Chilischoten
4 Eßlöffel Erdnußöl
2 Teelöffel Senfkörner
1/2 Teelöffel Schwarzkümmel
3 Lorbeerblätter
2 Teelöffel Salz
1 Teelöffel brauner Zucker
200 ml Gemüsebrühe

Zubereitungszeit: 30 Minuten

Den Weißkohl putzen und den Strunk herausschneiden. Den Kohl waschen, vierteln und quer in etwa 1 cm breite Streifen schneiden. Die Chillies in sehr feine Streifen schneiden, dabei nach Belieben die sehr scharfen Kerne entfernen. Anschließend sofort die Hände waschen.

Das Öl in einem breiten Topf oder Wok erhitzen. Die Chilistreifen darin kurz andünsten, dann die Kohlstreifen dazugeben und unter Rühren leicht anbräunen. Senfkörner, Schwarzkümmel und zerbröselte Lorbeerblätter dazugeben, mit Salz und Zucker bestreuen. Die Gemüsebrühe angießen. Alles offen etwa 10 Minuten schmoren lassen.

Gefüllte Auberginen

Braucht etwas Zeit

Zutaten für 4 Personen
2 Auberginen (je etwa 350 g)
Salz
6 Eßlöffel Olivenöl
4 Tomaten
4 mittelgroße Zwiebeln
8 Knoblauchzehen
2 frische rote oder grüne Chilischoten
1 Bund glatte Petersilie
1 Teelöffel Kreuzkümmel, gemahlen
4 Kardamonkapseln (nur die schwarzen Kerne)
2 Teelöffel Paprikapulver, edelsüß
Pfeffer, frisch gemahlen
4 Eßlöffel Tomatenmark
1/2 l Gemüsebrühe

Zubereitungszeit: 1 3/4 Stunden

Die Auberginen waschen, putzen und der Länge nach halbieren. Die Schnittflächen leicht salzen und etwa 20 Minuten Saft ziehen lassen. Danach abtrocknen.

Die Hälfte des Olivenöls in einer großen Pfanne erhitzen. Die Auberginenhälften portionsweise darin auf beiden Seiten bei mittlerer Hitze jeweils etwa 10 Minuten anbraten. Anschließend nebeneinander in eine flache Auflaufform legen.

Den Backofen auf 200° vorheizen. Die Tomaten mit kochendem Wasser überbrühen, häuten, halbieren und entkernen. Die Stielansätze entfernen, die Tomaten kleinschneiden. Zwiebeln und Knoblauch pellen und würfeln. Die Chilischoten längs halbieren und entkernen, anschließend die Hände waschen. Die Petersilie waschen und fein hacken.

Im verbliebenen Bratöl Zwiebel- und Knoblauchwürfel anbraten. Chillies und Tomaten dazugeben. Alles etwa 10 Minuten schmoren lassen. Das Fruchtfleisch aus den Auberginen bis auf einen etwa 1 cm dicken Rand mit einem Löffel herauslösen, kleinschneiden und zufügen. Mit den Gewürzen, Salz und Pfeffer abschmecken. Die Masse in die Auberginenhälften füllen und mit dem restlichen Öl beträufeln.

Das Tomatenmark mit der Brühe verrühren, um die Auberginen in die Form gießen. Im Ofen (Mitte) etwa 25 Minuten backen. Heiß oder kalt servieren.

Im Bild vorne:
Weißkohl mit Senf
Im Bild hinten:
Gefüllte Auberginen

Russischer Borschtsch

Vegetarisch

Zutaten für 4–6 Personen
Für den Eintopf:
1 rote Zwiebel
1 Knoblauchzehe
2 rote Beten
100 g Knollensellerie
200 g Möhren
1 Petersilienwurzel
500 g Weißkohl
1 Eßlöffel Sonnenblumenöl
3 Eßlöffel Tomatenmark
2 l Gemüsebrühe (selbstgemacht)
1 Lorbeerblatt
1 Teelöffel Majoran, getrocknet
Salz
schwarzer Pfeffer, frisch gemahlen
1 Eßlöffel glatte Petersilie, frisch gehackt
Zum Garnieren:
1 kleine rote Bete
1 kleiner süßer Apfel
4 Eßlöffel saure Sahne

Zubereitungszeit: 45 Minuten

Die Zwiebel und den Knoblauch schälen und klein würfeln. Die roten Beten, den Sellerie, die Petersilienwurzel und die Möhren waschen, putzen und in dünne, streichholzlange Streifen (Julienne) schneiden. Den Weißkohl waschen und den Strunk herausschneiden. Kohl ebenfalls in Julienne-Streifen schneiden.

Das Öl in einem großen Topf erhitzen. Zwiebel und Knoblauch darin bei mittlerer Hitze 1 Minute andünsten, das Tomatenmark unterrühren. Dann rote Beten, Sellerie, Möhren, Petersilienwurzel und den Weißkohl zufügen. Das Gemüse unter Rühren etwa 10 Minuten dünsten*.

Die Gemüsebrühe dazugießen und alles aufkochen lassen. Das Lorbeerblatt und den Majoran hineingeben, salzen, pfeffern und mit Majoran abschmecken. Den Eintopf zugedeckt bei schwacher Hitze 20 Minuten garen. Die Petersilie unterheben und den Borschtsch abschmecken*.

Zum Garnieren die rote Bete und den Apfel waschen. Beides dünn schälen, raspeln und mit der sauren Sahne vermischen. Den Eintopf in Teller füllen und die Garnierung darauf verteilen.

Sommerliche Gemüsesuppe

Braucht etwas Zeit

Zutaten für 6 Personen
4 Suppenknochen (davon 1 Markknochen)
750 g Rindfleisch aus dem Bug
2 Zwiebeln
Salz
5 Pfefferkörner
1 Lorbeerblatt
500 g Möhren
1 kleine Sellerieknolle (mit Grün)
1 1/2 Stangen Lauch
1 Kohlrabi
250 g grüne Bohnen
250 g frische (oder tiefgekühlte) Erbsen (ausgepalt gewogen)
4 Tomaten
1 Zweig Liebstöckel (»Maggikraut«)
schwarzer Pfeffer, frisch gemahlen
Muskatmuß, frisch gerieben
1 Bund glatte Petersilie

Zubereitungszeit: 2 3/4 Stunden

Die Knochen und das Fleisch kalt abspülen, in einen großen Topf legen. Die Zwiebeln schälen, halbieren und mit der Schnittfläche direkt auf der Herdplatte (oder ein eingeöltes Stück Alufolie dazwischen legen) dunkelbraun rösten, zum Fleisch geben. Etwa 2 l kaltes Wasser aufgießen, salzen, die Pfefferkörner und das Lorbeerblatt in den Topf geben.

Ohne Deckel zum Kochen bringen, den dunklen Schaum mit einem Schaumlöffel abschöpfen. Erst dann den Deckel auflegen und bei ganz schwacher Hitze etwa 2 Stunden köcheln lassen.

Möhren, Sellerie, Lauch und Kohlrabi waschen, schälen und in etwa 2 cm große Würfel schneiden. Bohnen und Erbsen waschen und putzen. Die Bohnen in 2 cm lange Stücke schneiden. Die Tomaten überbrühen, kalt abschrecken, häuten* und vierteln, den Stielansatz dabei herausschneiden.

3 Stengel vom Selleriegrün quer halbieren, mit dem Gemüse und dem Liebstöckel zum Fleisch in den Topf geben. Alles zugedeckt bei schwacher Hitze noch etwa 45 Minuten garen.

Die Sellerie- und Liebstöckelblätter aus der Suppe fischen und wegwerfen. Die Suppe mit Salz, Pfeffer und etwas Muskatnuß abschmecken.

Das Fleisch in Streifen oder Würfel schneiden und wieder in die Suppe geben. Die Petersilie waschen, trockenschütteln, fein hacken, über die Suppe streuen.

Gemüseeintopf

Aus Frankreich

Zutaten für 4 Personen
2 mittelgroße Zwiebeln (etwa 300 g)
6 Eßlöffel Olivenöl
6 möglichst junge Knoblauchzehen
1 rote Paprikaschote
1 grüne Paprikaschote
2 kleine Auberginen (etwa 400 g)
4 kleine Zucchini (etwa 400 g)
1/2 Bund frischer Thymian
1 1/2 Zweige Rosmarin (oder 1/2 Teelöffel getrockneter)
1 Zweig Oregano (oder 1/2 Teelöffel getrockneter)
1 Lorbeerblatt
750 g Fleischtomaten
Salz
schwarzer Pfeffer, frisch gemahlen

Zubereitungszeit: 1 Stunde

Die Zwiebeln schälen, halbieren und in möglichst dünne Scheiben schneiden.

Das Olivenöl in einem Bräter oder einem großen flachen Topf erhitzen. Die Zwiebeln hineingeben. Den Knoblauch schälen, die Zehen vierteln und dazugeben.

Die Paprikaschoten vierteln, putzen, waschen und in etwa 1 cm breite Streifen schneiden.

Die Auberginen und die Zucchini waschen, von den Stielansätzen befreien, längs halbieren und in Scheiben schneiden. Mit den Paprikaschoten in den Topf geben und bei starker Hitze etwa 5 Minuten braten*. Dabei ab und zu umrühren. Die Hitze reduzieren, Kräuter und Lorbeerblatt hinzufügen und alles zugedeckt etwa 10 Minuten schmoren.

Die Tomaten überbrühen, kalt abschrecken, häuten*, vierteln, vom Stielansatz befreien und unter das Gemüse mischen. Den Eintopf weitere 20 Minuten garen. Mit Salz und Pfeffer abschmecken und warm oder kalt servieren.

Auberginenauflauf mit Parmesan

Braucht etwas Zeit

Zutaten für 4 Personen
800 g Auberginen
Salz
1 große Dose geschälte Tomaten (800 g Inhalt)
1 Zwiebel
2 Eßlöffel Olivenöl
schwarzer Pfeffer, frisch gemahlen
1 Prise Zucker
1 kleines Lorbeerblatt
2 Eier
300 g Mozzarella
1 Bund Basilikum
125 ml Sonnenblumenöl
100 g Parmesan, frisch gerieben
etwas Olivenöl für die Form

Zubereitungszeit: 2 Stunden

Die Auberginen waschen und die Stielenden abschneiden. Die Früchte in knapp 1 cm dicke Scheiben schneiden, in ein Sieb geben, lagenweise mit Salz bestreuen und etwa 30 Minuten ziehen lassen.

Die Tomaten abtropfen lassen, anschließend mit einer Gabel zerdrücken. Die Zwiebel schälen und möglichst fein würfeln.

In einer Kasserolle das Olivenöl erhitzen und die Zwiebel darin bei schwacher Hitze unter Rühren weich dünsten, dabei aber nicht bräunen. Die Tomaten dazugeben, mit Salz, Pfeffer, dem Zucker und dem Lorbeerblatt würzen. Zugedeckt bei schwacher Hitze zu einer dicklichen Sauce einkochen* lassen.

In der Zwischenzeit die Eier in etwa 10 Minuten hart kochen, kalt abschrecken, pellen und in Scheiben schneiden.

Den Mozzarella abtropfen lassen und in dünne Scheibchen teilen. Das Basilikum, nur wenn nötig, waschen und trockenschwenken. Die Blättchen abzupfen und in feine Streifen schneiden.

Die Auberginen abbrausen, mit dem Handballen behutsam ausdrücken, dann noch mit Küchenpapier trockentupfen.

Jeweils etwa ein Drittel des Sonnenblumenöls in einer großen Pfanne erhitzen und die Auberginenscheiben darin portionsweise bei starker Hitze auf beiden Seiten goldgelb braten*. Anschließend auf Küchenpapier gut abtropfen lassen.

Den Backofen auf 180° vorheizen. Eine feuerfeste Form mit etwas Olivenöl ausstreichen. Den Boden mit Auberginenscheiben auslegen. Leicht salzen und pfeffern, mit einigen Mozzarella- und Eischeiben belegen, mit ein wenig Parmesan und Basilikum bestreuen und löffelweise mit der Tomatensauce bestreichen. In dieser Reihenfolge weiter einschichten, bis alle Zutaten verbraucht sind, allerdings 2 Eßlöffel Parmesan zum Bestreuen übriglassen. Als oberste Schicht mit Tomatensauce abschließen.

Die Auberginen im Ofen (Mitte) 35–40 Minuten knusprig backen. Etwa 10 Minuten vor Ende der Garzeit den restlichen Parmesan aufstreuen. Den Auflauf nicht ofenfrisch, sondern am besten lauwarm servieren, er schmeckt aber auch kalt.

Tip!

Wenn Sie den Auflauf ohne die gekochten Eier zubereiten, können Sie ihn als neutrale Mahlzeit einplanen.
Falls Sie keinen Parmesan am Stück bekommen, nehmen Sie stattdessen Pecorino oder einen anderen ausgereiften Hartkäse.

Der Auberginenauflauf mit Parmesan ist ein wunderbares sommerliches Mittagessen

Gemüsegratin mit Thymian

Vitaminreich

Zutaten für 4 Personen
1 Kohlrabi
200 g junge Möhren
200 g kleine Zucchini
1 rote Paprikaschote
1 kleine Stange Lauch
1 weiße Zwiebel
1 Bund frischer Thymian
Salz
weißer Pfeffer, frisch gemahlen
gemahlener Koriander
200 g Crème fraîche
10 g Butter
1/2 Bund Petersilie

Zubereitungszeit: 1 1/2 Stunden

Kohlrabi und Möhren waschen und schälen. Zucchini und Paprikaschote waschen und putzen. Den Lauch putzen, längs einschneiden und gründlich waschen. Alles in kleine Würfel schneiden. Die Zwiebel schälen und hacken. Den Thymian waschen und die Blättchen von den Stielen streifen.

Alle vorbereiteten Zutaten in einer Schüssel mischen und mit Salz, Pfeffer und Koriander würzen. Anschließend in eine feuerfeste Form füllen.

Die Crème fraîche über die Zutaten in die Form füllen. Die Butter in Flöckchen darauf verteilen.

Die Form auf den Rost in den Backofen (Mitte) stellen. Den Ofen auf 200° schalten und das Gratin etwa 40 Minuten garen.

Die Petersilie waschen, hacken und über das Gratin streuen.

Tomaten-Brot-Gratin

Preiswert

Zutaten für 4 Personen
750 g reife Fleischtomaten
8 Scheiben Vollkornbrot
300 g Mozzarella
Salz
weißer Pfeffer, frisch gemahlen
1 Teelöffel getrockneter Thymian
1 Teelöffel getrockneter Rosmarin
4 Eßlöffel Olivenöl
1 Bund Basilikum

Zubereitungszeit: 50 Minuten

Die Tomaten waschen, abtrocknen und in dünne Scheiben schneiden, dabei die Stielansätze entfernen. Die Brotscheiben halbieren. Den Mozzarella in dünne Scheiben schneiden.

Die Tomaten, das Brot und den Mozzarella lagenweise dachziegelartig in eine feuerfeste Form schichten. Dabei mit Salz und Pfeffer würzen. Die Kräuter zwischen den Fingern zerreiben, darüber streuen. Alles mit dem Öl beträufeln.

Die Form auf den Rost in den Backofen (Mitte) stellen. Den Ofen auf 220° schalten und das Gratin etwa 30 Minuten backen, bis der Käse zerlaufen und die Oberfläche gebräunt ist.

Kurz vor Ende der Garzeit das Basilikum, nur wenn nötig, waschen, trockenschwenken und fein hacken. Das Gratin mit dem Basilikum bestreut servieren.

Mangold mit Crème fraîche

Gelingt leicht

Zutaten für 4 Personen
800 g Mangold
2 mittelgroße Zwiebeln
2 Knoblauchzehen
1 Eßlöffel Butter
1/2 Eßlöffel gekörnte Gemüsebrühe
6 Eßlöffel Crème fraîche
3 Eßlöffel Petersilie, frisch gehackt
Muskatnuß, frisch gerieben
weißer Pfeffer, frisch gemahlen
Salz

Zubereitungszeit: 35 Minuten

Die Mangoldblätter von den Stielen trennen, beides waschen und abtropfen lassen. Stiele in etwa 2 cm breite Streifen schneiden; breite Stiele vorher längs halbieren. Blätter 1–2 mal längs teilen und quer in 2 cm breite Streifen schneiden.

Zwiebeln und Knoblauch schälen und fein würfeln. Beides in der Butter glasig dünsten. Die Stiele, 2 Eßlöffel Wasser und die gekörnte Brühe dazugeben. Zugedeckt bei mittlerer Hitze etwa 3 Minuten dünsten*.

Die Blätter hinzufügen und unter gelegentlichem Rühren zugedeckt 8–10 Minuten mitgaren.

Den Topf von der Kochstelle nehmen. Crème fraîche und Petersilie unter das Gemüse rühren, mit Muskat und Salz abschmecken.

Broccoligratin mit Sesam

Macht wenig Arbeit

Zutaten für 4 Personen
600 g Broccoli, frisch oder tiefgekühlt
Salz
1 Eßlöffel Zitronensaft
2 Eßlöffel Sesamsamen
schwarzer Pfeffer, frisch gemahlen
2 Prisen Muskatnuß, frisch gerieben
200 g Sahnegorgonzola
2 Eier
etwas Fett für die Form

Zubereitungszeit: 25 Minuten

Den frischen Broccoli waschen, putzen und in kleine Röschen teilen. Tiefgekühlten Broccoli aus der Packung nehmen. Reichlich Salzwasser aufkochen lassen, den Zitronensaft hinzufügen. Den Broccoli darin in etwa 3 Minuten knackig garen. Kalt abschrecken* und sehr gut abtropfen lassen.

Den Sesam in einer beschichteten Pfanne ohne Fett unter Rühren goldbraun braten. Den Backofen auf 200° vorheizen.

Eine Auflaufform einfetten. Den Broccoli einfüllen, mit Salz, Pfeffer und Muskatnuß würzen. Mit Sesam gleichmäßig bestreuen.

Den Sahnegorgonzola und die Eier in eine Schüssel geben, mit den Schneebesen des Handrührgerätes zu einer gleichmäßigen Masse verrühren.

Die Käse-Eier-Mischung über den Broccoli gießen. Das Gratin im Backofen (Mitte) in etwa 15 Minuten goldbraun backen.

Variante:

Zur Abwechslung sollten Sie das Gratin mal mit Blumenkohl oder Romanesco zubereiten. Den Sesam dann gegen Sonnenblumenkerne oder Haselnüsse tauschen.

Mangoldröllchen mit Käsecreme

Vegetarisch

Zutaten für 4-6 Personen
500 g festkochende Kartoffeln
12 mittelgroße Mangoldblätter (etwa 600 g)
100 g Grünkern, sehr grob geschrotet
250 g Zwiebeln
20 g Butter
150 g Schafskäse (Feta; 45% Fett i. Tr.)
1 Eßlöffel Majoran, getrocknet
2 Eßlöffel Petersilie, frisch gehackt
3 Eßlöffel Borretschblätter, frisch gehackt
2 Knoblauchzehen
1 Teelöffel Salz
schwarzer Pfeffer, frisch gemahlen
Muskatnuß, frisch gerieben
500 g reife, aromatische Tomaten
4 Eßlöffel Olivenöl, kaltgepreßt
4 Teelöffel gekörnte Gemüsebrühe
4 Teelöffel frische Thymianblättchen
5 Eßlöffel Parmesan, frisch gerieben
6 Eßlöffel Sahne

Zubereitungszeit: 1 3/4 Stunden

Die Kartoffeln unter Wasser sauber bürsten und in wenig Wasser 20–25 Minuten kochen.

In der Zwischenzeit den Mangold waschen, die Stiele keilförmig herausschneiden, beiseite legen. Mangoldblätter portionsweise in kochendem Wasser etwa 1 Minute blanchieren*, herausheben, abschrecken und auf einem Sieb gut abtropfen lassen.

Den Grünkern in 180 ml Blanchierflüssigkeit 2 Minuten unter Rühren kochen, dann etwa 15 Minuten auf der ausgeschalteten Platte quellen lassen*, bis die Flüssigkeit aufgesogen ist.

Die Zwiebeln schälen. Etwa 2 Eßlöffel für die Füllung fein, den Rest grob würfeln.

Die Kartoffeln pellen und mit dem Kartoffelstampfer in einer Schüssel grob zerdrücken. Die Butter zufügen, den Schafskäse darüber bröckeln. Den Grünkern, die feinen Zwiebelwürfel und die Kräuter hinzufügen. Den Knoblauch schälen, dazupressen. Alle Zutaten gründlich mischen und die Füllung mit Salz, Pfeffer und Muskat kräftig abschmecken.

Auf jedes Mangoldblatt etwas von der Kartoffelfüllung geben. Das Blatt an den Seiten etwas über der Füllung einschlagen. Das Blatt von der breiten Seite her nicht zu eng aufrollen.

Die Mangoldstiele in schmale Streifen schneiden. Die Tomaten waschen, halbieren und entkernen. Das Fruchtfleisch grob würfeln, die Stielansätze entfernen.

Das Öl in einem breiten Topf erhitzen. Tomaten, Mangoldstiele und die groben Zwiebelwürfel zufügen und 3 Minuten dünsten. Die gekörnte Brühe und den Thymian unterrühren.

Die Mangoldröllchen nebeneinander auf die Tomaten legen und zugedeckt bei mittlerer Hitze 20–25 Minuten garen.

Inzwischen den Parmesan mit so viel Sahne verrühren, daß eine cremige Masse entsteht. Auf jedes Mangoldröllchen etwas von der Käsecreme geben, die Röllchen sofort servieren.

Die Mangoldröllchen mit Käsecreme schmecken auch kalt. Sie können sie gut mit an Ihren Arbeitsplatz nehmen

Gefüllte Zucchini

Gelingt leicht

Zutaten für 4 Personen
4 gleich große Zucchini (von je etwa 200 g)
4 Tomaten (etwa 400 g)
1 Bund Frühlingszwiebeln
2 Möhren
200 g schnittfester Schafskäse (48% Fett i. Tr.)
1/2 Bund frischer Thymian
1-2 Knoblauchzehen
4 Eßlöffel Sonnenblumenkerne
Salz
weißer Pfeffer, frisch gemahlen
150 g Crème fraîche
50 g Emmentaler, frisch gerieben
2 Eßlöffel gehackte Petersilie

Zubereitungszeit: 1 1/4 Stunden

Die Zucchini waschen, längs halbieren. Das Fruchtfleisch mit einem Teelöffel herauslösen, fein hacken. Die Tomaten häuten* und würfeln. Die Frühlingszwiebeln waschen, putzen und in feine Ringe schneiden. Die Möhren schälen, grob raspeln.

Den Käse klein würfeln. Den Thymian waschen und die Blättchen abzupfen. Den Knoblauch schälen und durchpressen. Frühlingszwiebeln mit Möhren, Käse, Thymian, Knoblauch und den Sonnenblumenkernen mischen und mit Salz und Pfeffer würzen.

Das gehackte Zucchinifleisch mit den Tomaten und der Crème fraîche in einer feuerfesten Form mischen, salzen und pfeffern. Die Zucchini mit der Schafskäsemasse füllen, nebeneinander in die Form setzen und mit Emmentaler gleichmäßig bestreuen.

Das Gemüse auf den Rost in den Backofen (Mitte) stellen. Den Ofen auf 200° schalten und das Gemüse etwa 35 Minuten backen, bis die Oberfläche schön gebräunt ist. Die Zucchini mit der Petersilie bestreuen, servieren.

Pilze mit Spinatfüllung

Raffiniert

Zutaten für 4 Personen
800 g große Champignons zum Füllen
1 Schalotte
1 Knoblauchzehe
50 g schwarze Oliven
250 g Blattspinat
1 Bund Petersilie
150 g Mozzarella
Salz
weißer Pfeffer, frisch gemahlen
Cayennepfeffer
1 Eßlöffel Butter

Zubereitungszeit: 1 Stunde

Die Champignons putzen, die Stiele herausschneiden und fein hacken. Die Schalotte und den Knoblauch schälen, fein hacken. Die Oliven entsteinen und in kleine Würfel schneiden.

Spinat putzen, in kochendem Wasser einmal aufwallen lassen, abschrecken*, gut ausdrücken und fein hacken. Die Petersilie waschen und ohne die groben Stiele fein hacken. Den Mozzarella sehr klein würfeln.

Die gehackten Pilzstiele mit der Schalotte, dem Knoblauch, den Oliven, dem Spinat, der Petersilie und dem Mozzarella mischen. Mit Salz, Pfeffer und 1 kräftigen Prise Cayennepfeffer würzen.

Die Pilzköpfe damit füllen und nebeneinander in eine feuerfeste Form setzen. Eventuell übrig gebliebene Füllung daneben verteilen. Die Butter in kleine Stücke schneiden und auf den gefüllten Pilzen verteilen.

Die Form auf den Rost in den Backofen (Mitte) stellen. Den Ofen auf 200° schalten und die gefüllten Champignons etwa 30 Minuten garen, bis ihre Oberfläche goldgelb gebräunt ist.

Servieren Sie die Pilze zum Huhn in Weißwein (Seite 246).

Wirsingrouladen

Braucht etwas Zeit

Zutaten für 4 Personen
1 Kopf Wirsing
600 g Tomaten
100 g Hafer- oder Gerstengrütze
600 ml Gemüsebrühe
2 Eßlöffel getrocknete Steinpilze
300 g Möhren
50 g Sonnenblumenkerne
100 g Topfen (oder Frischkäse)
4 Eßlöffel Semmelbrösel
Salz
weißer Pfeffer, frisch gemahlen
1/2 Teelöffel Koriander, gemahlen
2 Teelöffel italienische Kräuter
Cayennepfeffer
3 Eßlöffel Butter
100 g Sahne

Zubereitungszeit: 2 Stunden

Vom Wirsing 12 schöne Blätter ablösen, 5 Minuten blanchieren*, herausheben. Die Tomaten überbrühen, abschrecken und häuten.

Die Grütze in 400 ml Brühe aufkochen, Pilze zerbröseln und darin 15 Minuten quellen lassen. Etwa 100 g Möhren fein würfeln. Die Sonnenblumenkerne hacken. Mit den Möhrenwürfeln, dem Topfen und den Semmelbröseln unter die Grütze mischen. Mit Salz, Pfeffer, Koriander, den Kräutern und einem Hauch Cayennepfeffer abschmecken.

Butter in einem Schmortopf zerlassen. Etwas von der Füllung auf jedes Kohlblatt geben, die Blätter aufrollen und in den Topf legen. Die Tomaten würfeln. Die restlichen Möhren in größere Stücke schneiden, beides zu den Rouladen geben. Die übrige Brühe aufgießen und die Rouladen etwa 25 Minuten schmoren* lassen. Den Sud mit der Sahne verrühren und abschmecken.

Zucchinipastete

Für Gäste

Für eine Kasten- oder Pastetenform von 1 1/2 l Inhalt
750 g Zucchini
250 g Möhren
Salz
250 ml Milch
200 g Crème fraîche
4 Eigelb
2 Eier
weißer Pfeffer, frisch gemahlen
1 Prise Cayennepfeffer
Muskatnuß, frisch gerieben
1 Teelöffel getrockneter Thymian
Worcestersauce
Fett für die Form

Zubereitungszeit: 2 1/2 Stunden
Kühlzeit: über Nacht

Die Zucchini und Möhren putzen und in etwa 1 cm große Würfel schneiden. In kochendem Salzwasser die Zucchini etwa 1/2 Minute und die Möhren etwa 3 Minuten blanchieren*. Beides eiskalt abschrecken und sehr gut abtropfen lassen.

Milch mit der Crème fraîche, den Eigelben und den Eiern gründlich verrühren. Mit Salz, Pfeffer, Cayennepfeffer, Muskatnuß, Thymian und Worcestersauce kräftig abschmecken. Den Backofen auf 170° vorheizen. Die Fettpfanne mit kochendheißem Wasser füllen und in den Ofen schieben.

Die Form fetten, mit Alufolie auskleiden und wieder fetten. Abwechselnd die Zucchini und die Möhren einschichten und immer mit der Eiermilch übergießen. Die Pastete mit Alufolie abdecken, ins Wasserbad* in den Ofen stellen und 1 3/4 Stunden garen. Über Nacht in den Kühlschrank stellen. Zum Servieren stürzen, in Scheiben schneiden und mit einem kleinen Salat dekorativ auf Tellern anrichten.

Nudeln, Kartoffeln & Reis

Als Beilage zu neutralen Gemüsegerichten oder als eigenständige Mahlzeit spielen die kohlenhydratreichen Kartoffeln, die vielfältigen Getreidesorten und Teigwaren ohne Eier eine wesentliche Rolle in der Trennkost.

Die Gerichte dieses Kapitels sollten Sie vorrangig am Abend essen, denn sie beruhigen Körper und Geist und sorgen für einen erholsamen Schlaf. Beginnen Sie jede Mahlzeit mit einem gemischten Salat.

Pluspunkt Kohlenhydrate

Kartoffeln, Nudeln, Reis und das übrige Getreide gehören zu den kohlenhydratreichen Lebensmitteln und sind damit eine der großen Säulen einer gesunden Ernährung. Sie liefern uns als wichtigste Energiequelle vorwiegend günstige Kohlenhydrate in Form von Stärke. Gleichzeitig auch wertvolle Ballaststoffe, Vitamine und Mineralstoffe. Kohlenhydratreiche Lebensmittel sättigen gut und halten uns geistig wie auch körperlich fit. Nudeln, Kartoffeln und Reis wurden früher fast ausnahmslos als Beilage serviert und fälschlicherweise lange Zeit als Dickmacher abgestempelt. Zu Unrecht - der Irrtum dabei war, daß es nicht die Lebensmittel an sich, sondern die meist fettreiche Zubereitung war, die sich dann auf der Waage niederschlug. Bei der Trennkost werden kohlenhydratreiche Lebensmittel mit denen aus der neutralen Gruppe zu leckeren Gerichten kombiniert.

Nudeln kochen - kein Problem

Fürs perfekte Nudelkochen gibt es eine goldene Regel, und die heißt: Für je 100 g Nudeln braucht man gut 1 l Wasser und 1 gehäuften Teelöffel Salz. Das Wasser zugedeckt zum Kochen bringen. Erst wenn es wirklich sprudelnd kocht, das Salz und anschließend sofort die Nudeln locker hineingeben. Es ist wichtig, daß die Nudeln während der gesamten Kochzeit ständig sprudelnd ohne Deckel kochen und ab und zu sanft umgerührt werden. Dann kleben Sie garantiert nicht zusammen. Lange Nudeln auf keinen Fall vorher in Stücke brechen, sondern nach und nach sanft ins Wasser schieben, sobald die unteren Teile weich sind. Man sieht es den Teigwaren nicht an, wann sie gerade gar sind, außerdem ist die Kochzeit sehr unterschiedlich. Als Anhaltspunkt ist auf jeder Packung zwar eine Garzeit angegeben, jedoch lassen sich Nudeln kaum perfekt nach der Sekunde kochen. Die Italiener nennen den idealen Garpunkt "al dente". Der ist erreicht, wenn die Nudel außen nicht mehr klebt und die Mitte noch Biß hat. Um also ganz sicher zu sein, sollten Sie etwa eine Minute vor Ende der angegebenen Garzeit eine Nudel herausfischen und auf ihre Bißfestigkeit hin prüfen. Ist der optimale Punkt erreicht, heißt es schnell sein: Die Nudeln sofort in ein Sieb gießen, nur sekundenlang abtropfen lassen und anschließend in eine vorgewärmte Schüssel geben. Dann rasch mit einem Stück Butter und der vorbereiteten Sauce oder dem Gemüse vermengen und servieren.

Eine runde Sache: Kartoffeln

Damit ein Gericht gelingt, kommt es bei Kartoffeln nicht nur auf Geschmack und Qualität an, der "Kochtyp" muß stimmen. Die zahlreichen Sorten haben einen unterschiedlich hohen Stärkegehalt, der für die Kocheigenschaften verantwortlich ist.

- Mehligkochende Sorten wie Aula, Adretta und Likiria sind die stärkereichsten, sie platzen beim Kochen etwas auf und haben eine mürbe Konsistenz. Ideal geeignet für Klößchen, Gnocchi, Suppen und lockere Pürees.

Besonders locker wird Püree, wenn man die gekochten Kartoffeln durch eine Presse drückt

• Vorwiegend festkochende Sorten wie Agria, Gloria und Grata sind von mittelfester Struktur und haben etwas mehr Stärke. Sie sind gut geeignet als Pellkartoffeln, als Folienkartoffeln, für Gratins oder im Eintopf. Neue Kartoffeln gehören meist zu den vorwiegend festkochenden Sorten und enthalten relativ wenig Stärke.

• Festkochende Sorten, zum Beispiel Cilena, Ditta oder Exquisa, haben nur einen geringen Stärkeanteil und behalten beim Garen ihre feste Struktur. Gut geeignet für Salate, Pellkartoffeln und als Zutat in Schmorgerichten.

Reis – körnig oder samtig weich?

Reiskochen halten viele für eine komplizierte Angelegenheit, ist im Grunde aber gar nicht schwer. Wichtig ist vor allem das richtige Verhältnis von Reis zur Flüssigkeit. Es gibt unterschiedliche Methoden, Reis einfach und sicher zuzubereiten.

• Die Quellreis-Methode:
Nur soviel Flüssigkeit (Wasser oder Brühe) zum Reis gießen, wie er während der Garzeit bei milder Hitze im geschlossenen Topf aufnimmt. Dabei gilt als Faustregel das Verhältnis 1: 2. Das heißt, 1 Tasse Reis in 2 Tassen Flüssigkeit ausquellen lassen. Das ergibt eine Menge von 3 Tassen gegartem Reis. Auf diese Weise lassen sich alle Reissorten vitamin- und mineralstoffschonend garen.

• Die Risotto-Methode:
Sie eignet sich vor allem für Rundkorn- und Mittelkornsorten. Dünsten Sie den Reis in etwas Fett an, bis er glasig ist. Nach und nach unter gelegentlichem Rühren kochende Brühe zugießen. Aber immer erst dann, wenn die im Topf befindliche Flüssigkeit schon aufgesogen ist. Dazu brauchen Sie gut doppelt soviel Brühe wie Reis. Die Garzeit beträgt 20–30 Minuten.

Bei der Risotto-Methode den Reis so lange andünsten, bis die Körner rundherum von einem feinen Fettfilm überzogen sind

• Die Wasserreis-Methode:
Die Zubereitung eignet sich für Langkornreis. Sie schütten ihn in reichlich kochendes, leicht gesalzenes Wasser, lassen das Ganze einmal kräftig aufkochen und köcheln den Reis bei kleiner Hitze zugedeckt 15–20 Minuten. Dann in ein feines Sieb gießen und abtropfen lassen. Hier gilt die Faustregel: Für 250 g Reis brauchen Sie etwa 1 1/2 l Wasser. Im Gegensatz zu den beiden vorherigen Garmethoden geht bei dieser durch das Wegschütten des Kochwassers ein Großteil der Vitamine und Mineralstoffe verloren.

Noch mehr Getreide

Neben dem Reis gibt es noch eine Vielzahl anderer Getreidesorten und Körner, wie Hirse, Grünkern, Gerste, Mais und Buchweizen, die als ganzes Korn gegart, den Speisezettel auf kuliniarische und sehr gesunde Weise bereichern.

Garzeiten für Getreide und Getreideprodukte:
Hirse: 20 Minuten
Grünkern: 40 Minuten
Gerste: 1 Stunde
Graupen: 40 Minuten
Bulgur: 15–20 Minuten
Buchweizen: 30 Minuten

Wenn Getreide vorher eingeweicht wird, zum Beispiel über Nacht, verkürzt sich die Garzeit.

Kartoffeln mit Käsecreme

Würzig

Zutaten für 4 Personen
1,2 kg Kartoffeln
500 g Quark (20% Fett i. Tr.)
125 g Sahne
300 g Roquefort oder Danablu
4 Walnußkerne zum Garnieren

Zubereitungszeit: 30 Minuten

Die Kartoffeln waschen und in der Schale garen.

Inzwischen Quark, Sahne und Käse cremig rühren, mit Walnußkernen garnieren. Mit den Pellkartoffeln servieren.

Kartoffeln mit Kräuterquark

Kalorienarm

Zutaten für 4 Personen
1,2 kg Kartoffeln
500 g Quark (20% Fett i. Tr.)
200 g saure Sahne
1 Knoblauchzehe
5-6 Eßlöffel gemischte, feingehackte Kräuter
1 Teelöffel Schabzigerklee
weißer Pfeffer, frisch gemahlen
Radieschen zum Garnieren

Zubereitungszeit: 30 Minuten

Die Kartoffeln waschen, ungeschält in wenig Wasser garen.

Inzwischen Quark und Sahne cremig rühren. Knoblauch schälen, durchpressen und zufügen. Die Kräuter und den Schabzigerklee daruntermengen, mit Pfeffer abschmecken. Quark mit Radieschen garnieren und mit den Pellkartoffeln servieren.

Kartoffeln mit Selleriequark

Raffiniert

Zutaten für 4 Personen
1,2 kg Kartoffeln
500g Quark (20% Fett i. Tr.)
4 Eßlöffel Milch
2 Eßlöffel Sonnenblumenöl
200 g Knollensellerie, feingerieben, oder Staudensellerie, feingeschnitten
2 Eßlöffel feingehackte Kräuter
1 Teelöffel mittelscharfer Senf
Salz
weißer Pfeffer, frisch gemahlen

Zubereitungszeit: 30 Minuten

Die Kartoffeln waschen und in wenig Wasser garen.

Inzwischen Quark mit Milch und Öl glattrühren. Sellerie, Kräuter, Senf, Salz und Pfeffer untermengen, abschmecken. Den Quark zu den heißen Kartoffeln servieren.

Kartoffeln mit Paprikaquark

Gelingt leicht

Zutaten für 4 Personen
1,2 kg Kartoffeln
500 g Quark (20% Fett i. Tr.)
75 g Sahne
1 Eßlöffel feine Zwiebelwürfel
je 50 g rote und grüne Paprikaschote, feingewürfelt
1 große Gewürzgurke, gewürfelt
1 Teelöffel mittelscharfer Senf
1 Knoblauchzehe, durchgepreßt
1-2 Teelöffel Delikateßpaprika
1/2-1 Teelöffel Rosenpaprika
Kräutersalz

Zubereitungszeit: 30 Minuten

Die Kartoffeln waschen und in wenig Wasser garen.

Inzwischen den Quark und die Sahne cremig rühren. Zwiebel, Paprikaschoten, Gewürzgurke, Senf, Knoblauch und Paprikapulver untermengen und mit Kräutersalz abschmecken. Zu den heißen Pellkartoffeln servieren.

Im Bild vorne: Käsecreme
Im Bild Mitte: Kräuterquark
Im Bild hinten: Selleriequark und Paprikaquark

Kartoffelpüree

Ideal für Kinder

Zutaten für 4 Personen
800 g mehligkochende Kartoffeln
125 ml Wasser
125 ml Milch
Salz
Muskatnuß, frisch gerieben
30 g Butter

Zubereitungszeit: 25 Minuten

Die Kartoffeln schälen, waschen und in Würfel schneiden.

Die Kartoffeln mit dem Wasser, der Milch, je 1 kräftigen Prise Salz und Muskat in einem hohen Topf aufkochen lassen und zugedeckt bei schwacher Hitze in etwa 20 Minuten weich garen.

Die Butter hinzufügen. Die Kartoffeln entweder durch eine Kartoffelpresse drücken oder mit dem Kartoffelstampfer fein zerdrücken. Anschließend mit einem Schneebesen kräftig zu einem lockeren Püree durchrühren.

Tip!

Eine besonders pikante Note bekommt das Kartoffelpüree, wenn Sie in dünne Scheiben geschnittene und in Öl goldgelb gebratene Zwiebeln dazugeben.

Bratkartoffeln aus rohen Kartoffeln

Klassiker

Zutaten für 4 Personen
600 g festkochende Kartoffeln
1 große Zwiebel
30 g Butterschmalz
Salz
weißer Pfeffer, frisch gemahlen

Zubereitungszeit: 30 Minuten

Die Kartoffeln schälen, waschen und in etwa 1/2 cm dicke Scheiben schneiden. Die Scheiben mit Küchenpapier trockentupfen, damit das Fett beim Braten nicht spritzt. Die Zwiebel schälen und fein hacken.

In einer großen Pfanne das Schmalz erhitzen. Die Kartoffelscheiben und die Zwiebel einige Male darin wenden. Dann zugedeckt bei schwacher Hitze in 15–20 Minuten weich und goldgelb braten*. Währenddessen mehrmals wenden.

Den Deckel abnehmen und die Kartoffeln bei starker bis mittlerer Hitze unter häufigem Wenden weitere 5–10 Minuten braten, bis sie braun und knusprig sind. Mit etwas Salz und Pfeffer bestreuen und sofort servieren.

Rösti mit Sonnenblumenkernen

Braucht etwas Zeit

Zutaten für 4 Personen
1 kg festkochende Kartoffeln
2 Eßlöffel Butterschmalz
Meersalz
4 Eßlöffel Sonnenblumenkerne

Zubereitungszeit: 2 1/2 Stunden

Die Kartoffeln waschen und mit Schale im Dämpfeinsatz oder in wenig Wasser in etwa 25 Minuten knapp weich werden und völlig auskühlen lassen; das dauert 1 1/2–2 Stunden.

Die Kartoffeln pellen und grob raspeln. Jeweils knapp 2 Eßlöffel Butterschmalz in zwei großen schweren oder beschichteten Pfannen gut heiß werden lassen. Jeweils die Hälfte der Kartoffeln hineingeben, salzen und mehrmals wenden, so daß sie überall vom Fett überzogen sind. Zugedeckt bei schwacher Hitze 4–5 Minuten braten*.

Anschließend unter dauerndem Wenden weiterbraten, bis die Rösti goldgelb sind. Wenn nötig, noch etwas Butterschmalz vom Rand her dazugeben und die Kartoffeln mit dem Bratenwender vom Pfannenrand zur Mitte zu einem flachen Fladen zusammendrücken. (Der Rand sollte frei bleiben, damit die Rösti gut gestürzt werden können.)

Einen flachen, gut schließenden Deckel auflegen und die Kartoffeln bei schwacher Hitze etwa 15 Minuten braten, bis sich auf der Unterseite eine goldbraune Kruste gebildet hat.

Nebenbei die Sonnenblumenkerne ohne Fett unter gelegentlichem Rühren goldgelb rösten.

Die Rösti am Rand mit dem Bratenwender lösen. Eine runde Platte auf die Pfanne halten und die Rösti darauf stürzen. Die Sonnenblumenkerne darüber streuen und leicht andrücken.

Als Beilage schmeckt dazu ein gemischter grüner Salat oder knackig gedünstetes Gemüse.

Kartoffel-Pilz-Gratin

Raffiniert

Zutaten für 4 Personen
400 g frische Champignons oder Egerlinge
700 g mehligkochende Kartoffeln
etwas Fett für die Form
Salz
weißer Pfeffer, frisch gemahlen
Muskatnuß, frisch gerieben
250 g Sahne
150 g Mozzarella
1 Bund Schnittlauch

Zubereitungszeit: 1 1/4 Stunden

Die Champignons oder Egerlinge putzen und mit Küchenpapier abreiben, nur wenn nötig eventuell kurz kalt abspülen. Pilze in Scheiben schneiden.

Die Kartoffeln schälen, waschen und mit dem Gemüsehobel in feine Scheiben schneiden.

Eine feuerfeste Form einfetten. Kartoffeln und Pilze lagenweise dachziegelartig in die Form schichten. Dabei jede Schicht mit Salz, Pfeffer und Muskat würzen. Die Sahne seitlich angießen. Den Mozzarella abtropfen lassen, in dünne Scheiben schneiden und auf dem Gratin verteilen.

Die Form auf den Rost in den Backofen (Mitte) stellen. Den Ofen auf 200° schalten und das Gratin etwa 40 Minuten backen, bis die Kartoffeln gar sind und die Oberfläche des Gratins eine goldbraune Farbe hat.

Kurz vor Ende der Garzeit den Schnittlauch waschen und in feine Röllchen schneiden. Das Gratin mit dem Schnittlauch bestreuen und servieren.

Varianten:

Im Spätsommer und Herbst schmeckt das Gratin besonders edel mit Waldpilzen wie Pfifferlingen oder Steinpilzen. Die geputzten Pilze sollten Sie vor dem Einschichten kurz in etwas Butter dünsten.
Statt der Pilze kurz blanchiertes Gemüse wie Broccoliröschen, halbierte Lauchstücke, Möhren- oder Kohlrabischeiben mit den Kartoffeln in die Form schichten. Zucchini- und Tomatenscheiben können Sie roh verwenden.
Der Mozzarella kann auch gegen Taleggio, Fontina oder Raclette-Käse ausgetauscht werden. Würziger wird das Gratin, wenn Sie dafür frisch geriebenen Greyerzer, Tilsiter oder milden, vollfetten Bergkäse nehmen.

Raclette-Kartoffeln

Gelingt leicht

Zutaten für 4 Personen
1 kg vorwiegend festkochende große Kartoffeln
400 g Raclette-Käse (48% Fett i.Tr.), etwa 2 mm dick geschnitten
Delikateßpaprika
weißer Pfeffer, frisch gemahlen
Butter für das Blech

Zubereitungszeit: 30 Minuten

Das Backblech einfetten. Den Backofen auf 200° vorheizen. Die Kartoffeln sauber bürsten, längs in etwa 1 cm dicke Scheiben schneiden und nebeneinander auf das Blech legen. Etwa 20 Minuten im Ofen (Mitte) backen.

Den Käse entrinden und in passende Stücke schneiden. Die Kartoffeln mit dem Käse belegen und noch etwa 5 Minuten im Backofen (oben) backen, bis der Käse zu schmelzen beginnt.

Die Kartoffeln mit Paprikapulver bestäuben, Pfeffer darüber mahlen und sofort servieren.

Dazu paßt ein Eissalat mit Tomatenachteln und Paprikaschoten.

Kartoffeln mit Pestohaube und Gemüse

Für Gäste

Zutaten für 4 Personen
110 g Mandeln
50 g Parmesan
40 g Schafskäse (z.B. Pecorino)
1 Eigelb
2 Eßlöffel Olivenöl, kaltgepreßt
3 Knoblauchzehen
1 Bund Basilikum, mittelfein gehackt
Salz
schwarzer Pfeffer, frisch gemahlen
400 g festkochende Kartoffeln
etwas Öl für die Form
100 g Zwiebel, gewürfelt
250 g junge Zucchini
250 g reife Eiertomaten
1/2 Teelöffel Curry
1 Prise Cayennepfeffer
1 Eßlöffel gehackte Petersilie

Zubereitungszeit: 1 3/4 Stunden

Mandeln mit kochendem Wasser überbrühen, etwa 20 Minuten darin liegen lassen, dann abziehen. 50 g für das Gemüse beiseite stellen, 8 Mandeln blättrig schneiden. Die übrigen mit dem Parmesan und dem Schafskäse im Blitzhacker fein zerkleinern.

Den Backofen auf 200° vorheizen. Das Eigelb, 1 Eßlöffel Öl, 2 durchgepreßte Knoblauchzehen und das Basilikum unter die Käsemischung rühren, mit Salz und Pfeffer würzen.

Die Kartoffeln sauber bürsten und längs in etwa 1 cm dicke Scheiben schneiden. In eine gefettete Pizzaform (24 cm Durchmesser) legen und im Ofen (Mitte) etwa 15 Minuten backen.

Die Käsemischung auf den Kartoffeln verteilen, die Mandelblättchen aufstreuen. Etwa 15 Minuten im Ofen (oben) überbacken, bis die Pestohaube goldbraun ist.

Die Zwiebeln und 1 feingehackte Knoblauchzehe in 1 Eßlöffel Öl goldgelb braten. Die Zucchini in etwa 1 cm dicke Scheiben schneiden und mit den Zwiebeln etwa 5 Minuten braten*. Die Tomaten achteln und vom Stielansatz befreien, mit dem Curry und dem Cayennepfeffer zu den Zucchini geben und etwa 5 Minuten dünsten. Die restlichen Mandeln hacken oder grob mahlen und mit der Petersilie unter das Gemüse mischen. Zusammen mit den heißen Kartoffeln anrichten.

Im Bild vorne: Kartoffeln mit Pestohaube und Gemüse
Im Bild hinten: Raclette-Kartoffeln

Kartoffelpizza

Vegetarisch

Zutaten für 4 Personen
300 g mehligkochende Kartoffeln
25 g Butter
Butter für die Form
600 g reife, aromatische Tomaten
1 kleine Zwiebel
2 Knoblauchzehen
1 Eßlöffel frische Thymianblättchen
1 Eßlöffel Rosmarinnadeln, frisch gehackt
1 Eßlöffel Oreganoblättchen, frisch gehackt
14 schwarze Oliven
Salz
schwarzer Pfeffer, frisch gemahlen
30 g Hirse und 120 g Weizen, mit 1 Teel. Koriander fein gemahlen
50 g Parmesan oder Allgäuer Emmentaler
3 Eßlöffel Olivenöl, kaltgepreßt
125 g Schafskäse (Feta; 45% Fett i. Tr.)
Mehl für die Arbeitsfläche

Zubereitungszeit: 2 1/4 Stunden

Die Kartoffeln waschen und in wenig Wasser in etwa 30 Minuten garen. Dann schälen und durch eine Presse heiß in eine Schüssel drücken. Die Butter in Flöckchen teilen und unter die Kartoffeln mischen. Die Masse völlig auskühlen lassen.

Inzwischen eine Pizzaform von 24 cm Durchmesser mit Butter einfetten. Die Tomaten waschen, quer halbieren, vom Stielansatz befreien und entkernen. Das Fruchtfleisch, es sollten etwa 500 g sein, in große Würfel schneiden und beiseite stellen.

Den Backofen auf 200° vorheizen. Zwiebel und Knoblauch schälen, fein hacken und mit den Kräutern mischen. Die Oliven in Streifen vom Stein schneiden.

Die Kartoffelmasse mit knapp 1/2 Teelöffel Salz und 1 guten Prise Pfeffer würzen. Mehl zugeben und untermischen. Den Teig auf der leicht bemehlten Arbeitsfläche kneten bis er geschmeidig ist und nicht mehr klebt.

Den Kartoffelteig zur Kugel formen, flachdrücken und in der Pizzaform mit einem kleinen Teigroller ausrollen; dabei am Rand etwas hochdrücken.

Den Teigboden mit einer Gabel einstechen und im Ofen (Mitte) etwa 20 Minuten vorbacken.

Parmesan oder Emmentaler reiben, auf den vorgebackenen Boden streuen. Die Tomaten darüber verteilen, kräftig mit Pfeffer würzen und sparsam salzen. Die Kräutermischung und die Oliven auf den Tomaten verteilen und alles mit dem Öl beträufeln.

Die Kartoffelpizza etwa 10 Minuten im Ofen (unten) backen. Den Schafskäse darüber bröckeln und die Pizza weitere 25–30 Minuten backen, bis der Käse leicht gebräunt ist.

Kartoffel-Musaká

Braucht etwas Zeit

Zutaten für 6 Personen
2 schlanke Auberginen
500 g Tomaten
1 Bund Frühlingszwiebeln
1 Kohlrabi
2 Knoblauchzehen
1 Bund Zitronenmelisse
1 Bund Petersilie
3 Eßlöffel Olivenöl, kaltgepreßt
Salz
weißer Pfeffer, frisch gemahlen
Cayennepfeffer
40 g Dinkel, fein gemahlen
1/2 l Vollmilch
125 g Sahne
150 g Emmentaler, frisch gerieben
Muskatnuß, frisch gerieben
1 kg mehligkochende Kartoffeln
10 g Butter
1 Bund Basilikum

Zubereitungszeit: 2 1/4 Stunden

Die Auberginen waschen, putzen und längs in etwa 1 cm dicke Scheiben schneiden. Die Tomaten überbrühen, abschrecken und häuten*. Tomaten klein würfeln, dabei die Stielansätze herausschneiden. Die Frühlingszwiebeln putzen, waschen und in feine Ringe schneiden. Den Kohlrabi schälen, mit dem Gurkenhobel in Scheiben teilen, dann noch einmal quer durchschneiden. Den Knoblauch schälen und hacken. Die Kräuter waschen, trockenschütteln und fein hacken.

Die Hälfte des Öls in einer großen Pfanne erhitzen. Die Auberginenscheiben darin portionsweise bei mittlerer Hitze braten*, bis sie gebräunt sind. Beim Braten nach und nach das restliche Öl dazugeben. Die Scheiben herausnehmen, beiseite stellen.

Den Knoblauch ins verbliebene Bratfett geben und glasig dünsten. Die Tomaten hinzufügen und bei starker Hitze unter ständigem Rühren dünsten, bis alle Flüssigkeit verdampft ist.

Die Pfanne vom Herd nehmen. Die Kräuter unter die Tomaten mischen und alles mit Salz, Pfeffer und Cayennepfeffer würzen.

Das Dinkelmehl in einem Topf bei mittlerer Hitze unter Rühren rösten*, bis es würzig duftet. Die Milch unter ständigem Rühren langsam hinzugießen. Die Sauce bei schwacher Hitze etwa 10 Minuten sämig köcheln lassen, wähenddessen immer wieder durchrühren.

Sahne und Käse unter die Sauce mischen. Mit Salz und Muskatnuß abschmecken.

Die Kartoffeln waschen, schälen und in dünne Scheiben hobeln.

In eine große, feuerfeste Form lagenweise Kartoffeln, Auberginen, Kohlrabi, Tomaten und Frühlingszwiebeln einschichten. Dabei mit Kartoffeln beginnen und abschließen, jede Schicht mit etwas Sauce begießen.

Die restliche Sauce über die Musaká gießen. Die Butter in kleinen Stücken auf der Oberfläche verteilen.

Die Form auf den Rost in den Backofen (unten) stellen. Den Ofen auf 200° schalten und die Musaká etwa 50 Minuten backen, bis das Gemüse bißfest* und die Oberfläche gebräunt ist.

Zum Servieren die Basilikumblättchen kleiner zupfen, die Kartoffel-Musaká damit bestreuen.

Kartoffel-Möhrengemüse

Preiswert

Zutaten für 4 Personen
800 g vorwiegend festkochende Kartoffeln
700 g Möhren (mit Grün)
100 ml Gemüsebrühe
Salz
2 Zwiebeln
1-2 Knoblauchzehen
1 Handvoll junge Salbeiblättchen
30 g Butter
100 g Crème fraîche
weißer Pfeffer, frisch gemahlen
4 Eßlöffel Sbrinz, frisch gerieben

Zubereitungszeit: 1 Stunde

Kartoffeln und Möhren putzen und in Scheiben schneiden. In der Gemüsebrühe zugedeckt in etwa 20 Minuten bißfest* garen.

Etwas vom Möhrengrün ohne die Stiele grob hacken. Die Zwiebeln und den Knoblauch schälen und würfeln, Salbeiblättchen in Streifen schneiden. Alles in der Butter etwa 2–3 Minuten dünsten*.

Die Crème fraîche unterrühren und die Sauce mit Salz und Pfeffer abschmecken. Sauce unter das Gemüse heben, den Käse darüber streuen und servieren.

Hausgemachte Nudeln

Preiswert

Zutaten für 4 Personen
400 g Mehl
1 Teelöffel Salz
5 Eigelbe
2 Eßlöffel Milch
2 Eßlöffel neutrales Öl
etwas Mehl zum Bestäuben

Zubereitungszeit: 30 Minuten
Ruhezeit: 50 Minuten

Aus den Zutaten einen glatten und geschmeidigen Teig kneten. Eine Schüssel mit heißem Wasser ausspülen, über den Nudelteig stülpen und den Teig darunter 30 Minuten ruhen lassen.

Den Nudelteig portionsweise auf leicht bemehlter Arbeitsfläche etwa 2 mm dünn ausrollen. Nach Belieben in schmale oder breite Streifen schneiden. Ein Küchentuch mit Mehl bestäuben, die Nudelstreifen darauf legen und 20 Minuten antrocknen lassen.

Reichlich Salzwasser in einem großen Topf zum Kochen bringen, die frischen Nudeln darin in 3–4 Minuten "al dente" kochen.

Tomatensauce Hausfrauenart

Ideal für Kinder

Zutaten für 4 Personen
1 große Zwiebel
1 Knoblauchzehe
800 g Tomaten (ersatzweise geschälte Tomaten aus der Dose)
2 Eßlöffel Olivenöl, kaltgepreßt
1 Lorbeerblatt
2 Zweige Rosmarin
Salz
schwarzer Pfeffer, frisch gemahlen

Zubereitungszeit: 20 Minuten

Zwiebel und Knoblauch schälen, fein hacken. Tomaten waschen, ohne Stielansatz klein würfeln. Das Olivenöl in einem Topf erhitzen, Zwiebel und Knoblauch bei mittlerer Hitze goldgelb braten.

Tomaten, Lorbeerblatt und Rosmarin dazugeben, salzen, pfeffern und etwa 10 Minuten zugedeckt köcheln lassen. Dann das Lorbeerblatt und den Rosmarin aus der Sauce entfernen.

Die Tomatensauce paßt zu allen Nudeln und zu Gnocchi.
Sie schmeckt ebenfalls gut zu gedünstetem Gemüse und gegrilltem Fisch oder Fleisch.

Basilikumpesto

Aus Italien

Zutaten für 4 Personen
2 Eßlöffel Pinienkerne
1 Bund Basilikum (groß)
2 Knoblauchzehen
8-10 Eßlöffel Olivenöl, kaltgepreßt
50 g Parmesan, frisch gerieben

Zubereitungszeit: 20 Minuten

Die Pinienkerne in einer trockenen Pfanne rösten*, bis sie duften, abkühlen lassen. Die Basilikumblätter abzupfen. Den Knoblauch schälen und vierteln. Alles im Mixer pürieren*.

Nach und nach das Öl und eßlöffelweise den Parmesan dazugeben, bis das Pesto sämig ist.

Pesto paßt zu frisch gekochten Nudeln, zu Gemüsesuppen und zu gedämpftem, gedünstetem oder gegrilltem Gemüse. Zum Pesto immer noch frisch geriebenen Parmesan reichen.

Im Bild vorne: Hausgemachte Nudeln (mit Knoblauch, Käse und Pfefferschote)
In der Bildmitte: Basilikumpesto
Im Bild hinten: Tomatensauce Hausfrauenart

Spaghetti mit roher Tomaten-Zucchini-Sauce

Gelingt leicht

Zutaten für 4 Personen
300 g vollreife Tomaten
250 g junge Zucchini
1 Knoblauchzehe
1 Bund Dill
Salz
weißer Pfeffer, frisch gemahlen
1 Eßlöffel Olivenöl, kaltgepreßt
400 g Hartweizen-Spaghetti ohne Ei

Zubereitungszeit: 35 Minuten

Die Tomaten häuten*, entkernen und in winzige Würfel schneiden, dabei die Stielansätze entfernen.

Die Zucchini waschen, von Stiel- und Blütenansätzen befreien und sehr fein raspeln. Den Knoblauch schälen und durch die Presse drücken. Den Dill waschen, trockenschwenken und ohne die groben Stiele sehr fein hacken.

Die Tomaten mit den Zucchini, dem Knoblauch und dem Dill vermengen, mit Salz und Pfeffer abschmecken. Das Öl unterrühren.

Für die Nudeln reichlich Salzwasser zum Kochen bringen. Die Nudeln darin bei starker bis mittlerer Hitze »al dente« garen. Die Nudeln in einem Sieb kurz abtropfen lassen, sofort mit der kalten Gemüsesauce mischen, in vorgewärmten Tellern servieren.

Hörnchennudeln mit Spargel

Für Gäste

Zutaten für 4 Personen
1 Schalotte
500 g grüner Spargel
1 Handvoll frischer Kerbel
400 g Hartweizen-Hörnchennudeln ohne Ei
Salz
1/2 Eßlöffel Butter
200 g Sahne
weißer Pfeffer, frisch gemahlen
Muskatnuß, frisch gerieben
50 g Parmesan, frisch gerieben

Zubereitungszeit: 35 Minuten

Die Schalotte schälen und fein hacken. Den Spargel waschen, nur das untere Drittel schälen und die holzigen Enden abschneiden. Die Spargelstangen in etwa 2 cm lange Stücke schneiden. Den Kerbel verlesen, waschen, trockenschütteln, fein hacken.

Für die Nudeln reichlich Salzwasser zum Kochen bringen. Die Hörnchen hineingeben und in sprudelnd kochendem Wasser ohne Deckel »al dente«* garen. Inzwischen die Butter in einem Topf zerlassen. Die Schalotte darin glasig dünsten. Den Spargel zufügen und alles bei mittlerer Hitze unter gelegentlichem Rühren einige Minuten braten.

Die Sahne zum Spargel gießen, mit Salz, Pfeffer und Muskat abschmecken und zugedeckt bei mittlerer Hitze etwa 6 Minuten garen, bis der Spargel bißfest* ist. Den Käse untermischen und unter Rühren erwärmen.

Die Nudeln in ein Sieb gießen und kurz abtropfen lassen. Mit dem Spargelgemüse und dem Kerbel mischen und servieren.

Penne mit Paprika-Kapern-Sauce

Schnell

Zutaten für 4 Personen
Salz
2 mittelgroße rote Paprikaschoten
1 mittelgroße Zwiebel
400 g Hartweizen-Penne ohne Ei (ersatzweise Hörnchennudeln)
2 Eßlöffel Olivenöl
1 Eßlöffel Kapern
150 g Sahne
weißer Pfeffer, frisch gemahlen
1 Prise Cayennepfeffer

Zubereitungszeit: 20 Minuten

Für die Nudeln reichlich Salzwasser zum Kochen bringen.

Inzwischen die Paprikaschoten waschen und halbieren, Kerngehäuse und Trennwände entfernen. Paprika in kleine Würfel schneiden. Die Zwiebel schälen und sehr fein hacken.

Die Nudeln im kochenden Wasser nach Packungsanweisung in etwa 8 Minuten bißfest* garen.

Inzwischen das Öl in einem Topf erhitzen. Die Zwiebel darin glasig werden lassen. Paprikawürfel hinzufügen und anbraten. Die Kapern und die Sahne untermischen. Das Gemüse mit Salz, Pfeffer und dem Cayennepfeffer würzen und zugedeckt bei mittlerer Hitze etwa 5 Minuten schmoren*. Eventuell etwas von dem Nudelkochwasser dazugeben.

Penne in ein Sieb gießen, kurz abtropfen lassen, mit der Sauce mischen und sofort in vorgewärmten tiefen Tellern servieren.

Nudeln mit Gorgonzolasauce

Würzig

Zutaten für 4 Personen
600 g Tomaten
2 Knoblauchzehen
Salz
400 g Hartweizen-Bandnudeln ohne Ei
1 Eßlöffel Olivenöl
1 Teelöffel getrocknete Kräuter der Provence
2 Eßlöffel Pinienkerne
150 g Gorgonzola (oder anderer Edelpilzkäse)
weißer Pfeffer, frisch gemahlen

Zubereitungszeit: 25 Minuten

Die Tomaten mit kochendem Wasser überbrühen, eiskalt abschrecken, häuten und entkernen. Das Fruchtfleisch klein würfeln, dabei die Stielansätze entfernen. Die Knoblauchzehen schälen und sehr fein hacken.

Für die Nudeln in einem großen Topf reichlich Salzwasser zum Kochen bringen.

Die Bandnudeln im sprudelnd kochenden Wasser nach Packungsanweisung in etwa 8 Minuten bißfest garen.

Inzwischen das Öl in einem Topf erhitzen. Den Knoblauch darin glasig werden lassen. Die Tomaten und die Kräuter hinzufügen und alles bei mittlerer Hitze unter gelegentlichem Rühren sämig einkochen lassen.

Die Pinienkerne in einer trockenen Pfanne bei mittlerer Hitze unter Rühren goldgelb rösten*.

Den Käse würfeln und unter die Tomatensauce mischen. Mit Pfeffer und eventuell etwas Salz abschmecken*.

Die Nudeln in ein Sieb schütten, kurz abtropfen lassen, mit der Sauce mischen und in vorgewärmte tiefe Teller verteilen. Mit den Pinienkernen bestreuen.

Tagliatelle mit Broccoli

Aus Italien

Zutaten für 4 Personen
1 Zwiebel
2 Eßlöffel Butter
1-2 Knoblauchzehen
150 ml trockener Weißwein (ersatzweise Gemüsebrühe)
250 g Sahne
Salz
schwarzer Pfeffer, frisch gemahlen
1/2 Teelöffel gekörnte Gemüsebrühe
800 g Broccoli
300 g Hartweizen-Tagliatelle ohne Ei
4 Eßlöffel Pinienkerne
4 Eßlöffel Parmesan, frisch gerieben
2 Eßlöffel glatte Petersilie, frisch gehackt

Zubereitungszeit: 30 Minuten

Für die Sauce die Zwiebel schälen, fein würfeln. Die Butter in einer Pfanne erhitzen und die Zwiebel darin bei schwacher Hitze goldbraun dünsten. Den Knoblauch schälen und dazupressen. Mit dem Wein aufgießen. Die Sauce bei starker Hitze etwa auf die Hälfte einkochen lassen. Die Sahne dazugießen und die Sauce leicht einkochen lassen*. Mit Salz, Pfeffer und Gemüsebrühe kräftig würzen.

Den Broccoli putzen und in Röschen teilen. Reichlich Salzwasser aufkochen, den Broccoli darin 5 Minuten blanchieren*, herausheben. Die Nudeln im Kochwasser "al dente"* garen.

Die Pinienkerne in einer trockenen Pfanne goldgelb rösten.

Die Tagliatelle mit der Sauce mischen. Den Broccoli, bis auf einen kleinen Rest, vorsichtig unterheben. Auf Teller verteilen. Übrigen Broccoli, Käse, Pinienkerne und Petersilie dekorativ über die Nudeln streuen.

Spaghetti mit Kräutern

Würzig

Zutaten für 4 Personen
1 mittelgroße scharfe Chilischote
1 große rote Paprikaschote
2 Frühlingszwiebeln
1-2 Stangen Staudensellerie
1 Knoblauchzehe
1/2 Bund glatte Petersilie
1/2 Bund Basilikum
6-8 Salbeiblätter
Salz
150 g Hartweizen-Spaghetti ohne Ei
4 Eßlöffel Olivenöl, kaltgepreßt
1/8 l Gemüsebrühe
weißer Pfeffer, frisch gemahlen

Zubereitungszeit: 30 Minuten

Für die Sauce die Chili- und die Paprikaschoten waschen, halbieren und entkernen (Achtung: danach sofort die Hände gründlich waschen). Die Frühlingszwiebeln putzen und waschen. Den Sellerie waschen, die Knoblauchzehe schälen. Die Petersilie, das Basilikum und den Salbei waschen und die Blätter von den Stielen zupfen. Alle Gemüse auf einem großen Brett mit einem großen Messer sehr fein hacken. Dabei darauf achten, daß das Gemüse nicht musig wird.

In einem Topf reichlich Salzwasser zum Kochen bringen. Die Nudeln darin nach Packungsanweisung bißfest kochen.

Währenddessen in einer großen Pfanne die Hälfte des Öls erhitzen und das Gemüse 2–3 Minuten darin andünsten. Mit der Gemüsebrühe ablöschen. Mit Salz und Pfeffer und dem restlichen Olivenöl abschmecken. Die Spaghetti in ein Sieb abgießen, nur kurz abtropfen lassen, mit dem Gemüse vermischen und sofort in tiefen Tellern servieren.

Im Bild vorne:
Spaghetti mit Kräutern
Im Bild hinten:
Tagliatelle mit Broccoli

Nudelgratin mit Tomaten

Gut vorzubereiten

Zutaten für 4 Personen
Salz
200 g Hartweizen-Spaghetti oder Makkaroni ohne Ei
1 Eßlöffel Olivenöl
600 g Tomaten
1 kleine Aubergine
1 Bund Basilikum
1/2 Bund frischer Thymian
schwarzer Pfeffer, frisch gemahlen
1 Prise Zucker
150-200 g Mozzarella
100 g Sahne
50 g Pecorino, frisch gerieben (oder anderer Hartkäse)

Zubereitungszeit: 1 Stunde

Reichlich Salzwasser aufkochen lassen. Die Nudeln in Stücke brechen, im sprudelnd kochenden Wasser 3 Minuten vorgaren. Kalt abschrecken, kurz abtropfen lassen und mit dem Öl vermengen.

Die Tomaten überbrühen, kalt abschrecken, häuten*, halbieren und entkernen. Das Fruchtfleisch würfeln. Die Aubergine waschen, putzen und würfeln. Die Hälfte des Basilikums beiseite legen. Restliches Basilikum von den Stengeln zupfen, fein schneiden, die Thymianblättchen waschen und von den Stielen streifen.

Die Nudeln mit den Tomaten, der Aubergine und den Kräutern vermischen, mit Salz, Pfeffer und dem Zucker abschmecken. Den Mozzarella abtropfen lassen und klein würfeln. Mit der Sahne unter die Nudelmasse mischen.

Die Mischung in eine feuerfeste flache Gratinform geben und mit dem Pecorino bestreuen.

Die Gratinform auf den Rost in den Backofen (Mitte) stellen. Den Ofen auf 220° schalten, das Nudelgratin etwa 35-45 Minuten garen, bis die Oberfläche goldgelb gebräunt ist. Vor dem Servieren mit den übrigen Basilikumblättchen bestreuen.

Gemüse-Lasagne

Ideal für Kinder

Zutaten für 4-6 Personen
Für die Füllung:
2 Zwiebeln
2 Knoblauchzehen
2 Eßlöffel Öl
700 g Möhren
4 Eßlöffel Butter
Salz
weißer Pfeffer, frisch gemahlen
3 Eßlöffel Petersilie, feingehackt
700 g Broccoli
Muskatnuß, frisch gerieben
Für die Béchamelsauce:
2 Eßlöffel Butter
2 Eßlöffel Mehl
1 l Vollmilch
Salz
Cayennepfeffer
1–2 Teelöffel unbehandelte, abgeriebene Zitronenschale
Außerdem:
16 helle Hartweizen-Lasagneblätter ohne Ei (ohne Vorkochen)
3 Eßlöffel Fontina, frisch gerieben
Fett für die Form

Zubereitungszeit: 50 Minuten
Backzeit: 40 Minuten

Die Zwiebeln und den Knoblauch schälen, fein hacken. Das Öl in einer Pfanne erhitzen, Zwiebeln und Knoblauch darin unter Rühren hellgelb andünsten.

Für die Sauce 2 Eßlöffel Butter zerlassen, das Mehl einrühren und kurz anschwitzen. Die Milch unter Rühren hinzufügen. Die Sauce offen 20 Minuten bei schwacher Hitze köcheln lassen, ab und zu umrühren. Mit Salz, Cayennepfeffer und Zitronenschale abschmecken.

Inzwischen die Möhren putzen, in Scheiben schneiden. In einem Topf 2 Eßlöffel Butter schmelzen lassen, Möhren darin andünsten, etwas Wasser zufügen, salzen, pfeffern und bei schwacher Hitze 10 Minuten garen. Mit der Zwiebel-Knoblauch-Mischung und der Petersilie vermengen.

Den Broccoli putzen, waschen und in kleine Röschen teilen. Die Stiele schälen und fein würfeln. Beides in Salzwasser in 5 Minuten knackig blanchieren*, kalt abschrecken und abtropfen lassen. Mit 2 Eßlöffeln Butter vermengen und mit Salz, Pfeffer und Muskatnuß würzen.

Den Backofen auf 200° vorheizen. Eine Auflaufform fetten. Den Boden der Form mit etwas Béchamelsauce bedecken. Eine Lage Nudelblätter in die Form geben. Darauf schichtweise Möhren, Nudeln und Broccoli geben, jeweils mit etwas Sauce bedecken. Als Abschluß Nudelblätter obenauflegen, mit der restlichen Sauce begießen und mit dem Käse bestreuen.

Die Gemüse-Lasagne im Ofen (Mitte) etwa 40 Minuten backen, bis sich eine schöne goldbraune Kruste gebildet hat.

Tip!

Vor dem Servieren die Gemüse-Lasagne noch etwa 10 Minuten ruhen lassen, dann läßt sie sich besser in Portionsstücke schneiden.

Lasagne mit Auberginen und Zucchini

Braucht etwas Zeit

Zutaten für 4 Personen
1 große Aubergine (etwa 350 g)
450 g Zucchini
6 Eßlöffel Olivenöl
1 große Zwiebel
3 Knoblauchzehen
1 große Dose geschälte Tomaten (800 g Inhalt)
2 Teelöffel frischer Oregano (oder 1 Teelöffel getrockneter)
1 Teelöffel frischer Thymian (oder 1/2 Teelöffel getrockneter)
Salz
schwarzer Pfeffer, frisch gemahlen
250 g grüne Hartweizen-Lasagneblätter ohne Ei
100 g schwarze Oliven
Fett für die Form
2 Eßlöffel Butter
2 Eßlöffel Mehl
1 l Milch
100 g Parmesan, frisch gerieben
Muskatnuß, frisch gerieben

Zubereitungszeit: 1 1/2 Stunden

Die Aubergine und die Zucchini waschen, putzen und in etwa 1 cm große Würfel schneiden. Das Olivenöl in einem Topf erhitzen und die Gemüsewürfel darin rundherum anbraten. Herausheben und beiseite stellen.

Zwiebel und Knoblauch schälen, fein hacken und im verbliebenen Bratfett weich dünsten. Die Tomaten samt Saft in den Topf geben und mit einer Gabel grob zerdrücken. Den Oregano, den Thymian, Salz und Pfeffer hinzufügen und alles etwa 25 Minuten zugedeckt köcheln lassen.

Inzwischen die Lasagneblätter in Salzwasser in 8–10 Minuten »al dente« kochen, danach abtropfen lassen. Die Oliven entsteinen und grob hacken. In die Sauce geben und abschmecken. Den Backofen auf 220° vorheizen. Eine feuerfeste Form fetten.

Butter in einem Topf zerlassen, das Mehl zufügen und anschwitzen. Nach und nach die Milch dazurühren. Aufkochen und bei schwacher Hitze etwa 10 Minuten köcheln lassen. Den Käse einrühren und die Sauce mit Salz, Pfeffer und etwas Muskatnuß abschmecken*.

Lagenweise Nudelblätter, Gemüsewürfel und Sauce in die Form schichten. Die Lasagne im Ofen (Mitte) in etwa 30 Minuten goldbraun und knusprig überbacken*.

Risotto mit Safran

Exklusiv

Zutaten für 4 Personen
1 Döschen Safran
1 Zwiebel
2 Eßlöffel Butter
400 g Risotto-Reis (z. B. Arborio, Carnaroli oder Vialone Nano)
3/4–1 l kräftige Gemüsebrühe
100 g Parmesan, frisch gerieben
Salz
weißer Pfeffer, frisch gemahlen

Zubereitungszeit: 30 Minuten

Den Safran in einer Tasse in 2 Eßlöffeln heißem Wasser auflösen und beiseite stellen.

Die Zwiebel schälen und klein würfeln. In einem Topf 1 Eßlöffel Butter zerlassen, die Zwiebel darin hellgelb dünsten.

Den Reis zufügen, unter Rühren in 2–3 Minuten glasig dünsten.

Die Brühe nach und nach dazugießen, der Reis sollte immer gerade bedeckt sein. Den Risotto bei schwacher Hitze im offenen Topf etwa 15 Minuten leicht brodelnd köcheln lassen, dabei auf genügend Flüssigkeit achten.

Den Safran dazugeben und den Reis in weiteren 10 Minuten bißfest garen. Restliche Butter und die Hälfte des Käses unter den Risotto rühren. Mit Salz und Pfeffer abschmecken und mit dem übrigen Parmesan servieren.

Risotto mit Steinpilzen

Für Gäste

Zutaten für 4 Personen
15 g getrocknete Steinpilze
1 Zwiebel
1 Eßlöffel Butter
400 g Risotto-Reis (z.B. Arborio, Carnaroli oder Vialone Nano)
3/4-1 l kräftige Gemüsebrühe
5 Eßlöffel Sahne
75 g Parmesan, frisch gerieben
Salz
weißer Pfeffer, frisch gemahlen

Zubereitungszeit: 30 Minuten
Einweichzeit: 1 Stunde

Pilze mit kochendem Wasser begießen, 1 Stunde quellen lassen.

Zwiebel schälen, klein würfeln und in der Butter glasig dünsten. Reis und die Pilze zu den Zwiebeln geben und kurz mitdünsten.

Die Brühe nach und nach zum Reis gießen, leicht brodelnd in etwa 25 Minuten bißfest garen.

Die Sahne und den Parmesan unterrühren, den Risotto mit Salz und Pfeffer abschmecken.

Risotto mit Erbsen

Berühmtes Gericht

Zutaten für 4 Personen
1 Zwiebel
1 Eßlöffel Butter
400 g Risotto-Reis (z.B. Arborio, Carnaroli oder Vialone Nano)
600 g Erbsen (frisch, ausgepult gewogen, oder tiefgekühlt)
3/4–1 l Gemüsebrühe
3 Eßlöffel Petersilie, fein gehackt
50 g Parmesan, frisch gerieben
Salz
weißer Pfeffer, frisch gemahlen

Zubereitungszeit: 30 Minuten

Die Zwiebel schälen, fein hacken und in der Butter glasig dünsten.

Reis und Erbsen zu der Zwiebel geben, kurz mitdünsten. Die Brühe nach und nach zufügen und den Reis unter Rühren in etwa 25 Minuten bißfest garen.

Die Petersilie und den Parmesan unter den Risotto rühren, mit Salz und Pfeffer abschmecken.

Im Bild vorne: Risotto mit Safran
In der Bildmitte: Risotto mit Steinpilzen
Im Bild hinten: Risotto mit Erbsen

Risotto mit Rucola

Raffiniert

Zutaten für 4 Personen
1 kleine Zwiebel
4 Eßlöffel Butter
400 g Risotto-Reis (Arborio, Carnaroli oder Vialone Nano)
3/4–1 l kräftige Gemüsebrühe
100 g Rucola
50 g Parmesan, frisch gerieben
Salz
Pfeffer, frisch gemahlen

Zubereitungszeit: 30 Minuten

Die Zwiebel schälen, hacken und in einem breiten Topf in 3 Eßlöffeln Butter hellgelb andünsten.

Den Reis nach und nach dazugeben und unter ständigem Rühren 3 Minuten mitdünsten.

Soviel heiße Brühe dazugießen, daß der Reis gerade davon bedeckt ist. Unter Rühren leicht brodelnd köcheln* lassen, bis die Flüssigkeit fast verdampft ist.

Diesen Vorgang wiederholen, bis der Reis gar ist, das dauert zwischen 15–20 Minuten. Die Körner müssen außen weich sein, sollten innen aber noch einen winzigen bißfesten Kern haben.

Kurz vor Garzeitende den Rucola waschen, trockentupfen und in Stücke zupfen. Drei Viertel der Rucolablätter unter den Risotto heben, noch 2 Minuten mitgaren.

Den Topf vom Herd ziehen, übrige Butter, Käse und restlichen Rucola unter den Risotto ziehen. Mit Salz und Pfeffer abschmekken. Noch 2 Minuten ziehen lassen, dann sofort servieren.

Griechische Reispfanne

Vegetarisch

Zutaten für 4 Personen
300 g Lang- oder Mittelkornreis
1 Lorbeerblatt
600 ml kräftige Gemüsebrühe
2 mittelgroße Zwiebeln
1–2 Knoblauchzehen
2 Eßlöffel Olivenöl, kaltgepreßt
20 g Butter
2 grüne Paprikaschoten
2 gelbe Paprikaschoten
1 kleine rote Chilischote, ersatzweise Cayennepfeffer
2 Teelöffel Thymianblättchen
1 Teelöffel getrockneter Oregano
Salz
400 g reife, aromatische Tomaten
200 g griechischer Schafskäse (Feta; 45% Fett i. Tr.)
2 Eßlöffel Basilikumblätter

Quellzeit: 12 Stunden
Zubereitungszeit: 45 Minuten

Den Reis in einem Sieb unter fließendem Wasser abspülen. Mit dem Lorbeerblatt und der Gemüsebrühe in einen Topf geben, über Nacht einweichen.

Am anderen Tag den Reis in der Brühe aufkochen und bei schwacher Hitze zugedeckt in etwa 20 Minuten ausquellen lassen. Das Lorbeerblatt herausnehmen.

Inzwischen die Zwiebeln schälen, vierteln und in dünne Streifen schneiden. Knoblauch schälen und fein hacken. 1 Eßlöffel Olivenöl, die Butter und 1 Eßlöffel Wasser in einer Pfanne erhitzen, die Zwiebeln und den Knoblauch darin weich dünsten.

Die Paprikaschoten waschen, vierteln, putzen und in Streifen schneiden. Die Chilischote aufschlitzen, die Kerne herauskratzen, danach sofort die Hände waschen. Beides zusammen mit den Kräutern zu den Zwiebeln geben und kurz anbraten. Den Reis daruntermischen und salzen.

Die Tomaten waschen und würfeln, dabei den Stielansatz entfernen. Tomaten auf dem Reis verteilen. Den Käse darüber bröckeln und mit dem restlichen Öl beträufeln. Die Reispfanne noch 5 Minuten zugedeckt ziehen lassen. Die Basilikumblätter grob hacken und obenauf streuen.

Polenta-Gemüse-Gratin

Braucht etwas Zeit

Zutaten für 4 Personen
750 ml Wasser (knapp)
Salz
150 g Polenta (Maisgrieß)
600 g Tomaten
1 mittelgroße Fenchelknolle
1 Stange Lauch
2 Möhren
100 g Knollensellerie
2 Zwiebeln
1 Knoblauchzehe
1 Eßlöffel Olivenöl, kaltgepreßt
1 Bund Petersilie
1/2 Bund frischer Thymian
weißer Pfeffer, frisch gemahlen
Cayennepfeffer
30 g Butter
100 g Emmentaler oder Gouda, frisch gerieben

Zubereitungszeit: 2 Stunden

Das Wasser mit 1/2 Teelöffel Salz zum Kochen bringen. Die Polenta einrühren und aufkochen lassen. Den Topf kurz von der Platte ziehen, damit der Brei nicht zu stark spritzt. Polenta zugedeckt bei schwächster Hitze in etwa 20 Minuten ausquellen lassen, gelegentlich umrühren.

Ein Backblech kalt ausspülen, die Masse darauf streichen und etwa 30 Minuten trocknen lassen, bis sie sich schneiden läßt.

Inzwischen die Tomaten mit kochendem Wasser überbrühen, kurz ziehen lassen, kalt abschrecken und häuten. Die Tomaten in kleine Würfel schneiden, dabei die Stielansätze entfernen.

Den Fenchel waschen, putzen und ohne den Strunk in kleine Würfel schneiden. Das zarte Fenchelgrün hacken. Den Lauch putzen, waschen und in feine Ringe schneiden. Die Möhren und den Sellerie schälen und sehr klein würfeln. Die Zwiebeln und den Knoblauch schälen, fein hacken.

Das Öl in einer großen Pfanne erhitzen. Die Zwiebeln und den Knoblauch darin glasig dünsten. Das Gemüse (außer den Tomaten) hinzufügen und unter Rühren bei mittlerer Hitze etwa 3 Minuten dünsten. Dann die Tomaten untermischen und alles unter Rühren weitergaren, bis die Flüssigkeit verdampft ist.

Die Kräuter waschen und trockenschwenken. Einen Teil der Petersilie beiseite legen. Die restliche Petersilie fein hacken. Die Thymianblättchen von den Stielen streifen.

Die Kräuter unter die Gemüsemischung ziehen, mit Salz, Pfeffer und Cayennepfeffer würzen.

Die Polenta in längliche Stücke schneiden. Eine feuerfeste Form einfetten und mit der Hälfte der Polentascheiben auslegen. Die Gemüsemischung daraufgeben und mit den restlichen Polentascheiben abdecken. Zum Schluß den Käse darüber streuen. Die Butter in kleine Stücke schneiden und auf der Oberfläche verteilen.

Die Form auf den Rost in den Backofen (Mitte) stellen. Den Ofen auf 220° schalten und das Gratin 25–30 Minuten überbacken, bis die Oberfläche goldbraun und knusprig ist.

Kurz vor Ende der Garzeit die restliche Petersilie von den Stielen zupfen, die Blättchen fein hacken. Das Gratin mit der Petersilie bestreuen und servieren.

Paprikaschoten mit Pilzfüllung

Gelingt leicht

Zutaten für 4 Personen
Für die Füllung:
200 g Grünkern, sehr grob geschrotet
2 Eßlöffel gekörnte Gemüsebrühe
200 g frische Egerlinge oder Champignons
2 Zwiebeln
1 Eßlöffel Butter
1/2 Bund Petersilie
2 Liebstöckelblätter
1 1/2 Eßlöffel Majoranblättchen
100 g Crème fraîche
schwarzer Pfeffer, frisch gemahlen
Salz
Außerdem:
4 rote Paprikaschoten (je etwa 180 g)
5-6 Eßlöffel saure Sahne
1/2 Teelöffel Currypulver
etwas Petersilie zum Garnieren

Zubereitungszeit: 1 Stunde

Den Grünkern mit 1 1/2 Eßlöffel gekörnter Brühe und 400 ml kaltem Wasser verrühren. Den Schrot bei sehr schwacher Hitze zugedeckt in etwa 10 Minuten ausquellen lassen, bis die Flüssigkeit ganz aufgesogen ist.

Inzwischen die Pilze putzen und mit Küchenpapier abreiben. Nur falls nötig, ganz kurz waschen und anschließend trockentupfen.

Die Zwiebeln schälen, mittelgrob würfeln und in der Butter unter gelegentlichem Wenden goldgelb braten. 4 schöne Pilze zum Garnieren beiseite legen, die restlichen grob würfeln, zu den Zwiebeln geben und bei mittlerer Hitze etwa 5 Minuten mitbraten.

Die Kräuter waschen, trockenschütteln und fein hacken, auch die Petersilienstiele mitverwenden. Die Crème fraîche, die Pilz-Zwiebel-Mischung und die Kräuter unter den Grünkern mischen. Die Füllung mit Pfeffer und Salz abschmecken.

Die Paprikaschoten längs halbieren, dabei auch den Stengelansatz halbieren. Die Kerne und die weißen Innenwände aus den Hälften entfernen. Die Schoten kurz waschen und trockentupfen. Die Grünkernmasse gleichmäßig hineinfüllen.

1/4 l Wasser und die restliche gekörnte Brühe in einem breiten Topf aufkochen lassen. Die gefüllten Schoten nebeneinander hineinsetzen und zugedeckt etwa 15 Minuten bei schwacher Hitze garen. Dann mit einem spitzen Messer prüfen, ob die Paprikaschoten bereits weich sind, sonst noch 4–5 Minuten dünsten.

Die Paprikaschoten aus dem Sud heben und auf vier vorgewärmte Teller setzen. Die saure Sahne mit dem Schneebesen unter den Kochsud schlagen und mit dem Curry vorsichtig abschmecken, um die Paprikaschoten gießen.

Die zurückgelegten Pilze längs in Scheiben schneiden. Das Gemüse mit Pilzscheiben und Petersilienblättchen garnieren und sofort heiß servieren.

Dazu können Sie ein Kartoffelpüree (Seite 198) servieren und/oder einen grünen oder gemischten Blattsalat.

Variante:

Anstelle von Grünkern eine Reisfüllung für die Paprikaschoten zubereiten. Dafür 125 g Langkornreis in 1/4 l Gemüsebrühe aufkochen und bei kleinster Hitze zugedeckt 15 Minuten quellen lassen. Anschließend gut abtropfen lassen. Die anderen Zutaten wie beschrieben vorbereiten und mit dem Reis zur Füllung mischen.

Die Paprikaschoten mit Pilzfüllung können auch mit grünen oder gelben Paprikaschoten zubereitet werden.

Kohlrabiragout mit Curryhafer

Gelingt leicht

Zutaten für 4 Personen
300 g Nackthafer
1 Eßlöffel gekörnte Gemüsebrühe
1 Teelöffel Currypulver
800 g Kohlrabi
3 Frühlingszwiebeln
1 Eßlöffel Butter
2 Eßlöffel Haselnußkerne
2 Eßlöffel Sonnenblumenkerne
100 g Sahne
2 Eßlöffel Petersilie, fein gehackt
Salz

Quellzeit: 10 Stunden
Zubereitungszeit: 40 Minuten

Den Hafer in einem Sieb kalt abbrausen, mit 1/2 l Wasser in einen Topf geben und 6–10 Stunden oder über Nacht einweichen.

Den Hafer aufkochen und zugedeckt bei schwacher Hitze zunächst etwa 10 Minuten köcheln lassen. Dann 1/2 Eßlöffel gekörnte Brühe und den Curry unterrühren und in 10–15 Minuten zugedeckt ausquellen lassen.

Inzwischen die Kohlrabi schälen und in 1 cm dicke Stifte schneiden. Die Frühlingszwiebeln putzen und schräg in 1 cm breite Stücke schneiden. 3 Eßlöffel vom zarten Zwiebelgrün zu Röllchen schneiden und beiseite legen.

Die Butter mit 6 Eßlöffeln Wasser und der restlichen gekörnten Brühe erhitzen. Das Gemüse hinzufügen und zugedeckt bei mittlerer Hitze in etwa 10 Minuten bißfest* dünsten.

Inzwischen die Haselnüsse grob hacken und mit den Sonnenblumenkernen in einer trockenen Pfanne bei mittlerer Hitze unter Rühren goldgelb rösten*.

Den Hafer, die Nußmischung, die Sahne und die Petersilie unter das Gemüse mischen, mit wenig Salz abschmecken. Das Zwiebelgrün darüber streuen.

Grieß-schnitten

Raffiniert

Zutaten für 6 Personen
Für etwa 24 Stück:
1/2 l Milch
100 g Butter
Salz
150 g Grieß
2 Eigelbe
50 g Emmentaler, frisch gerieben
etwas Butter und Alufolie für das Backblech

Zubereitungszeit: 45 Minuten

Die Milch mit 60 g Butter und 1 Prise Salz aufkochen. Den Grieß einrühren und bei schwacher Hitze zugedeckt quellen lassen, bis ein fester Brei entstanden ist. Den Topf von der Kochstelle ziehen, die Eigelbe und den Käse unterrühren.

Ein halbes Backblech mit Butter ausstreichen. Den Grießbrei etwa 1 cm dick darauf streichen und etwa 15 Minuten abkühlen lassen.

In der Zwischenzeit den Backofen auf 250° vorheizen.

Die Grießmasse mit einem scharfen Messer in Quadrate schneiden. Oder aus der Masse Taler ausstechen. Ein zweites Backblech mit Alufolie auslegen und die Grießschnitten darauf verteilen. Die restliche Butter in Flöckchen schneiden. Die Schnitten damit belegen und im Ofen (Mitte) in etwa 10 Minuten goldgelb backen.

Variante:

Unter die noch warme Grießmasse 2–3 Eßlöffel frisch gehackte Kräuter mischen. Statt Emmentaler einen würzigen Bergkäse oder einen Tilsiter verwenden.

Hirse mit Gemüse

Ideal für Kinder

Zutaten für 4 Personen
700 g gemischtes Gemüse (z.B. Möhren, Staudensellerie und Wirsing)
1 l kräftige Gemüsebrühe
300 g Hirse
1 Teelöffel getrockneter Majoran
400 g reife, aromatische Tomaten
1 Eßlöffel Butter
2 Eßlöffel Petersilie, frisch gehackt
Salz
weißer Pfeffer, frisch gemahlen
eventuell etwas frisch geriebener Greyerzer oder Gouda

Zubereitungszeit: 40 Minuten

Gemüse putzen und waschen. Die Möhren klein würfeln, den Sellerie in feine Scheiben, den Wirsing in Streifen schneiden.

Die Gemüsebrühe in einem Topf zum Kochen bringen. Die Hirse in einem Sieb heiß abspülen.

Die Hirse, das Gemüse und den Majoran in die Brühe geben und zugedeckt bei schwacher Hitze 10–12 Minuten köcheln* lassen.

In der Zwischenzeit die Tomaten waschen, abtrocknen und klein würfeln, dabei die Stielansätze herausschneiden.

Die Tomatenwürfel unter die Hirse mischen, alles zusammen noch 3–4 Minuten zugedeckt ziehen lassen.

Die Butter und die Petersilie unterheben. Die Hirse mit etwas Salz und Pfeffer abschmecken. Nach Belieben mit geriebenem Käse bestreuen.

Davor schmeckt ein gemischter Blattsalat, angemacht mit einer sahnigen Salatsauce (Rezepte Seite 119 und 120).

Roggengrütze mit Sonnenblumenkernen

Macht wenig Arbeit

Zutaten für 4 Personen
250 g Roggen, sehr grob geschrotet
1 Lorbeerblatt
1 Teelöffel Thymianblättchen
1 Eßlöffel gekörnte Gemüsebrühe
5–6 Eßlöffel Sonnenblumenkerne
30 g Butterflöckchen
2 Eßlöffel Petersilie, frisch gehackt

Zubereitungszeit: 30 Minuten

Den Roggen in einem Topf mit 1/2 l Wasser, dem Lorbeerblatt, dem Thymian und der gekörnten Brühe aufkochen und zunächst 10–20 Minuten bei schwacher Hitze zugedeckt köcheln lassen, dabei gelegentlich umrühren, da geschrotetes Getreide leicht anhängt. Eventuell noch 2 Eßlöffel Wasser zugießen. Anschließend auf der ausgeschalteten Kochstelle noch 10–20 Minuten zugedeckt ausquellen lassen*.

Inzwischen die Sonnenblumenkerne in einer trockenen Pfanne bei mittlerer Hitze unter Rühren goldgelb rösten.

Die Grütze ohne Deckel etwas ausdampfen lassen. Die Butter mit einer Gabel locker unterheben. Zum Schluß die Sonnenblumenkerne und die Petersilie unter die Grütze ziehen.

Zu der Roggengrütze schmeckt im Sommer Eisbergsalat mit Radieschen (Seite 124) oder Lollo-rosso-Salat (Seite 126). Im Winter paßt gut dazu Wirsinggemüse (Seite 178) oder Weißkohl mit Senf (Seite 180).

Fisch & Meeresfrüchte

Fischgerichte liegen voll im Trend der modernen leichten Küche. Verwöhnen Sie sich und Ihre Lieben regelmäßig damit. Und keine Sorge: Fisch macht nicht viel Arbeit und ist schnell gar.

Fische und Meeresfrüchte sind besonders empfehlenswert, weil ihr Fleisch wertvolles Eiweiß liefert und leicht verdaulich ist. Es enthält erfreulich wenig Fett, dafür jede Menge wichtiger Inhaltsstoffe. Gönnen Sie sich mindestens ein- bis zweimal in der Woche eine Portion Fisch.

Fisch sollten Sie möglichst mittags essen. Und vornweg immer eine große Portion Salat oder Rohkost.

Zweimal pro Woche Fisch essen

Fisch erfreut sich steigender Beliebtheit, denn immer mehr Menschen wissen, daß er alle Anforderungen an eine moderne Ernährung erfüllt: Er ist leicht verdaulich, kalorienarm und gesund. Die Ernährungsexperten loben Fisch als "natürliche Medizin" und wertvolles Lebensmittel, um schlank, fit und vital zu sein. Sie empfehlen darum, wöchentlich zweimal, oder auch beliebig öfter, Fisch zu essen.

Frische ist alles

Ein beeindruckendes Angebot von fangfrischen Seefischen, Krusten- und Schaltieren gelangt innerhalb von maximal 48 Stunden nach dem Fang zu uns in die Geschäfte. Ergänzt wird diese Vielfalt durch tiefgekühlte Fische und Meeresfrüchte. Auf den Fangschiffen teilt man große Fische wie Kabeljau, Seelachs, Rotbarsch und Heilbutt gleich an Bord in küchenfertige Filets oder Koteletts. Die reiche Auswahl an Süßwasserfischen wird hauptsächlich in speziell angelegten Teichen oder Fließgewässern gezüchtet. Sicherheit beim Fischeinkauf gibt Ihnen der Frischetest: Bei ganzen Fischen sind glänzende Haut mit fest anliegenden Schuppen sowie leuchtendrote Kiemen und klare, etwas hervorstehende Augen die sicheren Zeichen für Frische. Der Schwanz und die Flossen dürfen keine angetrockneten Ränder haben. Das Fischfleisch muß fest sein und auf Fingerdruck elastisch nachgeben. Bei Stücken oder Filets müssen die Anschnitte glatt und weiß aussehen, sie dürfen auf keinen Fall rissig und gelblich sein. Und: Frische Fische und Meeresfrüchte riechen niemals intensiv, sondern immer frisch und appetitlich nach Meer.

Fisch im Sommer?

Die alte Regel, daß in den Monaten ohne "r" kein Fisch gegessen werden soll, begründete sich auf die damals fehlenden Kühlmöglichkeiten. Heute hat diese Regel seine Gültigkeit restlos verloren. Das Angebot von Mai bis August ist ebenso reichhaltig und gut wie in den kälteren Monaten.

Frischen Fisch nach dem Einkauf möglichst bald zubereiten

Tips für den Einkauf

Wenn Sie es wünschen, bereitet der Händler den Fisch für Sie küchenfertig zu: entfernt Flossen, Schwanz und eventuell den Kopf, nimmt den Fisch aus, schuppt oder häutet ihn und löst die Filets ab. Wer Probleme mit den Gräten hat, ist mit fast grätenlosen Fischen wie Heilbutt, Wolfsbarsch und Seeteufel sowie mit frischem oder auch mit tiefgekühltem Fischfilet ganz sicher bestens bedient.

Behutsame Vorbereitung

Neben der Frische und einer schonenden Zubereitung ist auch die behutsame Vorbereitung eine wichtige Voraussetzung, damit jedes Fischgericht zum Genuß wird. Frischer Fisch sollte möglichst am Einkaufstag, spätestens jedoch am nächsten Tag zubereitet werden. Bis dahin gehört er in den Kühlschrank. Wollen Sie ihn länger aufbewahren, frieren Sie ihn am besten unmittelbar nach dem Einkauf ein. Tiefgekühlten ganzen Fisch aus der Verpackung nehmen und nur lose abgedeckt im Kühlschrank auftauen lassen. Fischstücke oder -filets brauchen nur angetaut zu werden, so daß sie sich schneiden lassen oder die einzelnen Filets gut voneinander gelöst werden können. Ganze Fische werden vor der Zubereitung unter fließendem Wasser innen und außen gründlich gewaschen, dabei alle Häute und dunklen Teile aus der Bauchhöhle entfernen. Fischfilets werden nur ganz kurz unter kaltem Wasser abgespült. Bei Fischfilets eventuell noch vorhandene Gräten mit einer Pinzette entfernen.

Schonende Zubereitungsmethoden

Egal, auf welche Weise Fisch oder Meeresfrüchte zubereitet werden, grundsätzlich gilt, daß sie nur kurze Zeit zum Garwerden brauchen. Behutsam behandelt, brillieren sie mit zartsaftigem Fleisch und feinem unnachahmlichen Geschmack.

- Braten. Es gilt als eine der beliebtesten Zubereitungsarten und bietet sich vor allem für Fischfilets, -koteletts, kleine Fische und Riesengarnelen an.

- Grillen. Dafür eignen sich fettreichere und robustere Sorten. Zarte Fische sollten dabei unbedingt mit Öl oder einer ölhaltigen Marinade bestrichen werden. Damit das Fleisch schön saftig bleibt, stets einen Mindestabstand von 20 cm zur Hitzequelle einhalten und eher etwas kürzer als zu lange auf dem Rost lassen.

- Dünsten. Diese Methode ist besonders sanft und nährwertschonend für alle Fische, besonders aber für Edelfische zu empfehlen. Beim Dünsten werden nur wenig Fett und etwas Flüssigkeit verwendet. Der Fisch bleibt durch und durch saftig und aromatisch. Der würzige Fond, der dabei entsteht, ist die ideale Grundlage für feine Saucen.

- Garen in der Folie. Hierfür kann man Alufolie, Pergamentpapier oder spezielle Bratfolien verwenden. Der Fisch wird mit Gewürzen, etwas Flüssigkeit und eventuell mit etwas Gemüse verpackt und im eigenen Saft im Backofen sanft gegart. Fett und Salz können bei dieser Methode wunderbar gespart werden.

Die Garprobe

Fisch ist gar, wenn sein Fleisch nicht mehr glasig, sondern weiß ist. Beim dünneren Fischfilet können Sie es sofort erkennen. Bei größeren Stücken oder ganzen Fischen sieht man es am besten, wenn Sie sie an der dicksten Stelle einschneiden und nachsehen. Ist der Fisch gar, lösen sich auch die Flossen und die Gräten ganz leicht vom Fleisch.

Garnelen schälen

Rohe Garnelen werden meist tiefgekühlt und wieder aufgetaut angeboten. Am würzigsten schmecken sie in ihrem Panzer zubereitet. Für geschälte Garnelen zuerst den Kopf mit einer leichten Drehung aus der Schale ziehen. Zum Auslösen vom Fleisch gibt es drei Möglichkeiten: Die Schalen an der weicheren Bauchseite mit einer Schere aufschneiden und das Fleisch herauslösen. Oder die einzelnen Schalenringe bis auf den Schwanzfächer mit den Fingern ablösen. Bei der dritten Methode entfernen Sie die beiden vordersten großen Schalenringe und ziehen das Garnelenfleisch vorsichtig heraus.

So entfernen Sie den Darm: Mit einem spitzen Messer den Rücken vorsichtig längs einschneiden, den dunklen dünnen Darm mit der Messerspitze anheben, dann herausziehen.

Steinbuttfilets in Sauerampfersahne

Exklusiv

Zutaten für 4 Personen
750 g Steinbuttfilet
weißer Pfeffer, frisch gemahlen
Salz
50 g Sauerampfer (ersatzweise 2 Bund Rucola)
2 Schalotten
2 Eßlöffel Butter
125 ml Fischfond (selbsgemacht oder aus dem Glas) oder Gemüsebrühe
125 ml trockener Weißwein
200 g Sahne

Zubereitungszeit: 30 Minuten

Die Filets kurz waschen, trockentupfen, pfeffern und salzen.

Den Sauerampfer waschen, die Stiele abknipsen. Die Blättchen in schmale Streifen schneiden.

Die Schalotten schälen und fein hacken. Die Butter in einem breiten Topf erhitzen, die Schalotten darin anbraten. Drei Viertel der Sauerampferstreifen dazugeben und etwa 3 Minuten mitdünsten.

Mit dem Fischfond oder der Gemüsebrühe und dem Weißwein ablöschen. Den Sud unter Rühren einmal kräftig aufkochen lassen, dann die Hitze reduzieren.

Die Steinbuttfilets in den heißen, aber nicht mehr kochenden Sud legen und darin etwa 1 Minute ziehen lassen*. Herausnehmen und zugedeckt warm stellen.

Die Sahne in den Sud rühren und kräftig einkochen lassen*, bis die Sauce leicht cremig wird. Mit Salz und Pfeffer abschmecken.

Die Steinbuttfilets mit der Sauerampfersahne übergießen und mit den restlichen Sauerampferstreifen dekorativ bestreuen.

Seezunge mit Safransauce

Raffiniert

Zutaten für 4 Personen
2 küchenfertige Seezungen (je etwa 400 g)
Saft von 1/2 Zitrone
Salz
weißer Pfeffer, frisch gemahlen
1 kleine Zwiebel
1 Salatgurke
2 Eßlöffel Butter
1 Döschen Safran
125 ml Fischfond (selbstgemacht oder aus dem Glas)
2 Eßlöffel Crème fraîche
1 Handvoll Kerbel

Zubereitungszeit: 40 Minuten

Die Seezungen kurz waschen und trockentupfen. Mit etwa drei Viertel des Zitronensafts beträufeln, salzen und pfeffern.

Die Zwiebel schälen und fein hacken. Die Gurke schälen, längs halbieren und die Kerne herausschaben. Das Gurkenfleisch in 1 cm große Würfel schneiden.

In einem breiten Topf die Butter erhitzen. Die Zwiebel und die Gurke darin andünsten. Den Safran zugeben und unter Rühren anschwitzen. Mit dem Fischfond ablöschen. Die Crème fraîche zufügen, alles gut verrühren, salzen und pfeffern.

Die Sauce aufkochen lassen. Die Seezungen hineinlegen. Den Topf sofort vom Herd nehmen und den Fisch darin zugedeckt in 5–6 Minuten gar ziehen lassen*. Herausnehmen und auf vorgewärmten Tellern anrichten.

Inzwischen den Kerbel abbrausen, trockenschütteln und die Blättchen abzupfen. Die Sauce mit Salz, Pfeffer und dem restlichen Zitronensaft abschmecken und den Kerbel darüber streuen. Zur Seezunge servieren.

Im Bild vorne: Seezunge in Safransauce
Im Bild hinten: Steinbuttfilets in Sauerampfersauce

Kabeljau in Buttersauce

Gelingt leicht

Zutaten für 4 Personen
etwas Butter für die Form
4 Kabeljausteaks (je etwa 200 g)
2 Eßlöffel Zitronensaft
Salz
weißer Pfeffer, frisch gemahlen
2 mittelgroße Zwiebeln
50 g Butter
1 Bund Petersilie
3 Eßlöffel eiskalte Butter

Zubereitungszeit: 45 Minuten

Eine flache feuerfeste Form mit Butter ausstreichen. Den Fisch kurz kalt abspülen und trockentupfen. Nebeneinander in die Form legen, mit 1 Eßlöffel Zitronensaft beträufeln, salzen, pfeffern und zugedeckt kalt stellen.

Den Backofen auf 180° vorheizen. Die Zwiebeln schälen, fein hacken und in 1 Eßlöffel Butter weich dünsten, ohne sie zu bräunen. Die Zwiebeln auf dem Fisch verteilen. Die restliche Butter in Flöckchen obenauf setzen.

Die Form mit einem passenden Deckel oder mit Alufolie gut verschließen. Fisch etwa 20 Minuten im Ofen (Mitte) garen.

Die Petersilie waschen, trockenschütteln und fein hacken.

Den Fisch aus der Form nehmen und warm stellen. Den Sud in einen kleinen Topf gießen. Die eiskalte Butter in kleinen Flöckchen bei schwacher Hitze kräftig mit dem Schneebesen einrühren, bis die Sauce cremig ist.

Buttersauce mit Salz, Pfeffer und dem restlichen Zitronensaft abschmecken. Die Petersilie untermischen. Den Fisch auf vier vorgewärmten Tellern anrichten und mit der Sauce übergießen.

Zum Kabeljau schmecken gut Kräutertomaten (Seite 175).

Lachs mit Gurkengemüse

Für Gäste

Zutaten für 4 Personen
4 Lachssteaks (je etwa 200 g)
1 Eßlöffel Zitronensaft
Salz
weißer Pfeffer, frisch gemahlen
1 Salat- oder Gärtnergurke
1 Eßlöffel Butter
125 ml trockener Weißwein
(ersatzweise Gemüsebrühe)
150 g Crème fraîche
1 Bund Petersilie
etwas Butter für die Form

Zubereitungszeit: 50 Minuten

Die Lachssteaks nur kurz kalt abspülen, trockentupfen, auf beiden Seiten mit Zitronensaft beträufeln, salzen, pfeffern und zugedeckt kalt stellen.

Die Gurke schälen, der Länge nach halbieren, entkernen. Die Gurkenhälften in etwa 1/2 cm dicke Stücke schneiden. Den Backofen auf 180° vorheizen.

Die Butter in einer Pfanne erhitzen. Die Gurkenstückchen darin etwa 1 Minute anbraten. Den Weißwein angießen, aufkochen lassen. Die Crème fraîche unterrühren. Alles etwa 2 Minuten köcheln lassen. Die Gurke mit Salz und Pfeffer würzen.

Die Petersilie waschen, trockenschütteln, die Blättchen von den Stielen zupfen, fein hacken und unter das Gemüse mischen.

Eine feuerfeste Form mit Butter ausstreichen. Die Lachssteaks nebeneinander hineinlegen und das Gurkengemüse samt Sauce darauf verteilen. Die Form mit einem passenden Deckel oder mit Alufolie gut verschließen. Den Lachs im Ofen (Mitte) in etwa 20 Minuten garen.

Den Lachs auf vorgewärmten Tellern anrichten. Das Gurkengemüse drumherum verteilen.

Muscheln im Weinsud

Aus Griechenland

Zutaten für 4 Personen
2 kg Miesmuscheln
1 Zwiebel
2 unbehandelte Zitronen
250 ml trockener Weißwein
1 Eßlöffel Olivenöl, kaltgepreßt
1 Teelöffel Fenchelsamen
1 Lorbeerblatt
1 Teelöffel schwarze Pfefferkörner
Salz
2 Eier

Zubereitungszeit: 30 Minuten

Die Muscheln unter fließendem Wasser gründlich abbürsten, die Muschelbärte entfernen und bereits geöffnete Miesmuscheln wegwerfen.

Die Zwiebel schälen und grob hacken. Von 1/2 Zitrone die Schale abreiben, den Saft auspressen. In einem großen Topf Zwiebel, Weißwein, 1/8 l Wasser, Olivenöl, Zitronensaft und -schale, Gewürze und etwas Salz offen 5 Minuten kochen lassen.

Die Muscheln in den Sud geben und darin zugedeckt 7–10 Minuten bei starker Hitze kochen lassen, bis sich alle geöffnet haben. Muscheln herausheben. Ungeöffnete wegwerfen, die anderen auf vorgewärmte tiefe Teller verteilen und warm halten.

Den Muschelsud durch ein feines Sieb in einen Topf gießen.

Die übrigen Zitronen auspressen. Die Eier mit dem Saft verquirlen und kräftig unter den heißen Muschelsud schlagen. Erhitzen, aber nicht mehr kochen lassen, bis die Sauce gebunden ist. Heiß über die Miesmuscheln gießen.

Garnelen in Zitronensahne

Schnell

Zutaten für 4 Personen
1 kleine unbehandelte Zitrone
1 Bund Petersilie (groß)
2-3 Knoblauchzehen
300 ml Fischfond (aus dem Glas)
100 ml trockener Weißwein (ersatzweise Fischfond)
750 g rohe, geschälte Garnelen
100 g Sahne
Salz
weißer Pfeffer, frisch gemahlen

Zubereitungszeit: 20 Minuten

Den Backofen auf 50° vorheizen.

Die Zitrone heiß waschen und abtrocknen. Die Schale dünn abschälen und sehr fein hacken. Die Petersilie waschen und die Blättchen ebenfalls fein hacken. Den Knoblauch schälen und in sehr kleine Würfel schneiden.

Fischfond und Wein in einem weiten Topf zum Kochen bringen. Die Garnelen darin bei schwacher Hitze 2–3 Minuten offen ziehen lassen, bis sie sich rötlich färben. Garnelen mit einem Schaumlöffel aus dem Sud heben, in eine vorgewärmte Schüssel geben und zugedeckt im Backofen warm halten.

Die Sahne in den Sud gießen und bei starker Hitze cremig einkochen lassen*. Die Sauce mit Salz und Pfeffer abschmecken. Die Zitronenschale, die Petersilie und den Knoblauch einrühren. Die Garnelen in die Sauce geben.

Dazu schmeckt Gemüse, wie Spinat mit Pinienkernen (Seite 175), oder ein Salat, der zur Eiweiß-Mahlzeit paßt.

Knoblauch-garnelen

Für Gäste

Zutaten für 4 Personen
1 Bund Frühlingszwiebeln
5 Knoblauchzehen
2 rote Chilischoten
10 Eßlöffel Olivenöl, kaltgepreßt
8 gegarte, ungeschälte Scampi
300 g gegarte und geschälte Tiefseegarnelen
Salz
schwarzer Pfeffer, frisch gemahlen
1 unbehandelte Zitrone

Zubereitungszeit: 30 Minuten
Marinierzeit: 2 Stunden

Die Frühlingszwiebeln waschen, putzen und in 1/2–1 cm breite schräge Ringe schneiden. Den Knoblauch schälen und in feine Stifte schneiden. Die Chilischoten längs aufschlitzen, vom Stielansatz und den Kernen befreien, waschen, trockentupfen und fein hacken. (Danach sofort gründlich die Hände waschen!)

Das Olivenöl in einer Pfanne nur schwach erhitzen. Frühlingszwiebeln, Knoblauch und Chilischoten darin unter Rühren etwa 5 Minuten sanft dünsten*.

Die Scampi und die Garnelen kalt abspülen, trockentupfen und in die Pfanne geben. Alles mit Salz und Pfeffer würzen, kurz erwärmen und in eine Schüssel füllen.

Die Zitrone heiß waschen, trockentupfen und die Schale abreiben. Den Saft auspressen. Schale und Saft zu den Knoblauchgarnelen geben, zugedeckt etwa 2 Stunden marinieren*.

Nach Belieben Broccoli-Zucchini-Salat (Seite 124) dazu servieren.

Ingwer-schollen

Würzig

Zutaten für 4 Personen
500-600 g Schollenfilets, frisch oder tiefgekühlt
Salz
weißer Pfeffer, frisch gemahlen
2 Frühlingszwiebeln
1 rote Peperoni
1 Stück frischer Ingwer (etwa walnußgroß)
1 Knoblauchzehe
4 Eßlöffel neutrales Öl
4 Eßlöffel helle Sojasauce
4 Eßlöffel Reisessig, ersatzweise Obstessig

Zubereitungszeit: 30 Minuten
Marinierzeit: 2 Stunden

Frische oder aufgetaute Filets kalt abspülen, trockentupfen und in 16 oder 20 Stücke schneiden. Fischstücke von beiden Seiten mit Salz und Pfeffer würzen.

Die Frühlingszwiebeln waschen, putzen und in feine Ringe schneiden. Die Peperoni längs aufschlitzen, vom Stielansatz und den Kernen befreien, waschen, trockentupfen und in schmale Ringe schneiden. Den Ingwer und den Knoblauch schälen und in dünne Scheiben schneiden.

Das Öl in einer großen Pfanne schwach erhitzen. Weiße Teile der Frühlingszwiebeln, Peperoni, Ingwer und Knoblauch darin etwa 5 Minuten sanft dünsten.

Den Fisch portionsweise nebeneinander in die Pfanne geben, mit Sojasauce und Reisessig beträufeln. Offen bei schwacher Hitze etwa 4 Minuten garen, zwischendurch einmal wenden.

Die Schollen samt Sud in eine flache Schüssel umfüllen, mit den grünen Zwiebelringen bestreuen und zugedeckt etwa 2 Stunden marinieren*.

Im Bild vorne: Ingwerschollen
Im Bild hinten: Knoblauchgarnelen

Bücklinge mit Rührei

Schnell

Zutaten für 4 Personen
2 Bücklinge
2 Eßlöffel Zitronensaft
2 Eßlöffel Butter
8 Eier
Salz
schwarzer Pfeffer, frisch gemahlen
1 Bund Schnittlauch

Zubereitungszeit: 20 Minuten

Von den Bücklingen Kopf und Haut entfernen. Die Fische sorgfältig entgräten und in kleine Stücke zerteilen. Mit Zitronensaft beträufeln.

Die Butter in einer Pfanne erhitzen und die Fischstückchen darin kurz erwärmen. Die Eier mit 1 Eßlöffel Wasser verquirlen, mit Salz und Pfeffer würzen und über die Bücklinge gießen. Leicht durchrühren und schütteln, bis die Eier zu stocken beginnen.

Den Schnittlauch abspülen, in kleine Röllchen schneiden und über die Bücklinge streuen.

Dazu passen Tomaten, die mit Basilikum-Dressing (Seite 120) angemacht sind.

Eingelegte Bratheringe

Klassiker

Zutaten für 4 Personen
8 kleinere grüne Heringe (küchenfertig vorbereitet)
Salz
weißer Pfeffer, frisch gemahlen
4 Eßlöffel Zitronensaft
3 Zwiebeln
1/2 l Weißweinessig
2 Eßlöffel Zucker
1 Eßlöffel weiße Pfefferkörner
2 Eßlöffel Senfkörner
1 Teelöffel Pimentkörner
2 Lorbeerblätter
5 Eßlöffel Mehl
neutrales Öl oder Butterschmalz zum Braten

Zubereitungszeit: 50 Minuten
Marinierzeit: 3 Tage

Die Heringe abspülen und mit Küchenpapier trockentupfen. Innen und außen mit Salz und Pfeffer würzen, mit dem Zitronensaft beträufeln und zugedeckt etwa 1 Stunde ziehen lassen.

Die Zwiebeln schälen, in Ringe schneiden. In einem Topf 1/2 l Wasser, Zwiebeln, Essig, 1 1/2 Teelöffel Salz, Zucker, Gewürzkörner und Lorbeerblätter aufkochen und etwa 5 Minuten kräftig kochen lassen. Den Sud pikant-säuerlich abschmecken und etwas abkühlen lassen.

Die Heringe im Mehl wenden, überschüssiges Mehl gut abschütteln. Jeweils etwas Fett in einer großen Pfanne erhitzen und die Heringe darin portionsweise von jeder Seite in etwa 6 Minuten goldbraun braten.

Die gebratenen Heringe in eine längliche Schüssel legen, mit dem warmen Sud begießen. Die Heringe zugedeckt kühl stellen und 2–3 Tage marinieren*.

Dazu passen gemischte grüne Blattsalate mit allen grün- oder rot gekennzeichneten Saucen.

Variante:

Braten Sie die Heringe wie im Rezept beschrieben, aber ohne sie anschließend einzulegen. Stattdessen servieren Sie Paprika-Sahne (Seite 102) oder Petersilienmousse (Seite 103) dazu.

Matjes »Hausfrauenart«

Gut vorzubereiten

Zutaten für 4 Personen
8 Matjesfilets
3 Äpfel
3 Zwiebeln
6 kleine Gewürzgurken (aus dem Glas)
400 g saure Sahne
125 ml Milch
4 Eßlöffel Gewürzgurken-Sud (aus dem Glas)
3 Eßlöffel Weißweinessig
2 Prisen Zucker
schwarzer Pfeffer, frisch gemahlen
10 Pfefferkörner
5 Pimentkörner
5 Wacholderbeeren
2 Lorbeerblätter
2 Gewürznelken
etwas Dill oder Schnittlauch zum Garnieren

Zubereitungszeit: 45 Minuten
Marinierzeit: 3 Tage

Die Matjesfilets kalt abspülen, gut trockentupfen und in etwa 3 cm große Stücke schneiden. Die Äpfel schälen und achteln, dabei die Kerngehäuse entfernen. Achtel quer in feine Scheiben schneiden. Zwiebeln schälen und in feine Ringe, die Gurken in dünne Scheiben schneiden.

In einer Schüssel Sahne und Milch mischen. Mit Gurken-Sud, Essig, Zucker und Pfeffer pikant abschmecken. Pfeffer- und Pimentkörner, Wacholderbeeren, Lorbeerblätter und Nelken dazugeben. Matjesfilets, Äpfel und Zwiebeln behutsam unterheben.

Die Matjes zugedeckt kühl stellen und 2–3 Tage durchziehen lassen. Zum Servieren mit Dill oder Schnittlauch garnieren.

Makrelen in der Folie

Preiswert

Zutaten für 4 Personen
2 Bund glatte Petersilie
1 rote Paprikaschote
6 Knoblauchzehen
4 Eßlöffel weiche Butter
Salz
schwarzer Pfeffer, frisch gemahlen
4 küchenfertige Makrelen (je etwa 350 g)
Saft von 1 Zitrone

Zubereitungszeit: 45 Minuten

Die Petersilie waschen, trockenschütteln und die Blättchen fein hacken. Die Paprikaschote waschen, halbieren, Kerngehäuse und die dicken Rippen entfernen. Die Paprikahälften in möglichst kleine Würfel schneiden.

Paprika mit der Petersilie in eine kleine Schüssel geben. Den Knoblauch schälen und durch die Presse dazudrücken. Die Butter hinzufügen, alles mischen und mit Salz und Pfeffer würzen.

Den Backofen auf 180° vorheizen.

Die Makrelen unter fließendem kalten Wasser gründlich ausspülen und trockentupfen. Die Fische innen und außen mit dem Zitronensaft beträufeln, salzen, pfeffern und die Paprikamischung in die Fischbäuche verteilen.

Die Makrelen einzeln in Alufolie packen, nebeneinander auf ein Backblech legen und im Ofen (Mitte) etwa 25 Minuten garen.

Die Fische auspacken und den Kräutersaft, der sich gebildet hat, aufbewahren. Die Makrelen häuten und sorgfältig entgräten. Mit dem Kräutersaft und der Füllung auf Teller verteilen.

Fischteller mit Kräutersauce

Exklusiv

Zutaten für 4 Personen
500 g Blattspinat
2 Knoblauchzehen
2 Eßlöffel Traubenkernöl
400 g Seelachs- oder Kabeljaukoteletts
Saft von 1/2 Zitrone
Salz
weißer Pfeffer, frisch gemahlen
200 g Lotte-Filet (Seeteufel)
4 große, rohe Riesengarnelen, etwa 300 g
7 Eßlöffel Butter
2 Bund Dill
1 Bund Schnittlauch
4 Schalotten oder 1 Zwiebel
250 ml Weißwein
250 ml Gemüsebrühe
1 Teelöffel scharfe Paprikapaste (ersatzweise Tomatenmark und Cayennepfeffer)
Muskatnuß, frisch gerieben

Zubereitungszeit: 45 Minuten

Den Spinat waschen, die Stiele abknipsen und die Blätter abtropfen lassen. Die Knoblauchzehen schälen, sehr fein würfeln. In einem Topf 1 Eßlöffel Öl erhitzen, den Knoblauch darin unter Rühren hellgelb andünsten, den Spinat tropfnaß dazugeben, etwa 3 Minuten dünsten. In einem Sieb abtropfen lassen und im Backofen bei 70° warmhalten.

Die Seelachskoteletts kurz waschen, gut trockentupfen, mit Zitronensaft beträufeln, salzen, pfeffern und beiseite stellen.

Die Lotte zu Medaillons schneiden: Das Filet in Scheiben schneiden, dabei beim ersten Schnitt nicht völlig durchtrennen, erst beim zweiten Schnitt eine Scheibe abschneiden. Die nicht ganz durchgeschnittenen Scheiben wie ein Schmetterlingssteak aufklappen und mit der flachen Seite der Messerklinge leicht klopfen. Die Scheiben auf beiden Seiten pfeffern und salzen.

Die Riesengarnelen mit einem scharfen Messer längs durch den Panzer aufschneiden, die Hälften aufklappen und den dünnen, dunklen Darm entfernen. Leicht salzen und pfeffern.

In einer Pfanne 2 Eßlöffel Butter und 1 Eßlöffel Öl erhitzen. Den Seelachs, die Lotte-Medaillons und die Riesengarnelen darin jeweils etwa 5 Minuten von jeder Seite braten. Aus der Pfanne nehmen und zugedeckt im Backofen warmhalten.

Den Dill und den Schnittlauch waschen, trockenschütteln und fein schneiden. Die Schalotten schälen, sehr fein würfeln.

Die Schalotten im Bratfett dünsten. Den Weißwein und die Brühe aufgießen und bei starker Hitze ohne Deckel zur Hälfte einkochen lassen*.

Die Paprikapaste und die restliche Butter in kleinen Stücken einquirlen oder unterschlagen, aufkochen lassen. Die Kräuter einrühren, die Sauce mit Salz und Pfeffer abschmecken.

Den Fisch und die Riesengarnelen auf vorgewärmten Tellern anrichten. Den Knoblauchspinat mit Salz und einer Prise Muskat würzen, jeweils eine Portion auf die Teller geben. Die Kräutersauce getrennt dazu servieren.

Für ein Festessen zu empfehlen: Fischteller mit Kräutersauce

Felchenfilets in Tomaten-Zucchini-Butter

Raffiniert

Zutaten für 4 Personen
8 Felchenfilets (je etwa 80 g)
1/2 Zitrone
Salz
weißer Pfeffer, frisch gemahlen
50 g Mehl
1 kleiner Zucchino
2 Fleischtomaten
4 Eßlöffel Butter

Zubereitungszeit: 30 Minuten

Die Fischfilets kalt abbrausen und trockentupfen. Die Zitrone auspressen. Die Fischfilets mit dem Zitronensaft beträufeln und mit Salz und Pfeffer würzen. In dem Mehl wenden.

Den Zucchino waschen, vom Stiel- und Blütenansatz befreien und in kleine Würfel schneiden. Die Tomaten mit kochendem Wasser überbrühen, häuten, halbieren, dabei von den Stielansätzen befreien. Die Kerne herausdrücken und die Tomatenhälften klein würfeln.

Die Hälfte der Butter in einer Pfanne zerlassen, die Fischfilets darin bei mittlerer Hitze von beiden Seiten etwa 2 Minuten goldbraun braten. Herausnehmen und zugedeckt warm stellen.

Die restliche Butter in einer zweiten Pfanne erhitzen, Tomaten- und Zucchiniwürfel darin bei mittlerer Hitze etwa 3 Minuten dünsten.

Die Fischfilets auf vorgewärmten Tellern anrichten, mit der Tomaten-Zucchini-Butter übergießen.

Forelle Müllerin

Klassiker

Zutaten für 4 Personen
4 küchenfertige Forellen
(je etwa 200-250 g)
4 Eßlöffel Zitronensaft
Salz
100 ml Milch
50 g Mehl
50 g Butter
2 Eßlöffel gehackte Petersilie

Zubereitungszeit: 25 Minuten

Die Forellen innen und außen unter fließendem Wasser gründlich waschen und trockentupfen. Mit der Hälfte des Zitronensaftes beträufeln, innen und außen mit Salz einreiben.

Die Forellen nacheinander zuerst in der Milch wenden, dann im Mehl wälzen und das überschüssige Mehl sanft abschütteln.

Die Butter in einer großen Pfanne erhitzen, die Forellen nebeneinander hineinlegen und bei schwacher bis mittlerer Hitze in etwa 12 Minuten knusprig braun braten. Dabei nach etwa 6 Minuten wenden.

Die Forellen auf vorgewärmten Tellern anrichten. Den restlichen Zitronensaft und die Petersilie zur Butter in die Pfanne geben, einmal kurz aufschäumen lassen und über die Forellen löffeln.

Dazu Rohkost mit Radieschenvinaigrette (Seite 122) oder einen großen gemischten Salat mit Sahne-Salatsauce (Seite 119) servieren.

Varianten:

Die Forellen vor dem Braten mit Rosmarin und Knoblauch füllen, mit durchwachsenen Speckstreifen umwickeln. Oder: 4 Eßlöffel Mandelblättchen in Butter goldbraun rösten und zum Schluß auf die Forellen streuen.

Zander im Kräutersud

Für Gäste

Zutaten für 4 Personen
1 küchenfertiger Zander (von etwa 1,2 kg)
Salz
weißer Pfeffer, frisch gemahlen
1 Bund Frühlingszwiebeln
2 Möhren
1 Zweig Thymian (ersatzweise 1 Teelöffel getrockneter Thymian)
1 Zweig Rosmarin (ersatzweise 1 Teelöffel getrockneter Rosmarin)
1 Bund glatte Petersilie
1 Lorbeerblatt
250 ml trockener Weißwein
250 ml Gemüsebrühe
1 Teelöffel Pfefferkörner
150 g eiskalte Butter
1 Eßlöffel Zitronensaft

Zubereitungszeit: 1 Stunde

Den Zander abspülen, trockentupfen, innen und außen salzen und pfeffern.

Die Frühlingszwiebeln putzen, waschen und in Ringe schneiden. Die Hälfte davon in den Bauch des Fisches legen.

Die Möhren schälen, waschen und in etwa 1/2 cm dicke Scheiben schneiden. Den Thymian, den Rosmarin und die Petersilie abbrausen und mit den restlichen Frühlingszwiebeln, den Möhren und dem Lorbeerblatt in einen hohen Topf geben. Mit dem Weißwein und der Brühe aufgießen, 1 Teelöffel Salz und die Pfefferkörner hinzufügen. Alles aufkochen und den Sud etwa 10 Minuten köcheln* lassen.

Den Backofen auf 180° vorheizen. Den Zander in einen Bräter legen und mit dem heißen Sud übergießen. Bräter mit einem Deckel verschließen und den Fisch im Backofen (Mitte) in 20–30 Minuten gar ziehen lassen*. Wenn sich die Kiemen leicht herausziehen lassen, ist der Zander fertig.

Fisch aus dem Sud heben und warm stellen. Den Sud durch ein Sieb gießen und im offenen Topf um etwa ein Drittel einkochen lassen. Die Butter in Würfel schneiden und kräftig unterschlagen*, bis die Sauce cremig wird, nicht mehr kochen lassen. Mit Salz, Pfeffer und dem Zitronensaft abschmecken.

Den Zander häuten und die Filets von den Gräten heben. Mit der Buttersauce auf vorgewärmten Tellern anrichten.

Lachsforelle im Salzmantel

Kalorienarm

Zutaten für 4 Personen
2 kg Meersalz (ungereinigt)
1 Teelöffel Rosmarin (gehäuft)
1 Teelöffel Thymian (gehäuft)
1 Teelöffel Oregano (gehäuft)
4 Knoblauchzehen
1 küchenfertige Lachsforelle (etwa 1,2 kg)
weißer Pfeffer, frisch gemahlen

Zubereitungszeit: 1 Stunde

Den Backofen auf 250° vorheizen. Salz mit Rosmarin, Thymian und Oregano mischen. Den Knoblauch schälen und dazupressen.

Den Fisch innen mit etwas Kräutersalz und Pfeffer würzen. Die Hälfte des übrigen Kräutersalzes in einem großen Bräter verteilen. Forelle darauf legen und mit dem übrigen Salz bedecken.

Den Fisch im Backofen (Mitte) etwa 25 Minuten garen. Im ausgeschalteten Ofen noch etwa 10 Minuten nachziehen lassen*.

Die Salzkruste vorsichtig aufbrechen und die Lachsforelle auf eine Platte legen. Den Kopf, den Schwanz und die Haut entfernen. Die Filets behutsam von den Gräten heben und sofort servieren.

Rotbarschfilet aus dem Ofen

Würzig

Zutaten für 4 Personen
800 g Rotbarschfilet
2 unbehandelte Zitronen
etwas Fett für die Form
4 kleine Zucchini
5 Kardamomkapseln (nur die schwarzen Kerne)
2 Teelöffel Korianderkörner
2 Teelöffel Pimentkörner
2 Teelöffel schwarze Pfefferkörner
2 getrocknete rote Chilischoten
1 1/2 Teelöffel grobes Meersalz
1/4 Teelöffel Muskatblüte (Macis)
1 Stück frischer Ingwer (etwa 60 g)
1 Bund Dill (ersatzweise glatte Petersilie)
600 g Fleischtomaten
4 Frühlingszwiebeln
3 Knoblauchzehen
200 ml trockener Weißwein
400 ml Fischfond (aus dem Glas)
2 Eßlöffel Butter

Zubereitungszeit: 45 Minuten

Die Fischfilets unter kaltem Wasser kurz abspülen und trockentupfen. 1/2 Zitrone auspressen, die Fischfilets mit dem Saft beträufeln. Eine große, flache Auflaufform ausfetten.

Die Zucchini waschen und die Enden abschneiden. Zucchini auf dem Gemüsehobel in hauchdünne Scheiben schneiden. Den Boden der Auflaufform damit auslegen. Das Fischfilet darauf legen, zugedeckt kalt stellen.

Für die Gewürzmischung Kardamomkerne, Koriander, Piment, Pfeffer, Chillies und Salz im Mörser nicht zu fein zerstampfen oder mit der breiten Seite eines großen Messers zerdrücken. Muskatblüte untermischen. Den Fisch mit dieser Mischung rundherum würzen.

Den Ingwer schälen und in hauchdünne Scheiben schneiden. Den Dill waschen, trockenschütteln und fein zerschneiden. Beides über den Fisch verteilen.

Den Backofen auf 200° vorheizen. Die Tomaten mit kochendem Wasser überbrühen, kalt abschrecken, häuten, halbieren und entkernen, dabei die Stielansätze entfernen. Die Tomatenhälften in Scheiben schneiden.

Die Frühlingszwiebeln waschen, putzen und schräg in dünne Scheiben schneiden. Den Knoblauch schälen und fein hacken. 1 Zitrone heiß abwaschen und abtrocknen. Etwa 1 Eßlöffel von der Schale mit dem Zestenreißer abraspeln. Den Saft der Zitronen auspressen. Frühlingszwiebeln, Knoblauch und Zitronenschale über den Fisch streuen. Mit den Tomatenscheiben belegen und mit der restlichen Gewürzmischung bestreuen. Den Wein, den Fischfond und den Zitronensaft vom Rand her in die Form gießen. Die Butter in Flöckchen auf das Fischfilet legen.

Die Filets im Backofen (Mitte) etwa 20 Minuten garen. Zum Servieren gleich in der Form auf den Tisch stellen oder auf vorgewärmten Tellern anrichten.

Varianten:

Eine besondere Note bekommt das Gericht, wenn Sie dafür Filet vom Schwertfisch verwenden, der ein festes, grätenfreies und würziges Fleisch besitzt.
Oder Sie nehmen Portionsfische wie Forellen, Makrelen oder Sardinen.

Rotbarschfilet aus dem Ofen überrascht den Gaumen durch sein apart-exotisches Aroma

Rotbarsch-gratin mit Mozzarella

Braucht etwas Zeit

Zutaten für 4 Personen
750 g Rotbarschfilet
1 Eßlöffel Zitronensaft
Salz
weißer Pfeffer, frisch gemahlen
1 Bund glatte Petersilie
1 Bund Dill
1 Teelöffel frischer Thymian (oder 1/2 Teelöffel getrockneter)
5 Knoblauchzehen
3 Eßlöffel Olivenöl
600 g Fleischtomaten
150 g Mozzarella

Zubereitungszeit: 1 1/4 Stunden

Das Rotbarschfilet unter fließendem kaltem Wasser abspülen und trockentupfen. In größere Stücke teilen, mit dem Zitronensaft beträufeln, rundherum leicht salzen und pfeffern.

Die Petersilie und den Dill waschen, von den Stengeln zupfen und fein hacken. Mit dem Thymian vermischen. Den Knoblauch schälen und durch die Presse dazudrücken. 2 Eßlöffel Olivenöl untermischen.

Die Fischstücke zugedeckt in der Marinade im Kühlschrank etwa 20 Minuten ziehen lassen. Dabei einmal wenden.

Den Backofen auf 200° vorheizen. Die Tomaten häuten*, vom Stielansatz befreien, in Scheiben schneiden. Den Käse in möglichst dünne Scheiben schneiden.

Eine feuerfeste Form mit dem restlichen Olivenöl auspinseln. Fischstücke, Tomaten und den Mozzarella abwechselnd dachziegelartig hineinlegen. Die Marinade darüber gießen, salzen, pfeffern und die Form mit Alufolie verschließen. Im Backofen (Mitte) etwa 20 Minuten garen. Die Folie abnehmen und das Gratin in weiteren 10 Minuten bräunen lassen.

Kabeljau in Tomatensahne

Gelingt leicht

Zutaten für 4 Personen
etwas Butter für die Form
800 g Kabeljaufilet
2 Eßlöffel Zitronensaft
Salz
500 g Tomaten
1 Bund Basilikum
200 g Sahne
weißer Pfeffer, frisch gemahlen

Zubereitungszeit: 30 Minuten

Den Backofen auf 200° vorheizen. Eine flache feuerfeste Form mit etwas Butter ausstreichen.

Die Kabeljaufilets kalt abspülen, trockentupfen und mit dem Zitronensaft beträufeln. Die Filets salzen und nebeneinander in die Form legen.

Die Tomaten waschen, abtrocknen und in sehr kleine Würfel schneiden, dabei die Stielansätze entfernen. Das Basilikum, nur wenn nötig, waschen und die Blättchen abzupfen. Die Tomaten und das Basilikum mit der Sahne mischen und mit Salz und Pfeffer abschmecken.

Die Tomatensahne gleichmäßig über den Kabeljau gießen. Den Fisch offen im Ofen (Mitte) in etwa 15 Minuten garen.

Dazu paßt Fenchelfrittata mit Ricotta (Seite 179) oder Mangold mit Crème fraîche (Seite 187).

Goldbrasse auf Fenchel

Aus Italien

Zutaten für 4 Personen
1 kg möglichst kleine Fenchelknollen
1 Eßlöffel Butter für die Form
2 Knoblauchzehen
125 ml trockener Weißwein
Salz
Pfeffer, frisch gemahlen
1 Goldbrasse (etwa 1,2 kg)
Saft von 1 Limone oder Zitrone
Butterflöckchen zum Bestreuen

Zubereitungszeit: 1 Stunde

Den Fenchel putzen, waschen und halbieren, große Knollen vierteln. Dann in dünne Scheiben schneiden. Das Fenchelgrün beiseite legen.

Eine feuerfeste Form mit Butter ausfetten. 1 Knoblauchzehe schälen, halbieren und die Form damit ausreiben.

Die Fenchelscheiben in einem breiten Topf mit dem Wein aufkochen und etwa 5 Minuten vorgaren. Dann alles in die Form geben und salzen und pfeffern.

Den Backofen auf 200° vorheizen. Die Goldbrasse abspülen. Die übrige Knoblauchzehe durch die Presse drücken und mit dem Limonensaft vermischen.

Die Goldbrasse innen und außen salzen, pfeffern und mit dem Saft beträufeln. Auf den Fenchel setzen, mit Butterflöckchen belegen.

Den Fisch im Backofen (unten) etwa 30 Minuten garen, dabei ab und zu mit dem Sud beträufeln.

Das Fenchelgrün fein hacken und vor dem Servieren über den Fisch und das Gemüse streuen.

Seelachs auf Spinat

Raffiniert

Zutaten für 4 Personen
1 kg Blattspinat
1 große Zwiebel
4 Knoblauchzehen
2 Eßlöffel Butter
4 Eßlöffel Mascarpone
Salz
schwarzer Pfeffer, frisch gemahlen
etwas Fett für die Form
Muskatnuß, frisch gerieben
4 Seelachs-Koteletts (je etwa 180–200 g)
1/2 Bund glatte Petersilie
1 unbehandelte Zitrone

Zubereitungszeit: 1 Stunde

Den Spinat verlesen, dabei die Stiele abknipsen. Die Blätter gründlich waschen und in einem Sieb gut abtropfen lassen.

Die Zwiebel und den Knoblauch schälen, die Zwiebel fein hacken. In einem großen Topf die Butter erhitzen. Die Zwiebel darin weich dünsten und 2 Knoblauchzehen dazupressen.

Den Spinat dazugeben. Zugedeckt in etwa 5 Minuten zusammenfallen lassen. Den Mascarpone darunterrühren. Spinat mit Salz, Pfeffer und Muskatnuß abschmecken. Den Backofen auf 220° vorheizen.

Den Seelachs waschen, trockentupfen, salzen und pfeffern. Den restlichen Knoblauch durchpressen und auf den Fisch streichen.

Eine feuerfeste Form einfetten und den Spinat einfüllen. Den Seelachs obenauf legen.

Die Petersilie waschen, trockenschütteln und die Blättchen abzupfen. Die Zitrone heiß abwaschen und in dünne Scheiben schneiden. Zuerst die Petersilie, dann die Zitronenscheiben auf den Fisch legen. Die Form mit Alufolie verschließen und den Seelachs im Backofen (Mitte) in etwa 20 Minuten garen.

Fleisch, Geflügel & Wild

Kurzgebratenes aus der Pfanne, Köstliches aus Topf und Bräter. Fleisch ist nach wie vor beliebt, ob vom Rind, Kalb, Schwein oder Lamm. Geflügel mag man wegen seiner Leichtigkeit und Wild gibt es meist zu ganz besonderen Anlässen.

Wird Fleisch nicht als tägliches „Muß" auf dem Teller betrachtet, leistet es einen wichtigen Beitrag zur Ernährung. Es enthält hochwertiges Eiweiß, lebenswichtige Vitamine und Mineralstoffe. Von guter Qualität und in Maßen gegessen, ist Fleisch ein Genuß.

Fleisch sollten Sie möglichst mittags essen. Und vornweg immer eine große Portion Salat- oder Rohkost.

Die Qualität muß stimmen

Fleisch kaufen ist Vertrauenssache, denn selten sieht man es ihm an, woher es kommt. Wenn Sie sicher gehen wollen, fragen Sie Ihren Metzger danach. Die Qualität hängt aber auch vom Alter, der Fütterung, der Haltung und vom Geschlecht des Tieres ab. Ebenso beeinflussen der Streß, den die Tiere vor dem Schlachten empfunden haben, und das Abhängen – der Reifeprozeß des Fleisches danach – die Qualität ganz wesentlich.

Welches Stück ist wofür geeignet?

Nicht jedes Stück Fleisch ist für jede Zubereitungsart gleich gut geeignet. Zum Kurzbraten wie für Schnitzel und Steaks nimmt man am besten bindegewebsarmes Fleisch wie Filet und Roastbeef vom Rind, Nuß, Oberschale und Filet vom Kalb, Hüfte, Nuß oder Filet vom Schwein oder Lammfilet. Für große Braten eignen sich beispielsweise Schulterspitz vom Rind, Kalbshals, Schulter und Unterschale vom Schwein, Lammkeule und Lammschulter. Für einen großen Schmorbraten bieten sich Nacken, Nuß und dickes Bugstück vom Rind, Nuß und Hals vom Kalb, Ober- und Unterschale vom Schwein, Lammkeule und -schulter an.

Fleisch von guter Qualität verliert beim Schmoren nicht an Gewicht

Rouladen oder Geschnetzeltes werden meist aus Fehlrippe und Oberschale vom Rind, Unterschale vom Kalb und Unterschale und Nacken vom Schwein zubereitet. Zum Garziehen sind Teilstücke wie Tafelspitz, Hohe Rippe vom Rind, Kalbsbrust, Schweinenuß, Lammschulter und Lammbauch gut geeignet.

Garziehen ist ein sanftes Garen knapp unter dem Siedepunkt

Wie Steaks perfekt gebraten werden

- Achten Sie darauf, daß das Fleisch marmoriert ist, nur dann bleibt es saftig. Erkundigen Sie sich auch nach der Reifezeit; ideal sind 3 Wochen, dann ist Steak-Fleisch schön mürbe.
- Die Steaks eine halbe Stunde vor dem Zubereiten aus dem Kühlschrank nehmen, tiefgekühlte Steaks rechtzeitig auftauen lassen und trockentupfen.
- Hat das Fleisch einen Fettrand, diesen einschneiden, damit sich das Steak beim Braten nicht wölbt. Das Fleisch nicht klopfen und auch nicht salzen, weil Salz dem Fleisch Wasser entzieht, wodurch es zäh würde.
- Ideal fürs Braten von Steaks sind Pfannen, die hohe Temperaturen vertragen, Hitze speichern und optimal wieder weitergeben, wie schwere Pfannen aus Gußeisen oder Edelstahlpfannen mit Thermic-Boden.
- Öl (keine Butter oder Margarine) in der Pfanne sehr heiß werden lassen. Steaks hineinlegen und von beiden Seiten anbraten, so daß sie eine dünne Kruste bekommen. Danach die Temperatur reduzieren und die Steaks fertigbraten. Je nach Dicke und gewünschter Garstufe (blau, englisch, rosa, durch) dauert das zum Beispiel bei einem Filetsteak von etwa 150 g und einer Höhe von etwa 4 cm zwischen 1,5 und 8 Minuten pro Seite.

Zum Braten keine Butter verwenden, sie verträgt die Hitze nicht

- Die Steaks anschließend in Alufolie noch einige Minuten ruhen lassen, dabei mehrmals wenden, damit sich der Fleischsaft schön verteilt. Erst jetzt salzen, pfeffern und servieren.

Leicht & lecker: Geflügel

Für Figurbewußte ist das magere Geflügel - ob wild oder zahm - Favorit, weil sein Fleisch wenig Fett und gleichzeitig einen hohen Anteil an Vitaminen und Mineralstoffen enthält. Zudem ist es relativ preiswert, hat einen zarten Geschmack und läßt sich mit allen denkbaren Gewürzen, Kräutern und Aromen auf raffinierte Weise zubereiten. Tiefgekühltes Geflügel finden Sie das ganze Jahr über im Handel. Frisches, artgerecht aufgezogenes Hausgeflügel hat auch seine Saison, in der es am besten schmeckt.

- Brathähnchen in erster Linie im Frühjahr und Frühsommer.
- Poularden im Herbst und im Winter.
- Suppenhühner im Spätherbst.
- Enten vom Spätsommer bis ins zeitige Frühjahr.
- Gänse von Oktober bis Januar.

Tips für tiefgekühltes Geflügel

Bei tiefgekühltem Geflügel, egal, ob im Ganzen oder in Stücken, geht es zunächst einmal um die sachgerechte Behandlung. Ist es nicht für den sofortigen Verzehr gedacht, darf die Kühlkette nicht unterbrochen werden. Am besten eine Kühl- oder Isoliertasche zum Einkaufen mitnehmen und zu Hause das Geflügel gleich in den Tiefkühler legen. Ist das Fleisch für den Abend oder den nächsten Tag eingeplant, die Verpackung entfernen und das Geflügel in eine Schüssel mit Siebeinsatz legen, damit die Auftauflüssigkeit ablaufen kann. Über Nacht im Kühlschrank auftauen lassen. Am nächsten Tag die Auftauflüssigkeit weggießen und alles, was mit dem Geflügel in Berührung gekommen ist, heiß mit Spülmittel abwaschen. So schützen Sie sich am besten vor Salmonellen, die im Auftauwasser schon mal vorkommen können. Aufgetautes Geflügel sofort zubereiten. Es darf nicht noch einmal roh eingefroren werden.

Reh, Hirsch & Co.

Frisches Wild gibt es entweder ganzjährig aus Gehegehaltung oder zu bestimmten Zeiten aus freier Wildbahn, da Schonzeiten eingehalten werden müssen. Wildfleisch ist feinfaseriger und aromatischer als das von Schlachttieren. Im Fachhandel gibt es überwiegend frisches Fleisch. Solches von Reh, Hirsch und Wildschwein sollte eine dunkelrote Farbe und helles Fett haben. Wild nur kurz und stets kühl lagern, im Kühlschrank hält es sich maximal zwei Tage. Der Lebensmittelhandel hält heute ganzjährig eine große Palette von tiefgekühltem Wild parat, das schon portioniert und küchenfertig vorbereitet ist. Wie beispielsweise Hirschbraten, Hirschgulasch, Rehkeule, Wildschweinbraten, Hasenkeulen und Hasenrücken. Tiefgekühltes Wild schonend im Kühlschrank über Nacht auftauen lassen (siehe Geflügel). Da man nicht erkennen kann, ob Wildfleisch mit Keimen belastet ist, niemals roh verzehren, sondern immer durchbraten. Am einfachsten kontrollieren Sie das mit einem Fleischthermometer: Wenn die Kerntemperatur 80° anzeigt, sind alle eventuell vorhandenen Keime mit Sicherheit abgetötet. Diese Temperatur ist auch erreicht, wenn beim Einstechen ins Fleisch an der dicksten Stelle der austretende Saft nicht mehr rosa, sondern klar ist.

Hähnchen-geschnetzeltes mit Gemüse

Gelingt leicht

Zutaten für 4 Personen
Salz
250 g Zuckerschoten
100 g frische Sojabohnensprossen
250 g Kirschtomaten
1 Stück frischer Ingwer (etwa walnußgroß)
2 Knoblauchzehen
400 g Hähnchenbrustfilet
4 Eßlöffel Sonnenblumenöl
2 Eßlöffel trockener Sherry (ersatzweise Hühnerbrühe)
2 Eßlöffel Sojasauce
125 ml Hühnerbrühe (Fertigprodukt oder selbstgemacht)
1 Eßlöffel Zitronensaft
weißer Pfeffer, frisch gemahlen
3 Eßlöffel Sesamsamen

Zubereitungszeit: 30 Minuten

In einem Topf reichlich Salzwasser zum Kochen bringen. Inzwischen die Zuckerschoten waschen und von den Enden befreien, dabei eventuell auch die Fäden abziehen. Die Schoten im kochenden Wasser etwa 2 Minuten blanchieren*, in ein Sieb abgießen, eiskalt abschrecken* und gut abtropfen lassen.

Die Sojabohnensprossen waschen und abtropfen lassen. Die Kirschtomaten waschen und halbieren. Den Ingwer und den Knoblauch schälen und sehr fein hacken. Das Hähnchenfleisch kurz kalt waschen, trockentupfen und in feine Streifen schneiden.

In einer großen Pfanne 2 Eßlöffel Öl erhitzen. Das Hähnchenfleisch darin bei starker Hitze unter Rühren etwa 3 Minuten braten, bis es gleichmäßig hell gebräunt ist. Fleisch herausnehmen und in einem Sieb mit einer Schüssel darunter beiseite stellen.

Das übrige Öl in die Pfanne geben. Den Ingwer und den Knoblauch darin anbraten. Das Gemüse hinzufügen und bei mittlerer Hitze unter Rühren etwa 2 Minuten dünsten. Das Fleisch daruntermischen und mit dem Sherry, der Sojasauce und der Brühe ablöschen. Das Geschnetzelte mit dem Zitronensaft, Salz und Pfeffer abschmecken und zugedeckt weitere 2 Minuten zugedeckt garen, bis das Gemüse bißfest* ist.

Inzwischen die Sesamsamen in einer geschlossenen trockenen Pfanne bei mittlerer Hitze unter gelegentlichem Rütteln 1-2 Minuten goldgelb rösten.

Das Geschnetzelte auf vorgewärmten Tellern anrichten, die Sesamsamen darüber streuen.

Hähnchenbrust mit Mandeln

Schnell

Zutaten für 4 Personen
4 Hähnchebrustfilets von je etwa 150 g, ohne Haut
1 Ei
1 Teelöffel abgeriebene Schale einer unbehandelten Zitrone
2 Eßlöffel Sahne
Salz
weißer Pfeffer, frisch gemahlen
75 g Mandelblättchen
50 g Butterschmalz

Zubereitungszeit: 20 Minuten

Das Fleisch trockentupfen. Das Ei mit Zitronenschale, Sahne, Salz und Pfeffer verquirlen.

Die Filets zuerst in dieser Mischung, dann in den Mandeln wenden und im heißen Butterschmalz bei mittlerer Hitze von jeder Seite 3–5 Minuten braten*.

Dazu passen Erbsen mit Minze (Seite 172) oder Paprika-Möhren-Gemüse (Seite 178).

Im Bild:
Hähnchengeschnetzeltes mit Gemüse, das Sie auch im Wok zubereiten können

Hähnchen-schenkel mit Frischkäse

Braucht etwas Zeit

Zutaten für 4 Personen
4 große frische Hähnchenschenkel (à 200 g)
100 g Ziegenfrischkäse oder Doppelrahmfrischkäse
1 Bund Basilikum
Salz
schwarzer Pfeffer, frisch gemahlen
2 Zwiebeln
4 Knoblauchzehen
4 Eßlöffel Olivenöl
1 Teelöffel getrockneter Rosmarin
150 ml Hühnerbrühe

Zubereitungszeit: 1 1/4 Stunden

Die Hähnchenschenkel waschen und mit Küchenpapier gut trocknen, auf die Arbeitsfläche legen, und mit einem scharfen Messer im Gelenk durchschneiden.

Die Knochen auslösen. Dafür an den Enden der Unterschenkel die Haut und die Sehnen durchtrennen. Bei Ober- und Unterschenkeln mit dem Messer das Fleisch auf beiden Seiten von den Knorpeln lösen, danach lassen sich die Knochen durch kräftiges Ziehen leicht herauslösen, das Fleisch der Schenkelstücke sollte dabei nicht verletzt werden.

Den Frischkäse mit einer Gabel zerdrücken. Das Basilikum waschen, trockenschütteln und fein hacken, unter den Käse rühren, mit Salz und Pfeffer pikant abschmecken.

Die Unterschenkelstücke mit der Käsemasse füllen, die Oberschenkelstücke wie Rouladen bestreichen, aufrollen und mit Zahnstochern zusammenhalten. Das Fleisch rundherum salzen und pfeffern.

Die Zwiebeln und die Knoblauchzehen schälen und grob hacken. Das Olivenöl in einer großen Deckelpfanne erhitzen, die Hähnchenstücke darin anbraten, beim Wenden Zwiebel, Knoblauch und Rosmarin zugeben.

Wenn alles gut gebräunt ist, die Hühnerbrühe aufgießen und das Gericht zugedeckt bei schwacher Hitze etwa 30 Minuten schmoren lassen. Danach abschmecken.

Huhn in Weißwein

Raffiniert

Zutaten für 4 Personen
1 frisches Brathuhn (etwa 1,2 kg)
2 Knoblauchzehen
4 Eßlöffel Olivenöl
3 Lorbeerblätter
Saft von 1 Zitrone
250 ml trockener Weißwein
4 Eßlöffel milder, aromatischer Weißweinessig
Salz
weißer Pfeffer, frisch gemahlen
1 Zitrone
1/2 Bund krause Petersilie

Zubereitungszeit: 1 Stunde
Kühlzeit: 1 Stunde

Das Huhn in 8 Portionsstücke teilen, diese gründlich waschen, dabei alle Knochensplitter sorgfältig entfernen. Die einzelnen Teile mit Küchenpapier gut trockentupfen. Die Knoblauchzehen schälen.

In einer großen Pfanne das Öl erhitzen, die Fleischstücke nebeneinander hineinlegen, die Knoblauchzehen und die Lorbeerblätter dazugeben. Das Huhn bei mittlerer Hitze offen so lange braten*, bis es rundherum eine goldgelbe Farbe angenommen hat. Dabei die Geflügelteile mehrmals wenden.

Zitronensaft, Weißwein und Essig angießen. Mit Salz und Pfeffer würzen. Zugedeckt bei schwacher Hitze etwa 20–25 Minuten (die Brustteile nach etwa 5 Minuten herausnehmen) garen. Falls nötig, etwas Wein dazugießen. Die Sauce bis auf 4–5 Eßlöffel verdampfen lassen.

Die Hühnerteile auf eine Servierplatte legen, mit der Sauce (ohne Knoblauch und Lorbeerblätter) bestreichen und mit einer Folie bedeckt abkühlen lassen. Die Zitrone in Scheiben schneiden. Die Petersilie waschen und trockenschwenken. Das Huhn mit Zitronenscheiben und Petersilie garniert servieren.

Gefüllte Putenschnitzel

Macht wenig Arbeit

Zutaten für 4 Personen
1 Bund Petersilie
4 Knoblauchzehen
1 Eßlöffel Olivenöl
150 g Mozzarella
Salz
weißer Pfeffer, frisch gemahlen
4 Putenschnitzel von je etwa 130 g
2 Eßlöffel Butterschmalz
Holzstäbchen zum Zustecken

Zubereitungszeit: 35 Minuten

Die Petersilie waschen, hacken und in eine kleine Schüssel geben. Den Knoblauch schälen und durch die Presse dazudrücken. Das Olivenöl zugießen und alles mischen.

Den Mozzarella abtropfen lassen, in 8 Scheiben schneiden und von beiden Seiten salzen und pfeffern. Auf 4 Scheiben die Kräutermischung streichen und die restlichen 4 Scheiben darauf legen.

Die Putenschnitzel trockentupfen, salzen und pfeffern. Die Mozzarella-Päckchen darauf legen, das Fleisch darüberklappen und mit Zahnstochern zustecken.

Das Butterschmalz in einer Pfanne heiß werden lassen und die Schnitzel auf jeder Seite etwa 5 Minuten anbraten, dann bei mittlerer Hitze in etwa 8 Minuten fertiggaren.

Gut dazu paßt Fenchel auf italienische Art (Seite 176).

Putenschnitzel mit Mangosauce

Für Ungeübte

Zutaten für 4 Personen
1 mittelgroße, reife Mango
4 Putenschnitzel von je 125 g
Salz
weißer Pfeffer, frisch gemahlen
2 Eßlöffel Öl
1 Teelöffel abgeriebene Schale einer unbehandelten Zitrone
1/2 Teelöffel feingeriebener Ingwer (ersatzweise Ingwerpulver)
200 ml kräftige Fleischbrühe
2 Eßlöffel gehackter Koriander (ersatzweise Petersilie)

Zubereitungszeit: 25 Minuten

Die Mango schälen, das Fleisch in Spalten vom Kern schneiden und würfeln. Die Schnitzel rundherum salzen und pfeffern.

Die Schnitzel in heißem Öl von beiden Seiten kurz anbraten. Mangowürfel, Gewürze und Brühe hinzufügen. Aufkochen und zugedeckt bei mittlerer Hitze 3–4 Minuten schmoren* lassen.

Die Schnitzel herausnehmen und zugedeckt warm stellen. Die Sauce etwas einkochen lassen, den Koriander unterheben, mit Salz und Pfeffer abschmecken. Mangosauce über die Schnitzel verteilen und sofort servieren.

Kalbsplätzchen mit Schinken und Salbei

Berühmtes Gericht

Zutaten für 4 Personen
8 dünne Kalbsschnitzel (von je 60 g)
Salz
weißer Pfeffer, frisch gemahlen
4 Scheiben roher Schinken (z.B. Parmaschinken)
8 große Salbeiblätter
2 Teelöffel neutrales Öl
200 ml Weißwein oder Marsala (ersatzweise Fleischbrühe)
1 Eßlöffel eisgekühlte Butter
8 Zahnstocher aus Holz

Zubereitungszeit: 30 Minuten

Die Kalbsschnitzel mit dem Handballen leicht klopfen, mit Salz und Pfeffer würzen.

Die Schinkenscheiben quer halbieren. Je ein Stück Schinken und ein Salbeiblatt mit den Zahnstochern auf den Schnitzeln feststecken.

Eine Pfanne mit dem Öl auspinseln und erhitzen. Die Schnitzel bei mittlerer Hitze von beiden Seiten etwa 1 Minute braten, herausnehmen und warm stellen.

Den Bratfond mit dem Wein ablöschen und etwas einkochen lassen. Die Butter unterschlagen, bis die Sauce sämig wird, mit Salz und Pfeffer würzen. Die Kalbsplätzchen auf Tellern anrichten und die Sauce darüber verteilen, sofort servieren.

Kalbshaxe mit Gemüse

Aus Italien

Zutaten für 4 Personen
4 Kalbshaxenscheiben (von je etwa 200 g)
2 Teelöffel Paprika, edelsüß
1 Teelöffel Salz
schwarzer Pfeffer, frisch gemahlen
2 Zwiebeln
2–3 Knoblauchzehen
4 Möhren
16 schwarze Oliven
4-6 Sardellen nach Belieben
1 Strauß Selleriekraut, wenn möglich mit Wurzel
1 Eßlöffel Olivenöl, kaltgepreßt
2 Zweige Rosmarin
2 Lorbeerblätter
250 ml Weißwein (ersatzweise Wasser)
1 Dose geschälte Tomaten (800 g Inhalt)

Zubereitungszeit: 2 Stunden

Die Haut der Kalbshaxenscheiben mit einer Schere abwechselnd oben und unten einschneiden, damit sie sich nicht verziehen. Das Fleisch mit Paprika, Salz und reichlich Pfeffer würzen. Zwiebeln und Knoblauch schälen und fein hacken. Die Möhren waschen und schälen, in kleine Würfel schneiden, die Oliven entsteinen und in Scheiben schneiden, die Sardellen mit kaltem Wasser waschen und in Stücke schneiden, das Selleriekraut mittelfein, die Wurzel in feine Scheiben schneiden.

Das Öl in einem schweren, gut schließenden Bräter heiß werden lassen. Die Haxen darin beidseitig anbraten, danach herausnehmen und beiseite stellen.

Die Zwiebeln, den Knoblauch, die Karotten, die Oliven, das Selleriekraut und die Selleriewurzel im Bräter andünsten, Rosmarin und Lorbeerblätter dazugeben, den Wein angießen und alles bei schwacher Hitze 2–3 Minuten köcheln* lassen.

Die geschälten Tomaten zufügen, mit Salz und Pfeffer würzen, 50 ml Wasser angießen und aufkochen lassen. Die Kalbshaxen in den Bräter legen und zugedeckt bei schwacher Hitze etwa 1 1/4 Stunden schmoren* lassen.

Im Bild vorne: Kalbsplätzchen mit Schinken und Salbei
Im Bild hinten: Kalbshaxe mit Gemüse

Rinderlende mit Paprika

Gelingt leicht

Zutaten für 4 Personen
4 Rinderlendensteaks von je etwa 180 g
schwarzer Pfeffer, frisch gemahlen
3 mittelgroße Paprikaschoten (rot, grün und gelb)
1 große Zwiebel
2 Knoblauchzehen
3 Eßlöffel Öl
1 Eßlöffel Paprikapulver, edelsüß
1/2 Teelöffel Kümmel, gemahlen
2 Eßlöffel Tomatenmark
250 ml trockener Rotwein

Zubereitungszeit: 40 Minuten

Das Fleisch zunächst in fingerdicke Scheiben, diese dann längs in ebenso dicke Streifen schneiden. Mit Pfeffer würzen und zugedeckt beiseite stellen.

Die Paprikaschoten waschen, längs vierteln, Kerngehäuse und Stielansatz entfernen. Die Viertel in schmale Streifen schneiden. Zwiebel und Knoblauch schälen und fein hacken.

In einer großen Pfanne 4 Eßlöffel Öl erhitzen. Die Fleischstreifen darin portionsweise anbraten; herausnehmen und beiseite stellen. Mit dem Paprikapulver und dem Kümmel bestreuen.

Das restliche Öl erhitzen. Die Paprikastreifen darin etwa 5 Minuten braten, herausnehmen und warm stellen. Im verbliebenen Bratfett die Zwiebel und den Knoblauch andünsten. Das Tomatenmark unterrühren und mit dem Rotwein ablöschen. Die Sauce etwas einkochen lassen.

Die Fleisch- und Paprikastreifen in die Sauce geben und zugedeckt bei schwacher Hitze nochmal kurz heiß werden lassen.

Rindersteaks mit Tomaten und Kräuterbutter

Für Gäste

Zutaten für 4 Personen
3 Knoblauchzehen
2 Schalotten
1/2 Bund Petersilie
100 g weiche Butter
4 kleine, reife Tomaten
2 Eßlöffel Öl
2 Eßlöffel Butterschmalz
4 Filetsteaks vom Rind von je 150 g (oder Lendenschnitten)
Salz
schwarzer Pfeffer, grob geschrotet
4 große schwarze Oliven
4 Sardellenfilets (Anchovis)

Zubereitungszeit: 35 Minuten

Den Knoblauch schälen. Die Schalotten schälen und fein reiben. Die Petersilie waschen und sehr fein hacken. Die Butter zerdrücken und leicht cremig schlagen. Den Knoblauch dazudrücken, die Petersilie und die Schalotten untermischen. Die Kräuterbutter zu einer Rolle formen, in Folie wickeln und in den Kühlschrank legen.

Die Tomaten überbrühen, kalt abschrecken, häuten* und halbieren. Die Kerne herausdrücken und das Fruchtfleisch fein würfeln. Im heißen Öl zu einer homogenen Masse schmoren.

Die Steaks im heißen Butterschmalz je nach Geschmack mehr oder weniger durchbraten. Salzen, pfeffern und auf vorgewärmten Tellern anrichten.

In die Mitte jedes Steaks je 1 Eßlöffel Tomatenmus geben und 1 Olive darauf setzen. Die Sardellen ringsherum legen. Die Kräuterbutter in 16 Scheiben schneiden. Je 2 Scheiben Kräuterbutter links und rechts vom Tomatenmus anrichten. Die Filetsteaks sehr heiß servieren.

Kalbsschnitzel im Sesammantel

Zum Mitnehmen

Zutaten für 4 Personen
4 Kalbsschnitzel von je etwa 120 g
2 Eier
2 Prisen Paprikapulver, edelsüß
weißer Pfeffer, frisch gemahlen
Salz
1 Eßlöffel Öl
50 g Sesamsamen
1 Zitrone
1/2 Bund Petersilie

Zubereitungszeit: 30 Minuten
Marinierzeit: 1 Stunde

Die Schnitzel leicht flach klopfen. Die Eier verquirlen und mit Paprika, Pfeffer und Salz würzen.

Das Kalbfleisch in die Eimasse legen, wenden und nach Belieben zugedeckt eine Stunde im Kühlschrank ziehen lassen.

Eine Pfanne mit dem Öl auspinseln. Die Sesamsamen leicht salzen, die Kalbsschnitzel darin wenden. Anschließend in der mäßig heißen Pfanne langsam goldgelb braten, nach 3–4 Minuten wenden.

Die Schnitzel mit Zitronenachtel und Petersilie garniert servieren.

Medaillons mit Orangensauce

Kalorienarm

Zutaten für 6 Personen
Für das Fleisch:
8 Kalbsmedaillons von je 60 g
weißer Pfeffer, frisch gemahlen
1/2 Teelöffel Koriander, gemahlen
2 Eßlöffel Öl
2 Eßlöffel Butter
Salz
Für die Orangensauce:
1 unbehandelte Orange
1 Eßlöffel Butter
1 Teelöffel Zucker
200 ml frisch gepreßter Orangensaft
1 Stück Ingwer (haselnußgroß)
Für die Garnitur:
1 kleine Navel-Orange
1/2 rosa Grapefruit
2 Eßlöffel grobgehackte Pistazienkerne
2 Zweige frischer Estragon
Küchengarn

Zubereitungszeit: 1 1/2 Stunden

Die Kalbsmedaillons mit Küchenpapier trockentupfen und mit einem scharfen Messer von eventuell noch vorhandenen Häutchen befreien. Mit dem Handballen leicht klopfen. Jedes Medaillon mit Küchengarn umbinden, damit es beim Braten seine Form behält. Die Medaillons rundherum mit Pfeffer und Koriander einreiben.

Öl und Butter in einer großen Pfanne erhitzen, die Medaillons von jeder Seite bei mittlerer Hitze 3 Minuten braten. Leicht salzen, in Alufolie wickeln und beiseite stellen.

Für die Orangensauce die Orange heiß waschen und abtrocknen. Mit einem Zestenreißer oder einem dünnen scharfen Messer die Schale in hauchdünnen Streifen abziehen. Die Butter in einem Töpfchen bei schwacher Hitze schmelzen lassen, den Zucker einstreuen und unter Rühren leicht karamelisieren* lassen. Nach und nach den Orangensaft einrühren und die Schale einstreuen. Alles unter öfterem Rühren sämig einkochen lassen. Den Ingwer schälen und fein reiben. Unter die Sauce mischen, abkühlen lassen.

Für die Garnitur die Orange und die Grapefruit sorgfältig schälen, dabei die weiße Haut vollständig entfernen. Mit einem kleinen scharfen Messer die Zitrusfrüchte filetieren*.

Auf vorgewärmten Tellern je zwei Medaillons (ohne Garn) und die Fruchtfilets dekorativ anrichten. Mit Pistazien bestreuen und mit Estragon garnieren. Die Orangensauce in ein Schälchen füllen, getrennt dazu servieren.

Marinierte Lammkotelletts

Gut vorzubereiten

Zutaten für 4 Personen
1 Knoblauchzehe
1 kleine Zwiebel
2 Zweige frischer Rosmarin
2 Zweige frischer Thymian
100 ml trockener Rotwein; ersatzweise Gemüsebrühe
3 Eßlöffel Olivenöl, kaltgepreßt
schwarzer Pfeffer, frisch gemahlen
8 Lammkoteletts
Salz

Zubereitungszeit: 30 Minuten
Marinierzeit: 12 Stunden

Den Knoblauch und die Zwiebel schälen und sehr fein würfeln. Rosmarin und Thymian waschen und trockentupfen, dann Nadeln und Blättchen von den Stielen streifen und hacken.

In einer flachen Schüssel den Knoblauch, die Zwiebel, die Kräuter, den Wein oder die Brühe und das Olivenöl gründlich verrühren. Mit Pfeffer würzen.

Die Lammkoteletts waschen, trockentupfen, in der Marinade wenden und zugedeckt im Kühlschrank über Nacht marinieren*.

Den Gartengrill, einen Elektrogrill oder den Grill des Backofens gut vorheizen.

Die Koteletts aus der Marinade nehmen, abtropfen lassen und auf oder unter dem Grill von jeder Seite etwa 3–4 Minuten grillen*. Erst danach salzen.

Mit Löwenzahnsalat (Seite 123), Fenchelfrittata (Seite 179) oder gefüllten Auberginen (Seite 180) servieren.

Knoblauch-Lammkeule

Für Gäste

Zutaten für 6 Personen
1 kleine Lammkeule (etwa 1,4 kg)
2 Eßlöffel Olivenöl, kaltgepreßt
Salz
schwarzer Pfeffer, frisch gemahlen
1 große Zwiebel
10 große frische Knoblauchzehen
6 Zweige frischer Majoran
4 Lorbeerblätter
750 ml trockener Weißwein oder kräftige Gemüsebrühe
125 g grüne Oliven
125 g schwarze Oliven

Zubereitungszeit: 30 Minuten
Bratzeit: 1 1/2 Stunden

Den Backofen auf 200° vorheizen. Die Lammkeule waschen und trockentupfen. Mit Olivenöl, Salz und Pfeffer einreiben und in einen großen Bräter legen.

Die Zwiebel schälen und in Spalten schneiden, den Knoblauch schälen. Den Majoran waschen und trockenschütteln. Zusammen mit den Lorbeerblättern, der Zwiebel und den Knoblauchzehen zum Lamm in den Bräter geben.

Etwa 1/4 l Wein oder Brühe darüber gießen und die Lammkeule im Ofen (unten, Umluft) etwa 1 1/2 Stunden braten*. Dabei die Keule oft mit dem Bratenfond begießen, außerdem nach und nach den restlichen Wein oder die Brühe dazugießen.

Die Lammkeule aus dem Bräter heben und zugedeckt warm stellen. Die Lorbeerblätter und den Majoran entfernen. Die Oliven unter den Bratenfond rühren und diesen auf der Herdplatte noch einmal kurz aufkochen lassen. Die Sauce abschmecken und mit dem Lammfleisch servieren.

Im Bild vorne:
Marinierte Lammkoteletts
Im Bild hinten:
Knoblauch-Lammkeule

Gesottene Ochsenbrust

Braucht etwas Zeit

Zutaten für 4 Personen
1 kg Ochsenbrust (Rinderbrust)
250 g Knochen vom Rind
Salz
1 mittelgroße Zwiebel
einige Petersilienstengel
8 weiße Pfefferkörner
1 Lorbeerblatt
2 Möhren
1 Stange Lauch
100 g Knollensellerie
2 Eßlöffel Meerrettich, frisch gerieben (oder aus dem Glas)
1 Eßlöffel Petersilie, frisch gehackt
weißer Pfeffer, frisch gemahlen

Zubereitungszeit: 1 1/2 Stunden
Garzeit: 1 1/2 Stunden

Die Ochsenbrust und die Rindsknochen unter kaltem, fließenden Wasser gründlich waschen. Die Knochen in einen hohen Suppentopf legen und mit etwa 3 l kaltem Wasser aufgießen. Salzen und aufkochen lassen.

Die ungeschälte Zwiebel halbieren, mit den Schnittflächen auf eine heiße Herdplatte legen und bräunen. Mit der Ochsenbrust in die kochende Brühe geben. Die Petersilienstengel, die Pfefferkörner und das etwas zerdrückte Lorbeerblatt hinzufügen.

Alles bei schwacher Hitze zugedeckt etwa 1 1/2 Stunden leise köcheln* lassen.

Inzwischen die Möhren schälen, längs vierteln und quer halbieren. Den Lauch längs halbieren und die einzelnen Blätterschichten unter fließendem, kaltem Wasser säubern. Kurz abtropfen lassen und quer in 3–4 cm lange Stücke schneiden. Den Sellerie schälen, waschen und in dicke Stifte schneiden.

Das Gemüse zum Fleisch in die Suppe legen und noch etwa 30 Minuten mitköcheln lassen.

Den Meerrettich und die Petersilie mischen, leicht salzen und pfeffern. Mit ein wenig Fleischbrühe beträufeln und zugedeckt ziehen lassen.

Das Ochsenfleisch aus der Brühe nehmen und zugedeckt etwa 5 Minuten beiseite stellen. Anschließend in dünne Scheiben schneiden und in einer tiefen, vorgewärmten Fleischplatte fächerförmig anordnen. Das Gemüse darauf legen. Mit etwas durchgesiebter Brühe bedecken. Den Meerrettich dazu reichen.

Gut dazu schmeckt als Sauce auch Basilikumpesto (Seite 204).

Hacksteaks mit Mandeln

Zum Mitnehmen

Zutaten für 4 Personen
400 g Rinderhackfleisch
2 Messerspitzen Salz
2 Messerspitzen weißer Pfeffer, frisch gemahlen
200 g magerer gekochter Schinken ohne Fettrand
100 g abgezogene, gemahlene Mandeln
2 Eier
6–8 frische Salbeiblättchen
4 Eßlöffel Olivenöl
4 Eßlöffel frisch geriebener Parmesan

Zubereitungszeit: 40 Minuten

Das Hackfleisch mit Salz und Pfeffer in eine Schüssel geben.

Den Schinken in sehr kleine Würfel schneiden. Mit 80 g von den Mandeln und den Eiern zum Fleisch geben.

Die Salbeiblättchen abwaschen, trockentupfen, kleinschneiden und ebenfalls hinzufügen. Den Fleischteig mit Hilfe von zwei Gabeln gründlich vermischen.

Den Teig mit nassen Händen durchkneten, 8 gleich große Kugeln formen und diese etwas flach drücken, bis sie ungefähr 2 cm dick sind.

Die Hacksteaks mit 2 Eßlöffeln Olivenöl beidseitig bestreichen.

Den Parmesankäse und die übrigen Mandeln auf einem Teller mischen. Die Hacksteaks von beiden Seiten darin wenden.

Das restliche Öl in einer großen Pfanne bei mittlerer Hitze heiß werden lassen. Die Hacksteaks ins heiße Öl legen und die Temperatur etwas verringern. Wichtig: Die Hacksteaks während des Bratens nicht mit dem Pfannenwender drücken, da sie sonst zu fest werden.

Hacksteaks nach etwa 4 Minuten Bratzeit wenden und in weiteren 4 Minuten fertigbraten.

Dazu entweder Lollo-rosso-Salat (Seite 126) oder Tomatensalat mit Mozzarella und Oliven (Seite 128) reichen.

Tip!

Die Mandeln lassen sich gut gegen gemahlene Hasel- oder Walnüsse austauschen.

Koteletts aus der Folie

Raffiniert

Zutaten für 4 Personen
1 mittelgroße Zwiebel
6 Knoblauchzehen
1 Eßlöffel Butter
2 Fleischtomaten (etwa 250 g)
2 Bund glatte Petersilie
Salz
schwarzer Pfeffer, frisch gemahlen
2–3 Eßlöffel Öl
4 Schweinekoteletts

Zubereitungszeit: 1 Stunde

Die Zwiebel und den Knoblauch schälen und sehr fein hacken.

Die Butter in einer Pfanne erhitzen und die Zwiebel darin bei schwacher Hitze weich dünsten, aber nicht bräunen.

Inzwischen die Tomaten überbrühen, abschrecken, häuten* und halbieren. Stielansätze und Kerne entfernen, das Tomatenfruchtfleisch klein würfeln. Den Backofen auf 200° vorheizen.

Die Petersilie waschen und trockenschütteln. Die Blättchen von den Stielen zupfen und fein hacken. Mit der Knoblauch-Zwiebel-Mischung und den Tomaten in einer Schüssel vermengen, salzen und pfeffern.

In einer großen Pfanne das Öl erhitzen und die Koteletts von beiden Seiten kurz und kräftig anbraten, salzen und pfeffern.

4 Stück Alufolie mit der Glanzseite nach oben bereitlegen. Je 1 Kotelett darauf legen, mit der Tomatenmischung bedecken und die Folie über den Koteletts locker zu Päckchen verschließen. Die Nahtstellen der Folie gut zusammendrücken.

Die Päckchen auf ein Backblech setzen und im Backofen (Mitte) 20–25 Minuten garen.

Probieren Sie dazu Blumenkohl und Fenchel (Seite 172) oder Lauch mit Haselnüssen (Seite 176).

Chillie-Koteletts

Würzig

Zutaten für 4 Personen
1 kleine Zwiebel
1 grüne Chilischote
1 Eßlöffel Öl
1 Eßlöffel brauner Zucker
4 Eßlöffel Essig (z. B. Rotwein- oder Apfelessig)
125 ml Tomatensaft
3 Teelöffel Worcestersauce
4 Nackenkoteletts von je etwa 200 g
2 säuerliche Äpfel (z. B. Jonagold oder Boskop)
1 Alu-Grillpfanne

Marinierzeit: 6 Stunden
Zubereitungszeit: 50 Minuten

Die Zwiebel schälen und fein würfeln. Die Chilischote längs aufschlitzen, Stielansatz und Kerne entfernen, waschen und klein würfeln. Danach sofort die Hände gründlich waschen.

Für die Marinade das Öl in einer Pfanne erhitzen. Die Chili- und die Zwiebelwürfel darin anbraten. Den Zucker darüber streuen und kurz karamelisieren* lassen. Den Essig zugeben und etwas einkochen lassen. Den Tomatensaft einrühren. Marinade mit Worcestersauce abschmecken und etwas abkühlen lassen.

Die Nackenkoteletts in eine flache Schüssel legen, mit der Marinade übergießen und zugedeckt im Kühlschrank mindestens 6 Stunden marinieren*.

Die Koteletts aus der Marinade nehmen, trockentupfen und in eine Alu-Grillpfanne legen. Auf jeder Seite 12–15 Minuten grillen*. Zwischendurch mit der Marinade bepinseln.

Die Äpfel waschen, trockenreiben und das Kerngehäuse mit einem Apfelausstecher entfernen. Die Äpfel in Scheiben schneiden, etwa 3 Minuten mitgrillen, dabei ebenfalls mit der Marinade bestreichen.

Zitronen-kaninchen

Raffiniert

Zutaten für 4 Personen
2 unbehandelte Zitronen
1 kleiner Zweig frischer Lorbeer (ersatzweise 6 Lorbeerblätter)
2 Eßlöffel Öl
125 ml dunkles Bier (z. B. Altbier)
1 Eßlöffel Honig
4 küchenfertige Kaninchenkeulen, frisch oder tiefgekühlt
Öl für die Alu-Grillpfanne
1 Alu-Grillpfanne

Marinierzeit: 6 Stunden
Zubereitungszeit: 1 1/4 Stunden

Die Zitronen heiß waschen und abtrocknen. Die Schale abreiben und den Saft auspressen.

Den Lorbeer waschen, trockenschwenken und die Blätter von den Stielen zupfen, dabei große Blätter grob zerpflücken. Das Öl in einem kleinen Topf erhitzen, den Lorbeer darin anbraten. Die Zitronenschale, den -saft, das Bier und den Honig einrühren.

Die Kaninchenkeulen in eine tiefe Schüssel legen und mit der Marinade begießen. Zugedeckt mindestens 6 Stunden im Kühlschrank ruhen lassen.

Die Keulen aus der Marinade nehmen, trockentupfen und in die leicht geölte Alu-Grillpfanne legen, etwa 55 Minuten grillen, zwischendurch immer wieder wenden und mit der Marinade bestreichen.

Zum Kaninchen schmeckt Spinat mit Pinienkernen (Seite 175) oder Paprika-Möhren-Gemüse (Seite 178).

Im Bild vorne: Chillie-Koteletts
Im Bild hinten: Zitronenkaninchen

Pochierte Entenbrust

Exklusiv

Zutaten für 4 Personen
4 ausgelöste Wildentenbrüste von je etwa 100 g
schwarzer Pfeffer, frisch gemahlen
2 kleine Zucchini
8 Karotten
8 weiße Rübchen
4 Frühlingszwiebeln
Salz
100 g Prinzeßbohnen, tiefgekühlt
450 ml Geflügelfond (aus dem Glas)
5 cl trockener Sherry (Fino)
Worcestersauce

Zubereitungszeit: 30 Minuten

Die Entenbrüstchen mit einem Tuch säubern und mit Pfeffer einreiben. Die Zucchini waschen, putzen und in kleine Stücke schneiden. Die Karotten und die Rübchen putzen, schälen und würfeln. Von den Frühlingszwiebeln den Wurzelansatz und das welke Grün entfernen. Die Zwiebeln waschen und in etwa 4 cm lange Stücke schneiden.

Reichlich Salzwasser zum Kochen bringen. Bohnen, Zucchini und Zwiebeln darin 3 Minuten, das übrige Gemüse 6 Minuten blanchieren*. In Eiswasser abschrecken und abtropfen lassen. Geflügelfond aufkochen lassen, mit Sherry, Salz und Worcestersauce würzen. Die Brüstchen darin etwa 10 Minuten ziehen lassen*, herausnehmen und abgetropft in dünne Scheiben schneiden. Den Fond bei starker Hitze um die Hälfte einkochen*. Fleisch und Gemüse in tiefen Tellern anrichten und mit dem heißen Geflügelfond übergießen.

Entenbrustsalat

Für Gäste

Zutaten für 4 Personen
2 Entenbrustfilets von je etwa 175 g
Salz
schwarzer Pfeffer, frisch gemahlen
1/2 Teelöffel flüssiger Honig
1/2 Teelöffel gerebelter Thymian
20 g Butterschmalz
200 g blaue Weintrauben
2 Schalotten
1 reife, aber feste Birne
etwas Zitronensaft
150 g Feldsalat
50 g Rauke (Rucola) oder Feldsalat
3 Eßlöffel Himbeer- oder Sherryessig
2 Eßlöffel Walnußöl
1 Eßlöffel Kürbiskernöl
2 Eßlöffel Distelöl

Zubereitungszeit: 30 Minuten

Die Entenbrüste trockentupfen, salzen und pfeffern. Mit dem Honig bestreichen und mit dem Thymian bestreuen.

Das Butterschmalz in einer Pfanne erhitzen. Die Entenbrüste mit der Hautseite nach oben darin etwa 5 Minuten bei mittlerer Hitze braten, dann wenden und noch 3–4 Minuten braten, bis die Haut schön knusprig ist. Die Brüste häuten und abkühlen lassen.

Die Trauben waschen, die Beeren von den Stielen zupfen, halbieren und entkernen. Die Schalotten und die Birne schälen. Die Schalotten fein, die Birne etwas gröber würfeln. Die Birne mit dem Zitronensaft vermischen.

Den Feldsalat und die Rauke verlesen, waschen und gut abtropfen lassen. In einer flachen Schale mit den Weintrauben, den Schalotten und der Birne anrichten. Aus dem Essig und allen Ölsorten eine Marinade rühren, salzen, pfeffern und über dem Salat verteilen.

Die Entenbrüste schräg in dünne Scheiben schneiden und auf dem Salat anrichten. Die Haut der Entenbrüste in feine Streifen schneiden. Nochmals kurz braten, damit sie knusprig wird und über den Salat streuen.

Wildragout mit Rotwein

Gut vorzubereiten

Zutaten für 4 Personen
700 g Reh- oder Hirschfleisch aus der Keule
1 Möhre
1/4 Sellerieknolle
6 Schalotten
1/2 Lauchstange
2 Knoblauchzehen
1 Thymianzweig
1 Lorbeerblatt
8 Wacholderbeeren, zerdrückt
1/2 l junger trockener Rotwein
Salz
schwarzer Pfeffer, frisch gemahlen
4 Eßlöffel Öl
2 Eßlöffel Tomatenketchup
2 Eßlöffel Tomatenmark
1 Teelöffel Mehl
1/4 l Wildfond oder Wasser

Zubereitungszeit: 2 1/2 Stunden
Marinierzeit: 3 Tage

Das Fleisch in Würfel schneiden. Möhre, Sellerie und Schalotten schälen, Lauch putzen und waschen. Alles in kleine Würfel schneiden. Die Knoblauchzehen mit der Schale zerdrücken.

Das Fleisch in eine Schüssel geben, Gemüse und Gewürze zufügen und mit dem Wein begießen. Zugedeckt 3 Tage im Kühlschrank durchziehen lassen.

Das Fleisch auf ein Sieb geben, die Marinade auffangen. Die Fleischwürfel trockentupfen, mit Salz und Pfeffer würzen und in einer Pfanne in 2 Eßlöffeln Öl kurz rundherum anbraten. Den Backofen auf 160° vorheizen.

Das restliche Öl im Bräter erhitzen, das Gemüse darin anbraten. Tomatenketchup und -mark zugeben, mit Mehl bestäuben und mit Marinade aufgießen. Aufkochen lassen, die Fleischwürfel dazugeben und die Flüssigkeit bei mittlerer Hitze etwas einkochen lassen. Fond oder Wasser zugießen, das Ragout zugedeckt im Ofen (unten) 2 Stunden schmoren*.

Rehmedaillons in Preiselbeersauce

Für Gäste

Zutaten für 4 Personen
1 Zwiebel
2 Eßlöffel Butter
2 Eßlöffel Öl
16 Rehmedaillons von je etwa 40 g
Salz
schwarzer Pfeffer, frisch gemahlen
400 ml Rotwein
3 Wacholderbeeren, zerdrückt
1 Lorbeerblatt
2 Gewürznelken
1/2 Teelöffel Thymian, frisch oder getrocknet
2 Eßlöffel Preiselbeeren (frisch oder aus dem Glas)
2 Eßlöffel Tomatenmark
200 g Crème double

Zubereitungszeit: 30 Minuten

Die Zwiebel schälen und fein hacken. Die Butter und das Öl in einer großen Pfanne mit hohem Rand erhitzen. Die Rehmedaillons darin portionsweise bei starker Hitze auf jeder Seite 1–2 Minuten anbraten, aus der Pfanne nehmen, salzen, pfeffern und warm stellen.

Die Zwiebelwürfel im verbliebenen Bratfett bei schwacher Hitze andünsten. Mit Rotwein ablöschen. Wacholderbeeren, Lorbeerblatt, Nelke und Thymian dazugeben. Die Sauce etwa um ein Drittel einkochen lassen.

Sauce durch ein Sieb gießen und wieder in die Pfanne geben. Die Preiselbeeren, das Tomatenmark und die Crème double einrühren. Mit Salz und Pfeffer würzen. Die Rehmedaillons samt dem ausgetretenen Saft in die Sauce legen und darin zugedeckt in etwa 3 Minuten warm werden lassen.

Die Rehmedaillons mit der Preiselbeersauce auf vorgewärmten Tellern anrichten und servieren.

Desserts & Gebäck

Wer kann schon herrlichen Desserts und duftendem Gebäck widerstehen? Wohl niemand! Ein Verzicht ist auch nicht nötig. Selbst Tirami su oder Mohnstrudel sind, nach Trennkost-Regeln zubereitet, für Süßschnäbel freigegeben.

Beachten sollten Sie dabei jedoch, daß Sie für jede Mahlzeit, ob eiweiß- oder kohlenhydratreich, das dazu richtige Dessert einplanen. Ein Apfel oder frische Beeren passen immer als Abschluß eines eiweißreichen Hauptgerichtes. Jede kohlenhydratreiche Mahlzeit können Sie mit einer Banane oder Feige auf süße Art beschließen.

Unwiderstehlich!

Ein Dessert muß sein, da sind sich alle Süßschnäbel einig. Und auch in der Trennkost muß nicht darauf verzichtet werden. Alle Rezepte in diesem Kapitel sind den Trennkost-Regeln angepaßt. Grundsätzlich gilt: Frisches Obst können Sie nach jeder Eiweißmahlzeit einplanen. Reife Feigen oder ausgesprochen süße Früchte wie Bananen nach einem Kohlenhydrat-Essen. Bei aller Liebe zum Frischen und Gesunden überkommt einen natürlich auch ab und an die Lust auf fein-cremige oder zart-knusprige Köstlichkeiten. Von Sünde kann trotzdem keine Rede sein, denn einerseits enthalten sie als Grundzutat meist frische Früchte, Milch, Joghurt oder Quark, und andererseits ißt man üppige Desserts oder Kuchen auch nicht jeden Tag. Wer es lieber herzhaft mag, kann als Dessert nach einer Eiweißmahlzeit ein Stückchen beliebigen Käse mit ein paar Weintrauben essen. Nach einem kohlenhydratreichen Hauptgericht paßt vollfetter Käse mit Walnüssen oder reifen Feigen.

Zu jeder Mahlzeit können Sie passende Früchte der Saison wählen

Obstsalat-Ideen

Nach jedem eiweißreichen Hauptgericht schmeckt frischer, aromatischer Obstsalat. Er ist schnell zubereitet und sieht von der Optik her besonders attraktiv aus, wenn verschiedene Früchte dafür kombiniert werden:
• Erdbeeren, Honigmelone und Nektarinen • Trauben, Pflaumen, Äpfel und Birnen • Wassermelone, Aprikosen und Himbeeren • Pfirsiche, Kiwi und rote Johannisbeeren • Ananas, Papaya und Kiwi.

Jeden Salat können Sie mit ein paar frischen Zitronenmelisse- oder Minzeblättchen, gehobelten Mandeln oder grobgehackten Nußkernen bestreuen. Zu einer kohlenhydratreichen Mahlzeit paßt die Kombination Feigen und reife Birnen sowie Bananen und reife Heidelbeeren. Oder Sie bereiten einen Salat aus eingeweichten, gut abgetropften und gewürzten Trockenfrüchten zu.

Für alle Fälle: Fruchtsaucen

Fruchtige Saucen sind Allroundtalente in der Dessertküche. Sie sind schnell gemacht, passen zu Obst ebenso wie zu Quarkspeisen, Joghurt und Cremes. Obst, das sich beim Zerkleinern schnell bräunlich färbt, wie Äpfel, Birnen, Aprikosen und Pfirsiche, am besten vorher mit etwas Zucker und Wasser dünsten, damit es seine Farbe behält. Dann erst pürieren. Rohe Früchte, wie Beeren, nach dem Pürieren durch ein Sieb streichen, um die Kerne zu entfernen. Die Pürees nach Belieben süßen und mit Zitrone abschmecken. Fruchtsaucen für besondere Desserts können Sie mit Wein, Süßwein oder mit passendem Likör verfeinern.

Alternativen zum Zucker

Fast kein Dessert kommt ganz ohne Süßungsmittel aus, außer vollreifes Obst. Statt mit weißem Auszugszucker, sollten Sie so oft als möglich mit Alternativen süßen: zum Beispiel mit hellem Honig, Ahornsirup, Vollzucker oder eingedicktem Fruchtsaft von Äpfeln oder Birnen (all dieses finden Sie entweder im Reformhaus oder im Naturkostladen).

Aromatischer Honig ist eine gute Alternative zum Haushaltszucker

So werden Zitrusfrüchte filetiert

Zunächst von der Frucht oben und unten jeweils großzügig eine Scheibe abschneiden. Die Frucht auf ein Brett stellen und die restliche Schale mit einem scharfen Messer in Streifen so abschneiden, daß auch die weiße, etwas bittere Haut völlig entfernt wird. Dann die einzelnen Segmente, die Filets, mit einem kleineren Messer zwischen den dünnen Trennwänden rechts und links herausschneiden. Am besten arbeiten Sie dabei über einem Teller, um den abtropfenden Saft aufzufangen, der fürs Dessert mitverwendet werden sollte.

Aromen und Gewürze für's Gebäck

Feine Aromen und Gewürze geben Kuchen und Gebäck erst das gewisse Etwas. Vor allem aus der Weihnachtsbäckerei sind diese Zutaten nicht wegzudenken. Es müssen aber nicht immer teure und ausgefallene Gewürze oder Aromen sein, oft genügt schon etwas abgeriebene Orangen- oder Zitronenschale oder eine Messerspitze Zimtpulver. Ingwer: Ob frisch oder gerieben, getrocknet oder kandiert, gibt er eine exotische, scharf-süßliche Note. Kakao: Die Kakaobohnen, die aus den Früchten des Kakaobaumes stammen, werden zu Pulver vermahlen. Kardamom: Ist fester Bestandteil der Lebkuchen-Gewürzmischung. Auch Hefeteigen gibt er einen aparten Geschmack. Mohn: Das sind die winzigkleinen Samenkörner des Schlaf- oder Gartenmohns. Man verwendet Mohn zum Bestreuen oder zum Füllen von Gebäck. Muskatnuß: Fein gerieben würzt sie neben Gebäck auch Cremes und Obst. Orangeat: Wird aus den Schalen einer Bitterorangenart, der Pomeranze, gewonnen. Piment: Ist mit der Gewürznelke verwandt und vereinigt die Aromen von Muskatnuß, Nelke und Pfeffer in sich. Vanille: Mit ihrem unnachahmlichen Aroma ist sie ein wichtiges Gewürz für Gebäck und Desserts. Vanille gibt es als ganze Schoten oder als Vanillezucker. Die Schoten werden längs aufgeschlitzt und das würzintensive Mark mit einem Messer herausgekratzt. Vanillinzucker ist mit künstlichem Vanillearoma hergestellt, das nur so ähnlich wie echte Vanille schmeckt. Zimt: Es gibt verschiedene Sorten, zum Beispiel Ceylon-Zimt. Er kommt als Stangen oder zu Pulver gemahlen in den Handel. Zitronat: Wird aus der Schale der großen Zedratzitrone gewonnen. Man bekommt es lose in kleinen Stückchen oder feingewürfelt und abgepackt zu kaufen.

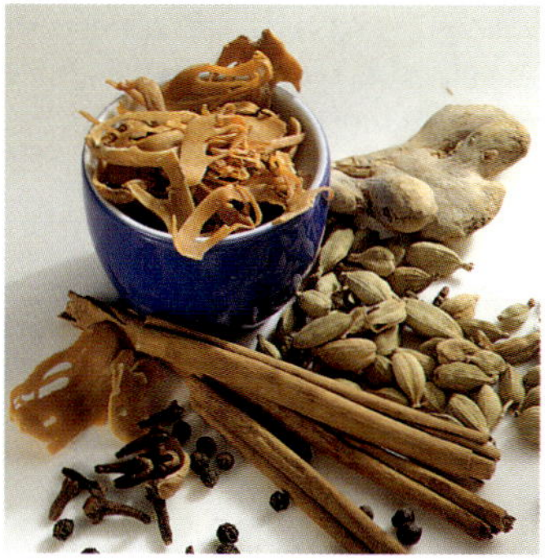

Durch Backgewürze bekommen Kuchen die vielfältigsten Aromen

Leichtes Tiramisu

Für Gäste

Zutaten für 4 Personen
Für den Biskuitteig:
4 Eigelbe
100 g Zucker
1 Päckchen Vanillinzucker
100 g Mehl
100 g Speisestärke
1 Teelöffel Backpulver
Für die Creme:
150 g Sahne
3 Eßlöffel heller, flüssiger Honig
250 g Sahnequark
Außerdem:
2 Täßchen abgekühlter Espresso-Kaffee (aus Instant-Pulver)
2 Eßlöffel Kakaopulver
3–4 Eßlöffel Raspelschokolade

Zubereitungszeit: 1 Stunde
Kühlzeit: 3 Stunden

Den Backofen auf 160° vorheizen. Für den Teig die Eigelbe mit 3 Eßlöffeln lauwarmem Wasser, dem Zucker und dem Vanillinzucker sehr schaumig rühren.

Das Mehl, die Speisestärke und das Backpulver darüber sieben und vorsichtig unter die Eiercreme heben. Die Biskuitmasse etwa 1 cm hoch auf ein mit Backpapier ausgelegtes Blech streichen. Im Ofen (Mitte) in 10–15 Minuten goldgelb backen*. Anschließend abkühlen lassen.

Für die Creme die Sahne zu steifem Schnee schlagen. Honig und Sahnequark verrühren, eventuell etwas Wasser zugeben, bis der Quark cremig ist. Zuerst etwas Sahne zum Lockern unterrühren, dann den Rest unterheben*.

Etwas von der Creme in eine flache Schüssel streichen. Den Teig in etwa 1 x 4 cm breite Streifen schneiden, mit Espresso beträufeln und mit etwas Kakaopulver bestreuen. Schichtweise mit der Quarkcreme in die Schüssel füllen. Mit einer Schicht Creme abschließen.

Das Tiramisu gut 2 Stunden kalt stellen. Kurz vor dem Servieren mit Raspelschokolade bestreuen.

Erdbeer-Kirsch-Salat

Ideal für Kinder

Zutaten für 4 Personen
1 Grapefruit
250 g Erdbeeren
250 g Kirschen
2 Becher Vollmilchjoghurt zu je 150 g
1 Eßlöffel Zucker
2-3 Eßlöffel Zitronensaft
2 Zweige Zitronenmelisse

Zubereitungszeit: 30 Minuten

Die Grapefruit mit einem scharfen Messer dick bis ins Fruchtfleisch schälen, die Frucht filetieren*, also die Segmente zwischen den harten Trennhäuten herauslösen, dabei den Saft auffangen. Die Filets je nach Größe ein- oder zweimal quer halbieren.

Die Erdbeeren waschen, Stiele und Blättchen entfernen. Die Früchte längs halbieren. Die Kirschen waschen und entsteinen. Die Früchte mit den Grapefruitstücken vermischen.

Den Joghurt mit dem Zucker und dem Zitronensaft glattrühren und abschmecken. Die Zitronenmelisse waschen, trockentupfen und fein hacken, unter die Joghurtsauce mischen. Die Sauce über die Früchte gießen und den Salat erst am Tisch vermischen.

Im Bild vorne: Erdbeer-Kirsch-Salat
Im Bild hinten: Leichtes Tiramisu

Pistazien-Honig-Quark

Schnell

Zutaten für 4 Personen
500 g Speisequark (20%)
2 Eßlöffel Orangensaft, möglichst frisch gepreßt
4 Eßlöffel heller, flüssiger Honig (z.B. Akazienhonig)
1/4 Teelöffel Zimtpulver
80 g Pistazienkerne
50 g Walnußkerne

Zubereitungszeit: 20 Minuten

Den Quark in einer Schüssel mit dem Orangensaft, dem Honig und dem Zimtpulver zu einer homogenen Masse verrühren.

Einige Pistazien- und Walnußkerne zum Garnieren beiseite legen.

Die Hälfte der übrigen Pistazien durch die Mandelmühle drehen oder in der Küchenmaschine fein mahlen, den Rest grob hacken. Die Walnußkerne ebenfalls grob hacken.

Die gemahlenen und die gehackten Kerne unter den Honigquark rühren. In Dessertschälchen verteilen, mit den ganzen Pistazien- und Walnußkernen garnieren.

Weißer Schokoquark

Raffiniert

Zutaten für 4 Personen
75 ml Sahne oder Milch
2 Eßlöffel löslicher Kaffee
500 g Speisequark (40%)
3 Eßlöffel heller, flüssiger Honig
100 g weiße Schokolade
1 Eßlöffel dunkle Raspelschokolade

Zubereitungszeit: 20 Minuten

Die Sahne oder die Milch leicht erwärmen und das Kaffeepulver darin auflösen.

Den Quark in eine Schüssel geben und zusammen mit dem Milchkaffee und dem Honig glatt und cremig rühren.

Die weiße Schokolade grob reiben, einen Eßlöffel Raspel beiseite legen, den Rest unter den Quark rühren. Schokoquark in Schälchen verteilen. Kurz vor dem Servieren weiße und braune Schokoraspel vermengen und den Quark damit bestreuen.

Schokoladen-pudding

Ideal für Kinder

Zutaten für 4 Personen
2 Eigelbe
4 Eßlöffel Zucker
1/2 l Milch
40 g Speisestärke
100 g zartbittere Schokolade
1 Vanilleschote
1 Prise Salz
4 Eßlöffel gehackte Mandeln

Zubereitungszeit: 30 Minuten
Kühlzeit: 2 Stunden

Die Eigelbe und den Zucker in einer Rührschüssel mit dem Schneebesen des Handrührgeräts so lange schlagen, bis eine dicke Creme entstanden ist.

Von der Milch 100 ml abnehmen, die Speisestärke damit anrühren.

Die Schokolade auf einer Reibe fein raspeln. Die restliche Milch und die Schokolade in einen Topf geben. Die Vanilleschote längs aufschlitzen, das Mark herauskratzen. Beides in die Milch geben und unter Rühren aufkochen lassen.

Die Vanilleschote aus der heißen Milch entfernen. Die angerührte Speisestärke dazugießen. Die Milch unter ständigem Rühren noch einmal aufkochen lassen.

Sobald die Masse dickcremig ist, den Topf vom Herd ziehen und die Eiercreme unterrühren. Salz und 2 Eßlöffel von den gehackten Mandeln unter den noch warmen Pudding ziehen.

Den Pudding in Dessertschälchen verteilen, etwas abkühlen lassen und zugedeckt etwa 2 Stunden in den Kühlschrank stellen.

Zum Servieren den Pudding mit den übrigen Mandeln bestreuen.

Weinschaumcreme

Aus Italien

Zutaten für 4 Personen
6 Eigelbe
100 g Zucker
1 Teelöffel abgeriebene Schale einer unbehandelten Zitrone
375 ml weißer Süßwein oder roter Marsala (italienischer Rotwein)
1/2 Teelöffel Zimtpulver

Zubereitungszeit: 20 Minuten

Die Eigelbe mit dem Zucker und der Zitronenschale in eine hitzebeständige Schüssel geben und mit dem Handrührgerät oder dem Schneebesen so lange schlagen, bis eine hellgelbe und cremige Masse entstanden ist.

Die Schüssel in ein leicht siedendes Wasserbad* stellen. Den Wein langsam dazufließen lassen. Weiterschlagen, bis die Creme dick und schaumig ist.

Die Weinschaumcreme in Stielgläser oder Dessertschalen füllen, mit dem Zimt bestäuben und sofort heiß servieren.

Panna cotta mit Karamel

Aus Italien

Zutaten für 4 Personen
Für 4 Förmchen von 175 ml Inhalt:
1 Vanilleschote
400 g Sahne
200 ml Milch
160 g Zucker
3 Blatt weiße Gelatine

Zubereitungszeit: 40 Minuten
Kühlzeit: 3 Stunden

Die Vanilleschote längs halbieren und das Mark herauskratzen. Die Sahne mit Milch, Vanillemark, -schote und 60 g Zucker aufkochen. Alles offen bei schwacher Hitze 15 Minuten köcheln lassen.

Inzwischen die vier Portionsförmchen (ersatzweise Tassen) mit kaltem Wasser ausspülen. In einem Töpfchen 100 g Zucker bei mittlerer Hitze zu einem goldgelben Karamel schmelzen lassen. 2 Eßlöffel Wasser dazugeben und rühren, bis sich der Karamel völlig gelöst hat, ihn dann in die Förmchen verteilen.

Die Gelatine 5 Minuten in kaltem Wasser einweichen. Die Sahnemischung vom Herd nehmen, die Vanilleschote daraus entfernen. Die Gelatine ausdrücken und unter Rühren in der heißen Sahnemischung auflösen. In die vorbereiteten Förmchen gießen.

Die Panna cotta zum Festwerden zugedeckt mindestens 3 Stunden oder über Nacht in den Kühlschrank stellen.

Kurz vor dem Servieren die Förmchen kurz in heißes Wasser tauchen und das Dessert vorsichtig auf Teller stürzen. Eventuell noch mit Blättchen von Minze oder Zitronenmelisse garnieren.

Frucht-Mousse

Gelingt leicht

Zutaten für 4 Personen
200 g säuerliche Früchte (z.B. Orangen oder Beeren)
200 g Sahne
2 Teelöffel Honig oder Apfeldicksaft (aus dem Reformhaus)

Zubereitungszeit: 15 Minuten
Kühlzeit: 30 Minuten

Die Früchte je nach Sorte waschen oder schälen und bis auf einen kleinen Rest mit einem Mixstab pürieren.

Beerenpüree anschließend durch ein feines Sieb streichen, um die Kerne zu entfernen.

Die Sahne steif schlagen und den Honig oder den Apfeldicksaft behutsam darunterheben.

Das Fruchtpüree nach und nach unter die Sahne heben. Die Mousse in Schälchen oder Stielgläser füllen und für etwa 30 Minuten in den Kühlschrank stellen.

Zum Servieren die übrigen Früchte in kleine dekorative Stücke schneiden und die Mousse damit verzieren.

Quarkgratin mit Früchten

Raffiniert

Zutaten für 4 Personen
300 g säuerliche Früchte (z.B. Beeren oder Äpfel)
etwas Fett für die Form
4 Eier
1 Prise Salz
2 Teelöffel Honig
1/2 Teelöffel abgeriebene Schale einer unbehandelten Zitrone
500 g Quark (20%)

Zubereitungszeit: 5 Minuten
Backzeit: 25 Minuten

Die Früchte je nach Sorte waschen, putzen und zerkleinern.

Eine kleine Auflaufform leicht fetten. Den Backofen auf 180° vorheizen.

Die Eier trennen. Die Eiweiße mit der Prise Salz in einer großen Schüssel steif schlagen. Den Honig, die Eigelbe und die Zitronenschale behutsam einrühren. Die Schaummasse vorsichtig unter den Quark heben.

Die Quarkmasse in die Auflaufform füllen und glattstreichen. Die Früchte darauf verteilen und leicht in die Masse drücken. Das Gratin im Backofen (Mitte) in 20–25 Minuten backen*, bis die Oberfläche goldbraun ist.

Joghurtcreme

Schnell

Zutaten für 4 Personen
300 g säuerliche Früchte, nach Belieben
2 Becher Vollmilchjoghurt von je 175 g
200 g Sahne
1 Päckchen Vanillinzucker

Zubereitungszeit: 10 Minuten

Die Früchte je nach Sorte waschen und putzen. Entweder in kleine Stücke schneiden oder mit einem Mixstab pürieren.

Den Joghurt mit einem Schneebesen glatt und cremig rühren. Die Früchte darunterrmischen.

Die Sahne mit dem Vanillinzucker sehr steif schlagen. Nach und nach unter die Creme heben.

Tip!

Welche Früchte zu den säuerlichen gehören, finden Sie in der Liste auf Seite 20.

Im Bild vorne: Frucht-Mousse
In der Bildmitte: Quarkgratin mit Früchten
Im Bild hinten: Joghurtcreme

Obstsalat mit Mandelsauce

Für Gäste

Zutaten für 4 Personen
2 kleine Orangen
200 g blaue Weintrauben
2 Kiwis
2 kleine Äpfel
3 Eßlöffel Zitronensaft
3 Eßlöffel Mandelmus (aus dem Reformhaus)
100 g Vollmilch-Joghurt

Zubereitungszeit: 40 Minuten

Die Orangen schälen und sorgfältig filetieren*, den abtropfenden Saft dabei auffangen.

Die Weintrauben waschen, von den Stielen zupfen, halbieren und nach Belieben entkernen. Die Kiwis schälen, längs halbieren und in Scheiben schneiden.

Die Äpfel waschen, trockenreiben, vierteln und die Kerngehäuse entfernen. Die Viertel in Spalten schneiden und sofort im Zitronensaft wenden, wieder herausheben.

Die Früchte dekorativ auf Tellern anrichten. Den Zitronen- und den abgetropften Orangensaft mit dem Mandelmus und dem Joghurt zu einer dicklichen Sauce verrühren, über die Früchte träufeln und sofort servieren.

Gefüllte Datteln

Gut vorzubereiten

Zutaten für 4 Personen
20 frische Datteln
100 g gehäutete, gemahlene Mandeln
4 Teelöffel Zucker
1–2 Eßlöffel Rosenwasser (aus der Apotheke)
einige Tropfen Zitronensaft

Zubereitungszeit: 20 Minuten

Die Datteln längs einschneiden, aber nicht durchtrennen, die Steine entfernen.

Für die Füllung die Mandeln in einer trockenen Pfanne bei mittlerer Hitze unter Rühren anrösten, bis sie duften. Den Zucker dazugeben und goldgelb karmelisieren* lassen. Dann mit dem Rosenwasser und dem Zitronensaft ablöschen.

Die Masse aus der Pfanne nehmen, etwas abkühlen lassen, geschmeidig kneten und in 20 Stücke teilen. Die Datteln damit füllen und auf einem großen Teller anrichten.

Gut dazu schmeckt Espresso oder türkischer Mokka.

Schokoladen-feigen

Gut vorzubereiten

Zutaten für etwa 20 Stück
80 g ungeschälte Mandeln
400 g große getrocknete Feigen
Fett für das Backblech
40 g Rosinen
1 Teelöffel Nelkenpulver
200 g Blockschokolade
50 ml Wasser
1 Eßlöffel Zucker

Zubereitungszeit: 1 Stunde

Die Mandeln mit kochendem Wasser überbrühen* und häuten. Dann in einer beschichteten Pfanne ohne Fett etwa 5 Minuten rösten*, bis sie Farbe annehmen. Dabei immer umrühen.

Die Feigen von dem kleinen harten Stielansatz befreien und mit einem scharfen Messer quer in der Mitte zur Hälfte aufschneiden. Den Backofen auf 160° vorheizen. Das Backblech einfetten.

Die Rosinen sehr fein hacken und jede Feige mit 2 Mandeln, etwas Rosinen und Nelkenpulver füllen. Dann die Feigen an den Rändern wieder gut zudrücken. Die gefüllten Feigen auf das Blech setzen, in den Backofen (Mitte) schieben und in etwa 15 Minuten anbräunen lassen.

Die Blockschokolade mit dem Wasser und dem Zucker in einem kleinen Topf schmelzen lassen. Die gefüllten Feigen auf einen Spieß stecken, hineintauchen, auf ein Kuchengitter legen und trocknen lassen.

Tip!

Die Feigen lassen sich gut auf Vorrat zubereiten. Zum Aufbewahren nebeneinander in eine Blechdose setzen.

Exotischer Fruchtsalat

Aus Guadeloupe

Zutaten für 4 Personen
1 reife Mango
1 reife Ananas (etwa 1 kg)
1 Karambole (Sternfrucht)
1 Orange
1 reife Papaya (etwa 300 g)
2 cl weißer Rum (nach Belieben)
2 Eßlöffel Kokosflocken

Zubereitungszeit: 40 Minuten
Kühlzeit: 1 Stunde

Die Mango schälen, das Fruchtfleisch in großen Spalten vom Kern schneiden, dann in mundgerechte Stücke teilen. Die Ananas schälen, vierteln, den Strunk entfernen und das Fruchtfleisch ebenfalls in Stücke schneiden.

Die Karambole waschen und in 1 cm dicke Scheiben schneiden. Große Scheiben halbieren oder vierteln. Die Orange dick schälen – dabei auch die weiße Innenhaut entfernen – und filetieren*. Die Papaya schälen, die Kerne entfernen und das Fruchtfleisch in Scheiben oder Würfel schneiden.

Alle Früchte in eine Schüssel geben. Den Rum darüber gießen und alles gut vermengen. Den Fruchtsalat zugedeckt etwa 1 Stunde kalt stellen.

In der Zwischenzeit die Kokosflocken in einer trockenen Pfanne goldgelb rösten*. Abkühlen lassen. Kurz vor dem Servieren über den Fruchtsalat streuen.

Grapefruit mit Schneehaube

Schnell

Zutaten für 4 Personen
4 Grapefruits
4 Eiweiße
2 Messerspitzen Backpulver
1 Tropfen Bittermandelaroma nach Belieben
4 Eßlöffel gemahlene Mandeln

Zubereitungszeit: 15 Minuten

Die Grapefruits so schälen, daß auch die weiße Haut völlig entfernt wird. Das Fruchtfleisch in Würfel schneiden, dabei den Saft auffangen.

Den Backofen auf 220° vorheizen. Fruchtwürfel und Saft gleichmäßig in vier feuerfeste Förmchen verteilen.

Das Eiweiß mit dem Backpulver und nach Belieben mit dem Bittermandelaroma steif schlagen, die Mandeln unterheben. Die Eiweiß-Mandel-Masse auf das Fruchtfleisch häufen.

Die Förmchen in den Backofen (Mitte) stellen und die Grapefruits 6–8 Minuten überbacken.

Honig-Bananen

Schnell

Zutaten für 4 Personen
4 mittelgroße Bananen
1 Eßlöffel Butter
1 Elöffel Honig
1 Eßlöffel Mandelsplitter

Zubereitungszeit: 15 Minuten

Die Bananen schälen, längs halbieren und in der Butter von beiden Seiten kurz braten. Den Honig mit einigen Tropfen heißem Wasser verrühren, über die Bananenhälften träufeln.

Die Mandelnsplitter in einer trockenen Pfanne goldgelb rösten und über die Bananen streuen.

Feigengratin

Gelingt leicht

Zutaten für 4 Personen
4 getrocknete Feigen
4 Eßlöffel Portwein (ersatzweise roter Traubensaft)
200 g Sahne
4 Eigelbe
1 Päckchen Vanillinzucker
4 frische Feigen

Zubereitungszeit: 30 Minuten

Den Backofen auf 220° vorheizen. Die getrockneten Feigen in Stücke schneiden, mit dem Portwein im Mixer pürieren.

Sahne steif schlagen, mit Eigelben und Vanillinzucker mischen. Feigenpüree unterheben und auf vier feuerfeste Teller verteilen.

Die frischen Feigen halbieren, die Hälften fächerartig aufschneiden und obenauf legen.

Im Backofen (oben) in 2–3 Minuten goldgelb überbacken*.

Birnen mit Schokocreme

Ideal für Kinder

Zutaten für 4 Personen
3 Eßlöffel Honig
2 Eßlöffel Schokoladenpulver
500 g Quark (20%)
4 süße Birnen
4 Eßlöffel Sahne

Zubereitungszeit: 10 Minuten

Honig und Schokoladenpulver mit dem Quark glatt und cremig rühren.

Die Birnen schälen, halbieren und die Kerngehäuse entfernen. Die Hälften mit der Schokoladencreme auf Tellern anrichten und die Sahne darüber träufeln.

Heidelbeercreme

Gelingt leicht

Zutaten für 4 Personen
200 g Quark (20%)
4 Eßlöffel Sahne
3–4 Eßlöffel Zucker
1 Teelöffel Vanillinzucker
einige Tropfen Zitronensaft
300 g Heidelbeeren, frisch oder tiefgekühlt

Zubereitungszeit: 20 Minuten

Den Quark mit der Sahne glattrühren, den Zucker und den Vanillinzucker dazumischen und die Masse mit einigen Tropfen Zitronensaft aromatisieren.

Die frischen Heidelbeeren waschen (tiefgekühlte Beeren auftauen lassen). Die Hälfte davon fein pürieren.

Die restlichen Beeren unter den Quark heben. Die Creme in Schälchen verteilen und die Heidelbeersauce darüber gießen.

Im Bild vorne: Heidelbeercreme
In der Bildmitte:
Birnen mit Schokocreme
Im Bild hinten: Feigengratin
Im Bild ganz hinten:
Honig-Bananen

Vanillereis mit Trockenfrüchten

Ideal für Kinder

Zutaten für 4 Personen
1 Vanilleschote
300 ml Vollmilch
100 g Naturreis (Rundkorn)
150 g gemischte ungeschwefelte Trockenfrüchte

Zubereitungszeit: 1 Stunde

Die Vanilleschote längs aufschlitzen, das Mark herauskratzen. Beides mit der Milch aufkochen lassen. Den Reis zufügen und darin zugedeckt bei schwacher Hitze je nach Sorte in 30–60 Minuten ausquellen lassen*.

Die Trockenfrüchte heiß abwaschen. Mit 200 ml Wasser in einen Topf geben, einmal aufkochen lassen. Beiseite stellen und ziehen lassen*.

Die Vanilleschote aus dem Reis entfernen, den Reis und die Früchte abkühlen lassen.

Den Vanillereis mit zwei Eßlöffeln zu Klößchen formen. Die Klößchen und die Trockenfrüchte auf Tellern anrichten. Den Kochsud der Früchte darüber träufeln.

Heidelbeerküchlein

Zum Mitnehmen

Zutaten für 4 Personen
100 ml Mineralwasser
60 g Weizenvollkornmehl
4 Eigelbe
1 Prise Salz
3 Eßlöffel Sonnenblumenkerne
400 g frische Heidelbeeren
1 Eßlöffel flüssiger Honig
1 Eßlöffel Butter
etwas Zimtpulver

Zubereitungszeit: 30 Minuten

Das Mineralwasser mit dem Mehl, den Eigelben und der Prise Salz glattrühren. Die Sonnenblumenkerne untermengen, den Teig zugedeckt etwa 20 Minuten quellen lassen*.

Inzwischen die Heidelbeeren waschen, verlesen und gut abtropfen lassen. Beeren und Honig miteinander vermengen.

In einer beschichteten Pfanne jeweils etwas Butter aufschäumen lassen. Für jedes Küchlein 2 Teelöffel Teig hineingeben, auf beiden Seiten goldgelb backen. Die fertigen Küchlein warm stellen. So weiterverfahren, bis der Teig aufgebraucht ist.

Küchlein mit Heidelbeeren anrichten und mit Zimt bestäuben.

Apfel-Nuß-Mus

Schnell

Zutaten für 4 Personen
Saft von 2 Zitronen
1 Eßlöffel Trauben- oder Puderzucker
4 Äpfel
6–8 Eßlöffel gemahlene Haselnüsse
200 g Sahne
1 Eßlöffel Pistazienkerne

Zubereitungszeit: 20 Minuten

Den Zitronensaft und den Zucker in einer Schüssel verrühren, bis sich der Zucker aufgelöst hat.

Die Äpfel waschen, trockenreiben und ohne das Kerngehäuse hineinraspeln. Die Haselnüsse dazugeben und unter die Apfelmasse mischen.

Die Sahne steif schlagen, die Pistazienkerne hacken.

Die Nußmasse auf vier Teller verteilen, dabei rund formen. Mit der Sahne und den Pistazien garnieren und sofort servieren.

Schottisches Shortbread

Braucht etwas Zeit

Zutaten für etwa 40 Stück
250 g weiche Butter
125 g Zucker
1 Prise Salz
350 g Mehl
Fett für das Blech
etwas Mehl für die Arbeitsfläche
etwas Zucker zum Bestreuen

Zubereitungszeit: 1 1/4 Stunden

Die Butter kleinschneiden und mit Zucker und Salz in einer Schüssel cremig rühren. Nach und nach das Mehl darüber sieben. Alles zu einem glatten Teig verarbeiten. Den Teig zugedeckt etwa 30 Minuten kühl stellen.

Den Backofen auf 180° vorheizen. Ein Backblech sorgfältig einfetten.

Den Teig auf der leicht bemehlten Arbeitsfläche etwa 1/2 cm dick ausrollen. Mit einer Ausstechform Kreise von etwa 4 cm Durchmesser ausstechen, auf das Blech setzen und mit einer Gabel mehrmals einstechen.

Die Plätzchen im Ofen (Mitte) etwa 20 Minuten backen, bis sie leicht gebräunt sind. Herausnehmen und noch heiß mit Zucker bestreuen. Auskühlen lassen.

Strudel mit Mohnfüllung

Preiswert

Zutaten für 6 Personen
Für die Füllung:
60 g Rosinen
4 Eßlöffel Rum oder Wasser
200 ml Milch
30 g Butter
40 g Zucker
150 g gemahlener Mohn
60 g gehackte Mandeln
50 g Honig
abgeriebene Schale von einer unbehandelten Zitrone
1/2 Teelöffel Zimtpulver
Für den Teig:
125 g Mehl (doppelgriffig)
1 Prise Salz
1 1/2 Eßlöffel neutrales Öl
60 g Butter
etwas Mehl für die Arbeitsfläche
Puderzucker zum Bestäuben
Backpapier für das Blech

Zubereitungszeit: 1 1/4 Stunden
Backzeit: 45 Minuten

Für die Füllung die Rosinen heiß waschen, abtropfen lassen und mit dem Rum oder dem Wasser beträufeln. In einem Topf die Milch mit der Butter und dem Zucker aufkochen lassen. Den Mohn zufügen und unter ständigem Rühren 2–3 Minuten kochen lassen. Die Mohnmasse beiseite stellen und abkühlen lassen.

Die Mandeln, den Honig, die Zitronenschale, den Zimt und die Rum-Rosinen mit der Mohnmasse verrühren.

Mehl, Salz, Öl und 50 ml lauwarmes Wasser so lang zu einem glatten Teig verkneten, bis dieser seidig glänzt. In Folie wickeln, 30 Minuten ruhen lassen. Die Butter in einem Topf schmelzen und beiseite stellen. Das Backblech mit Backpapier auslegen.

Den Backofen auf 200° vorheizen. Den Teig auf bemehlter Arbeitsfläche so dünn wie möglich ausrollen und ausziehen. Dünn mit flüssiger Butter bepinseln. Die Mohnmasse bis etwa 5 cm vom Rand entfernt auf dem Teig verteilen.

Die Teigränder einschlagen und den Teig locker aufrollen. Den Strudel auf das Blech gleiten lassen und mit Butter bepinseln.

Den Strudel im Ofen (unten) in 35–45 Minuten goldgelb backen*. Während des Backens mehrmals mit Butter bepinseln. Den fertigen Strudel mit der restlichen Butter bepinseln, etwa 5 Minuten ruhen lassen. Mit Puderzucker bestäubt servieren.

Zum Mohnstrudel flüssige oder geschlagene Sahne servieren.

Schwäbisches Hutzelbrot

Braucht etwas Zeit

Zutaten für 3 Brote
60 g getrocknete ungeschwefelte Aprikosen
125 g getrocknete Birnen
125 g getrocknete Feigen
125 g getrocknete Kurpflaumen ohne Stein
60 g Korinthen
125 g Rosinen
75 ml Zwetschgenwasser oder Kirschwasser
125 g Zucker
1/2 Würfel Hefe (20 g)
125 g Mehl
1/2 Eßlöffel gemahlener Anis
1/2 Eßlöffel Zimtpulver
1 Prise gemahlene Nelken
1 Prise gemahlener Kardamom
1 Prise gemahlener Ingwer
125 g gehackte Haselnüsse
20 g Orangeat, gewürfelt
20 g Zitronat, gewürfelt
etwas Fett für das Backblech

Zubereitungszeit: 2 Stunden
Einweichzeit: 12 Stunden

Die Aprikosen, die Birnen, die Feigen und die Pflaumen in Würfel schneiden und in eine große Schüssel geben. Die Korinthen und die Rosinen zufügen. Die Früchte mit dem Schnaps und dem Zucker vermischen und zugedeckt im Kühlschrank mindestens 8 Stunden, am besten über Nacht, einweichen*.

Am nächsten Tag die Früchte mit der Marinade in einen Kochtopf umfüllen. Alles erhitzen und etwa 5 Minuten kochen lassen. Die Früchte in ein Sieb abgießen, die Flüssigkeit auffangen.

Die Flüssigkeit nochmals erhitzen, 1 Tasse davon abnehmen, etwas abkühlen lassen und die Hefe darin auflösen. Das Mehl mit dem Anis, dem Zimt, Nelken-, Kardamom- und Ingwerpulver mischen und auf eine Arbeitsfläche sieben. In die Mitte eine Mulde drücken, die aufgelöste Hefe hineingießen. Alles mit etwas Früchte-Kochwasser zu einem festen Hefeteig verkneten und zugedeckt etwa 30 Minuten an einem warmen Ort gehen lassen.

Die Nüsse, das Orangeat, das Zitronat und die Früchte nach und nach unter den Hefeteig kneten. Sollte der Teig jetzt zu klebrig sein, noch etwas Mehl unterkneten. Den Backofen auf 200° vorheizen und das Backblech einfetten.

Aus dem Teig 3 etwa handgroße Brote formen. Nicht zu dicht nebeneinander auf das Blech setzen. Um jedes Brot einen mehrfach gefalteten Streifen Alufolie legen, damit es beim Backen seine Form nicht verliert.

Die Früchtebrote im Backofen (Mitte) etwa 1 Stunde backen. Nach der Hälfte der Backzeit die Hitze etwas verringern und die Brote mit Pergamentpapier abdecken. Machen Sie die Garprobe: Nehmen Sie ein Brot heraus und klopfen Sie von unten dagegen. Wenn es hohl klingt, dann ist das Brot gar.

Fertige Brote aus dem Ofen nehmen und sofort rundherum mit dem restlichen Früchte-Kochwasser bepinseln. Die Brote auf einem Kuchengitter ganz auskühlen lassen.

Anschließend gut in Alufolie verpacken. Vor dem Anschneiden mindestens 2 Wochen durchziehen lassen.

Tip!

Das Hutzelbrot können Sie mit einem Zitronen-Zucker-Guß überziehen, dann bleibt es besonders saftig.

Das Hutzelbrot ist besonders beliebt in der Weihnachtszeit. Richtig durchgezogen schmeckt es unvergleichlich gut

Englisches Früchtebrot

Klassiker

Zutaten für eine Springform von 20 cm Durchmesser
1/2 Würfel Hefe (20 g)
200 ml lauwarmes Wasser
60 g Zucker
500 g Mehl
150 g weiche Butter
1 Teelöffel Salz
1 Teelöffel kandierter Ingwer
150 g Rosinen
150 g Korinthen
100 g gehackte Mandeln
je 1 Messerspitze gemahlene Muskatnuß, Piment, Nelken, Kardamom, Ingwer und Zimt
Butter für die Form
etwas Mehl zum Ausrollen

Zubereitungszeit: 30 Minuten
Ruhezeit: 1 1/2 Stunden
Backzeit: 1 Stunde

Die Hefe in lauwarmem Wasser mit 1 Teelöffel von dem Zucker verrühren, etwa 15 Minuten an einem warmen Ort gehen lassen.

Den restlichen Zucker in einer Schüssel mit dem Hefewasser verrühren. Das Mehl darüber sieben. Die Butter in kleinen Stückchen und das Salz zufügen. Alles gründlich verkneten. Den Teig zugedeckt an einem warmen Ort etwa 45 Minuten gehen lassen.

Den Ingwer fein hacken. Etwa zwei Drittel des Teiges auf einer leicht bemehlten Fläche ausrollen, die Trockenfrüchte und die Mandeln mit den Gewürzen und dem Ingwer auf den Teig geben und alles gut in den Teig kneten, bis eine gleichmäßige Masse entstanden ist.

Den übrigen Teig ausrollen. Aus dem Teig mit den Gewürzen eine Kugel formen und diese auf den hellen Teig setzen. Den hellen Teig über dem dunklen Teig zusammenlegen und festdrücken, zugedeckt etwa 30 Minuten an einem warmen Ort gehen lassen.

Den Backofen auf 200° vorheizen. Eine Springform mit Butter einfetten und den Teig in die Form geben. Die Teigkugel so flachdrücken, daß die Springform fast ausgefüllt ist. Mit einer Gabel mehrmals in den Teig stechen, damit beim Backen keine Blasen entstehen können.

Die Form auf den Rost in den Backofen (Mitte) stellen und das Früchtebrot etwa 45 Minuten backen. Dann den Rand der Springform entfernen und das Brot in etwa 15 Minuten fertig backen. Auf diese Weise bräunt auch der Rand des Brotes. Nach dem Backen das Brot auf einem Kuchengitter auskühlen lassen.

Mandelstollen

Für Gäste

Zutaten für 2 Stollen
1 Würfel Hefe (42 g)
250 ml lauwarme Milch
100 g Zuckerrübensirup, Honig oder Zucker
1 Prise Salz
150 g weiche Butter
1 Eßlöffel Vanillinzucker
100 g Rosinen
200 g gehackte Mandeln
600 g Mehl
3 gehackte Bittermandeln
1 Prise gemahlener Kardamom
1 Prise gemahlener Zimt
50 g Zitronat, gewürfelt
50 g Orangeat, gewürfelt
50 g Butter zum Bestreichen
100 g Puderzucker
Backpapier für das Blech

Zubereitungszeit: 10 Minuten
Ruhezeit: 1 1/2 Stunden
Backzeit: 50 Minuten

Alle Zutaten für die Stollen in eine große Rührschüssel geben, gründlich verkneten und zugedeckt etwa 1 Stunde an einem warmen Ort gehen lassen, bis sich das Teigvolumen deutlich vergrößert hat.

Den Backofen auf 180° vorheizen. Das Blech mit Backpapier auslegen.

Den Teig noch einmal kräftig durchkneten und zu 2 Rechtecken formen. Jeweils eine Seite des Rechtecks dünner ausrollen, dann jeweils die dickere Seite auf die dünnere Seite legen. Die beiden Stollen auf das Blech legen und zugedeckt noch einmal etwa 30 Minuten gehen lassen.

Die Stollen im Ofen (Mitte) etwa 50 Minuten backen.

Die Butter zum Bestreichen zerlassen, die warmen Stollen damit bespinseln und dick mit dem Puderzucker bestreuen. Die Mandelstollen auf Kuchengittern auskühlen lassen.

Variante:

Anstatt mit Puderzucker können Sie den Stollen mit Mandelblättchen bestreuen. Dazu den Stollen erst mit zerlassener Butter bestreichen, dann ganz dünn mit angewärmtem Apfelgelee. Zum Schluß obenauf die gerösteten Mandelblättchen verteilen.

Dresdner Christstollen

Berühmtes Rezept

Zutaten für 2 Stollen
1 Würfel Hefe (42 g)
250 ml lauwarme Milch
100 g Zucker
1 Messerspitze Salz
500 g Mehl
200 g weiche Butter
abgeriebene Schale von einer unbehandelten Zitrone
1 Prise gemahlener Kardamom
100 g Zitronat, gewürfelt
100 g Orangeat, gewürfelt
100 g Korinthen
200 g Rosinen
100 g gehackte Mandeln
50 g Butter zum Bestreichen
100 g Puderzucker
Backpapier für das Blech

Zubereitungszeit: 30 Minuten
Ruhezeit: 1 1/2 Stunden
Backzeit: 1 Stunde

Die Hefe mit der Milch und 1 Teelöffel von dem Zucker verrühren und etwa 15 Minuten an einen warmen Ort stellen.

Den restlichen Zucker und das Salz mit der Hefemilch in einer Schüssel verrühren. Das Mehl darüber sieben. Die Butter in kleinen Stücken dazugeben. Die Zitronenschale und den Kardamom hinzufügen.

Die Zutaten etwa 10 Minuten gründlich durchkneten. Anschließend Zitronat, Orangeat, Korinthen, Rosinen und Mandeln in den Teig einarbeiten. Zugedeckt an einem warmen Ort etwa 45 Minuten gehen lassen, bis sich das Teigvolumen etwa verdoppelt hat.

Das Blech mit Backpapier auslegen. Den Teig nochmals kurz kneten und zu 2 Rechtecken formen, die jeweils auf einer Seite etwas dünner werden. Die dickere Seite auf die dünnere Seite legen und beide Stollen auf das Blech setzen. Noch einmal etwa 30 Minuten gehen lassen.

Den Backofen auf 190° vorheizen. Die Stollen im Ofen (Mitte) etwa 1 Stunde backen.

Die Butter zum Bestreichen zerlassen. Die Stollen noch heiß damit bestreichen und dick mit dem Puderzucker bestäuben.

A

B

C

D

E

H

I

J

K

L

M

N

O

P

Q

R

S

Redaktion: Ina Schröter,
Marlisa Szwillus
Umschlaggestaltung:
Sybille Engels
Innenlayout:
BuchHaus Robert Gigler GmbH,
Sybille Engels
Fotos: Odette Teubner;
Barbara Bonisolli, München,
S. 28;
Franz Faltermaier S. 22;
Informationszentrale Deutsches Mineralwasser S. 12, 16;
Christoph Schneider S. 15 rechts
Georg Wunsch, Bedburg,
S. 6, 15 links, 18, 32, 33, 36, 37 unten, 38, 39, 40, 49, 70, 77, 94, 116, 168, 171 links, 192, 194, 220, 223, 228, 242 oben, 262, 283 links
Herstellung: Ina Hochbach
DTP-Satz: Marlisa Szwillus,
BuchHaus Robert Gigler GmbH
Reproduktion: Longo, Bozen
Druck: Appl, Wemding
Bindung: Monheim

ISBN: 3-7742-2978-3

Auflage:	4.	3.	2.
Jahr:	2001	2000	1999